D1641227

Finanzplanung für Frauen

rigenda zu: Michaelis/Rappo-Brumann
                  Finanzplanung für Frauen
                  1. Auflage 2001

der Drucklegung der 1. Auflage sind neue Bestimmungen im Vorsorgebereich in Kraft getreten.
folgenden Korrekturen sind die Auswirkungen der Änderungen:

e 57   *Die 2. Säule – BVG*
            Lohn 24 720 Franken, neu 25 320 Franken.

e 60   *Die wesentlichen Merkmale der Säulen 3a und 3b*
            Aktuelle, jährliche, maximale Einzahlung:
            Angestellte mit BVG CHF 5 933.–, neu CHF 6 077.–,
            Angestellte ohne BVG/Selbstständige max. CHF 29 664.–, neu CHF 30 384.–.

e 212   *Beitrag an die Säule 3a*
            Abzug, statt max. 5 933 Franken, neu 6 077 Franken
            und statt 29 664 Franken, neu 30 384 Franken.

e 250   *Die Beiträge Erwerbstätiger*
            ALV 2,5% für Löhne bis zu 106 800.–,
            1% für Löhne bis zu 267 000.– (ab 1.1.2003).

e 251   *Die Beiträge Nichterwerbstätiger*
            Minimalbeitrag, statt 390 Franken, neu 425 Franken.
            Sonderregelung für nichterwerbstätige Verheiratete, statt 780 Franken neu 850 Franken,
            Jahreslohn ungefähr, statt 8 000 Franken, neu 8 400 Franken.

e 253   *Die aktuellen Leistungen der AHV*

	Minimum		Maximum	
	alt	neu	alt	Neu
Alterrente				
Einfache Altersrente	1 030	1 055	2 060	2 110
Obere Grenze für Ehepaare			3 090	3 165
Hinterlassenenrente				
Witwenrente	824	844	1 648	1 688
Witwerrente …	824	844	1 648	1 688
Waisenrente …	412	422	824	844
Vollwaisenrente	618	633	1 236	1 266
Ergänzungsleistung			4 120	4 220
	mittel		schwer	
Hilflosenentschädigung	515	528	824	844

258   *Das Splitting*
            Minimale Altersrente, statt 1 030 Franken, neu 1 055 Franken
            und statt 1 545 Franken neu 1 582 Franken.

259   *Betreuungsgutschriften*
            Statt 37 080 Franken, neu 37 980 Franken.
            Lilian hat Anspruch auf insgesamt 20 Erziehungsgutschriften und 8 Betreuungsgutschriften:
            11 · 18 990.–
             9 · 37 980.–
             8 · 37 980.–
            854 550.–

260   *Welche Rente dürfen Sie erwarten?*
            Jahreseinkommen, statt bis zu 12 360, neu 12 660 Franken,
            Minimalrente, statt 1 030, neu 1 055 Franken,
            Mittel, statt 74 160, neu 75 960 Franken,
            Maximalrente, statt 2 060, neu 2 110 Franken.
            Anderthalbfache Maximalrente, statt 3 090, neu 3 165 Franken.
            Anspruch, statt 2 060+1 895 = 3 955, neu 2 110 +1 907 = 4 017 Franken.
            Nach Kürzung, statt 1 609+1 481 = 3 090, neu 1 662+1503 = 3 165 Franken.

Die Leistungen der IV

	Minimum		Maximum	
	alt	neu	alt	Neu
Invalidenrente				
Invalidenrente	1 030	1 055	2 060	2 110
Zusatzrente für Ehegatten	309	317	618	633
Kinderrente ...	412	422	824	844
Doppel-Kinderrente	618	633	1 236	1 266
Zusatzleistungen				
Ergänzungsleistung			4 120	4 220
Hilflosenentschädigung	leicht	mittel	schwer	
	alt 206	alt 515	alt 824	
	neu 211	neu 528	neu 844	

Die Funktionsweise des BVG-Obligatoriums

Mindestlohn	24 720.– neu 25 320.–
Koordinationsabzug	24 720.– neu 25 320.–
Max. versicherter Lohn	49 440.– neu 50 640.–
Max. anrechenbarer Lohn	74 160.– neu 75 960.–
Minimal versicherter Lohn	3 090.– neu 3 165.–
	27 810.– neu 28 485.–

Die 24 720 Franken, neu 25 320 Franken entsprechen der maximalen einfachen AHV- und IV-Rente.

Mindestlohn statt 24 720 neu 25 320 Franken.
Statt 25 000 neu 26 000 Franken und statt 3 090 neu 3 165 Franken.
Statt 24 720 neu 25 720 Franken, statt 12 360 neu 12 660 Franken,
statt 12 640 neu 13 340 Franken und statt 3090 neu 3 165 Franken.
Zwei Teilzeit-Einkommen, statt 24 720 neu 25 320 Franken.

Beitragsprimat
Vorgeschriebener Zins 3,25% (ab 1.1.2003).
Maximal versicherter Lohn, statt 74 160 neu 75 960 Franken.
Kapital, statt 490 969 neu 423 106 Franken; Rente, statt 35 350 neu 30 464 Franken;
Kapital, statt 32 941 neu 26 474 und Jahresrente, statt 2 372, neu 1 906 Franken.

Beitragsprimat
Leistungsausweis, Stand 2001 (Verzinsung 4%, Rentensatz 7,2%)

Versichertes Gehalt, statt 59 280 neu 58 680 Franken (84 000 ./. 25 320 Franken).

Leistungsprimat
Leistungsausweis, Stand 2001

Gehalt statt unter 24 720 neu 25 320 Franken.

Freizügigkeitskonto oder -police?
Der 2. Absatz lautet neu:
Anbieter von Freizügigkeitspolicen sind die Versicherungsgesellschaften. Der Vorteil dieses Produkts liegt darin, dass gleichzeitig ein Todesfallkapital, manchmal sogar Leistungen bei Erwerbsunfähigkeit versichert sind.
BVG-Limite von neu 3,25%.

Der Einkauf von Beitragsjahren
Maximalbetrag statt 74 160 neu 75 960 Franken.
33 x 74 160 neu 33 x 75 960 Franken, nämlich 2 506 680 Franken.
6 x 74 160 neu 6 x 75 960, also 455 760 Franken.

Die Koordination zwischen der 1. und 2. Säule
Alle Beispiele dieses Kapitels: Stand 2001

Lohnt sich denn ein AHV-Vorbezug?
5. Zeile: ... anstatt der Rente von 24 720 Franken. ...

Bettina Michaelis
Cornelia Rappo-Brumann

Finanzplanung für Frauen

Der Weg zum finanziellen Erfolg

VERLAG:SKV

Wir widmen dieses Buch unsern Töchtern Yasmina und Laura.

Bettina Michaelis

ist Finanzplanerin und Versicherungsfachfrau mit eidgenössischem Fachausweis. 1995 gründete sie in Bern ihre eigene Unternehmung. Die B.B.M.'s Financial Planning GmbH hat sich auf die Beratung und das Erarbeiten von Finanzplanungskonzepten für Privatpersonen und KMU spezialisiert. Bettina Michaelis ist auch als Dozentin für Finanzplanung und Sozialversicherungen an der Wirtschafts- und Kaderschule KV Bern und am Institut für Finanzplanung in Wettingen tätig und erteilt Finanzseminare für Frauen. Seit 1996 präsidiert sie den Business and Professional Women BPW Club Bern.

Die Kapitel Finanzplanung und deren Bausteine, die Vorsorgeinstrumente, die Details zur ersten und zweiten Säule, die Checkliste und Regeln für Anlegerinnen sowie die Beispiele aus der Praxis stammen aus ihrer Feder.

Cornelia Rappo-Brumann,

lic.phil. I, ist Historikerin und Finanzplanerin mit eidgenössischem Fachausweis. Sie unterrichtet an der Wirtschafts- und Kaderschule KV Bern zukünftige Finanzplanerinnen und Finanzplaner. Sie führt Seminare für Frauen in den Bereichen Wirtschaft und Finanzen, Rechtskunde und Sozialversicherungen durch. Im Weitern macht sie Finanzplanungen für Private. Seit drei Jahren ist sie Verwaltungsrätin einer freiburgischen Regionalbank.

Das Buchkonzept sowie die Kapitel Wirtschaft und Finanzen und Finanzinstrumente wurden von ihr verfasst.

1. Auflage 2001   ISBN 3-286-51211-7

© Verlag SKV
   Verlag des Schweizerischen Kaufmännischen Verbandes, Zürich
   www.verlagskv.ch

Lektorat: Yvonne Vafi-Obrist
Gestaltung und Umschlag: Brandl & Schärer AG

Vorwort

«Als junge Frau konnte mich ein Mann mit zwei Doktortiteln noch sehr beeindrucken. Heute sage ich meinen jungen Studentinnen: Der Vater eurer Kinder sollte möglichst ein bisschen jünger, ein bisschen dümmer und ein bisschen ärmer sein als ihr. Wenn ihr einen sozial höher stehenden Mann heiratet, sitzt ihr nachher zu Hause, weil er das Geld verdient.»
Ein Rat wie dieser, den Barbara Schaeffer-Hegel, Professorin an der Technischen Universität Berlin, ihren Studentinnen mitgibt, provoziert. Warum? Weil wir, trotz aller Fortschritte im Verhältnis der Geschlechter zueinander, noch nicht viel weiter gekommen sind als die antiquierten Vorstellungen vom *pater familias* des Biedermeiers als Alleinernährer grösserer Familien. Biedermeier ist liebenswert, wenn es um Möbel oder Blumensträusse geht; in Bezug auf die Frage, wer die Brötchen verdient, könnten die Werte dieser Epoche als Antwort auf diese Frage – vom Brot ganz zu schweigen – falscher nicht sein.
Eine Frau, die von Anfang ihrer beruflichen Laufbahn an plant, mehr zu verdienen als ihr Mann? Das widerspricht unseren herkömmlichen Vorstellungen vom Prinzen, der auf dem weissen Pferd dahergesprengt kommt, um die Frau seiner Träume aus der Misere ihres Berufslebens zu erlösen und in die Harmonie der Villa im Grünen hineinzuholen. Dummerweise hält sich aber die Realität nicht an diese Vorstellungen: Die Zahl der Eheschliessungen nimmt ab, während die der Scheidungen ständig zunimmt. Ehen werden eher im Alter von 30 als von 20 oder überhaupt nicht geschlossen (laufend steigende Zahl der Single-Haushalte), und noch nie hat es so viele gut ausgebildete Frauen gegeben wie zu Beginn dieses Jahrtausends.
Man braucht nicht Statistikerin oder Soziologe zu sein, um auf Anhieb zu sehen, wie sehr sich die gesellschaftlichen Rahmenbedingungen unserer Zeit gegenüber dem Biedermeier gewandelt haben. Warum harzt es dann immer noch beim Thema «Geld»? Weshalb provoziert der Rat der Berliner Professorin auch heute noch? Wieso braucht es im Jahre 2001 dieses Buch von zwei kompetenten Fachfrauen, die ihren Geschlechtsgenossinnen schmackhaft machen wollen, sich um ihre Finanzen selbst zu kümmern?
«Sich *endlich* um ihre Finanzen selbst zu kümmern», sollte es heissen, denn dieses Buch ist ja nicht der erste Versuch, Frauen nahe zu legen, ihr Finanzmanagement selbst in die Hand zu nehmen. Dabei haben Frauen genau die Eigenschaften, die es für ein erfolgreiches Finanzmanagement braucht: Entschlusskraft – Realismus – Beharrlichkeit – Ausdauer – Sparsamkeit.

Auch diese Erkenntnisse sind alles andere als neu. Gottfried Keller hat diesen Eigenschaften mit dem Porträt einer für seine Zeit ungewöhnlichen Frau in der Novelle «Frau Regel Amrain und ihr Jüngster» bereits Bewunderung gezollt. Die knapp Dreissigjährige wird von ihrem Mann nach dessen selbstverschuldetem Konkurs verlassen. Er sucht das Weite jenseits des Atlantiks und hinterlässt der jungen Frau drei Söhne im Alter von 10, 8 und 5 Jahren sowie einen abgewirtschafteten Steinbruch. Während die gestandenen Männer der Seldwyler Gemeinde noch darüber streiten, wer von ihnen «am tauglichsten wäre, eine Zeitlang die Honneurs am Steinbruch zu machen», macht ihnen das Schicksal einen Strich durch die Rechnung, indem «die zurückgebliebene Ehefrau des Herrn Amrain unerwartet ihren Fuss auf den Sandstein setzte und kraft ihres hinzugebrachten Weibergutes den Steinbruch an sich zog und erklärte, das Geschäft fortzusetzen und möglicherweise die Gläubiger ihres Mannes befriedigen zu wollen». Wie bitte? Die Seldwyler Männer trauen ihren Ohren nicht – und schon gar nicht diesem Vorsatz: «Man suchte sie auf jede Weise von diesem Vorhaben abzubringen und zu hindern; allein sie zeigte eine solche Entschlossenheit, Rührigkeit und Besonnenheit, dass nichts gegen sie auszurichten war und sie wirklich die Besitzerin des Steinbruchs wurde.»

Ihr «Weibergut», ihre Aussteuer also war es, die sie finanziell dazu befähigte, den Steinbruch zu kaufen. Aber die Seldwyler werden sich gefragt haben: Hat diese Zugereiste das Zeug dazu, ihn auch erfolgreich zu bewirtschaften? Sie hat: «Sie liess fleissig und ordentlich darin arbeiten unter der Leitung eines guten fremden Werkführers und gründete zum ersten Male die Unternehmung statt auf dem Scheinverkehr auf wirkliche Produktion.» Auch das passt den Herren nicht – schliesslich lässt es sie als schlechte Prognostiker erscheinen und bringt sie ganz nebenbei um ihre Schadenfreude, aber «es war nicht gegen sie aufzukommen, da sie als Frau und sparsame Mutter keine Ausgaben hatte, im Vergleich zu den Herren von Seldwyla, und daher auf die einfachste Weise imstande war, alle Stürme abzuschlagen und alle begründeten Forderungen zu bezahlen». Voilà! Wenigstens werden die Männer mit Genugtuung zur Kenntnis genommen haben, dass ihr der geschäftliche Erfolg nicht in den Schoss gefallen ist: «Dennoch hielt es schwer, und sie musste Tag und Nach mit Mut, List und Kraft bei der Hand sein, sinnen und sorgen, um sich zu behaupten.»

Ich liebe diese Geschichte einer Frau, die sich als Unternehmerin in einem fremden Umfeld behauptet, als Mutter trotz beruflichem Engagement Hervorragendes leistet und als Frau, die Politik als persönliche Verantwortung eines jeden Menschen betrachtet, Zeichen setzt – einige Jahrzehnte vor den Suffragetten! Sie zeigt auf eindrückliche Weise, dass Frauen oftmals erst zu Finanzexpertinnen werden, wenn sie keine Wahl mehr haben. Barbe-Nicole Clicquot, die mit 28 Jahren Witwe wird und sich, wie Regel Amrain, entschliesst, die Firma ihres Mannes weiterzuführen, wäre da ein anderes Beispiel. Ihr effizient geplanter finanzieller Erfolg ist auf zwei Faktoren zurückzuführen: Zum einen hat sie mit einer echten Innovation für ihre Champagner-Produktion aufwarten können und zum anderen durch kluge Expansion den Absatzmarkt für ihr Produkt beträchtlich erweitert. Mit dem Filtriersystem, das dem Champagner durch Entzug der Hefe die klare Farbe gab, die wir heute als selbstverständlich ansehen, hat sie Geschichte gemacht, und mit «massvoller Kühnheit», ihrem Hauptcharakterzug, hat sie sich in Russland ein riesiges neues Marktsegment erschlossen.

Die vor kurzem verstorbene Katherine Graham hat sich ebenfalls erst als Witwe für Finanzen interessiert. Interessieren *müssen*, denn zur Überraschung ihrer Freunde und der Branche entschloss sich die krankhaft schüchterne Mutter von vier Kindern, nach dem Selbstmord ihres Mannes die «Washington Post» als Herausgeberin selbst weiterzuführen – eine Tätigkeit, die nach und nach zur Gründung eines angesehenen und finanziell erfolgreichen Zeitungsverlagsimperiums führen sollte. Auch sie hat ihre Finanzlektion gelernt und dann gekonnt umgesetzt.

Dass Frauen mit Geld umgehen können, ist hinreichend belegt. Müssen sie nun unbedingt erst verlassen werden oder verwitwet sein, bevor sie das unter Beweis stellen? Nicht, wenn ihre Mütter das beherzigt hätten, was die kluge Simone de Beauvoir bereits 1948 in ihrem epochalen Werk «Das andere Geschlecht» postuliert hat: «Jeder Mensch ist ökonomisch eigenverantwortlich.» Eine Erkenntnis, die Mädchen mit der Muttermilch eingetrichtert werden und lange vor eventueller Scheidung und Witwenschaft greifen sollte. Die finanzielle Basis, für die jede Frau selbst verantwortlich ist, ermöglicht ihr Optionen – und Optionen bedeuten Freiheit. Die Freiheit unter anderem auch, die berufliche Tätigkeit zu wählen, für die ihr Herz schlägt. Simone de Beauvoir zum Beispiel war Schriftstellerin und wollte von den Einkünften aus dieser Tätigkeit leben, auch wenn sie aus grossbürgerlichem Haus kam; von ihr stammt der zitierbare Satz: «Eine Schriftstellerin ist keine Hausfrau, die Bücher schreibt, sondern ein Mensch, dessen Dasein vom Zwang zu schreiben beherrscht wird.»

Dass dieser Zwang nicht immer die Miete garantiert, wusste eine der berühmtesten Schriftstellerinnen. Es war Virginia Woolf, von der die simple Feststellung stammt: «*A woman must have money and a room of her own if she is to write fiction.*» Das «Zimmer für sich allein» ist heute oftmals eine komfortabel eingerichtete Single-Behausung, aber der Aspekt «Geld» kann immer noch nicht abgehakt werden. Frauen, besonders junge am Anfang ihrer Berufslaufbahn, brauchen hier noch Nachhilfeunterricht – auch wenn sie auf eine Erbschaft hoffen können oder einen betuchten Mann geheiratet haben. Beides ist keine Zukunftssicherung, und auch Investieren will gelernt sein. Die Autorinnen widmen zu Recht gerade diesem Thema sehr viel Aufmerksamkeit.

Wenn eine Frau aus eigener Kraft finanziell unabhängig wird, muss sie danach mit der Tatsache leben lernen, dass das nicht unbedingt zu ihrer Popularität beitragen wird. Auch da müssen wir unsere Einstellung ändern.

Die Wirtschaft ist kein Popularitätswettbewerb, das Bankkonto keine Beliebtheitsskala. Das hat niemand besser begriffen als Muriel Siebert, die sich das Privileg erkämpft hat, als erste Frau einen Sitz an der New York Stock Exchange zu kaufen. Das Verhältnis Frauen zu Männer war 1:1365, und kein Mann hat daran gedacht, die Anwesenheit einer kompetenten Finanzfrau als Bereicherung zu betrachten. Es gab nicht einmal eine Damentoilette im Börsengebäude, geschweige denn einen roten Teppich für sie. Muriel Siebert hat das nicht beeindruckt: Sie hat ihr Know-how in klingende Münze für ihre Kunden verwandelt, und weder die Kunden noch sie sind dabei ärmer geworden. Dennoch möchte ich das Vorwort zu einem Buch, das Frauen mit erfolgreicher Finanzplanung – und damit der Basis ihrer eigenen Existenz – vertraut machen will, mit einem Gedanken beenden, der diesen Erfolg in die richtige Perspektive stellt – er kommt von Muriel Siebert selbst:

«The meaning of success is not measured by money. Wall Street happens to be a place where if you are a success, you make money; but other fields have different rewards. People generally do well at what they like. Of course, you have to meet things half-way. When you get knocked down, just get up and start all over again. But set your goals high and don't let anybody tell you no.» (1967)

Erfolg ist nicht unbedingt ein sattes Bankkonto, und solch ein Konto muss nicht unbedingt Erfolg repräsentieren. Es kann aber für Frauen sehr hilfreich sein beim Umsetzen der Freiheiten, für die ihre Vorfahrinnen gekämpft und gelitten haben. Die Autorinnen – beide ausgewiesene Fachfrauen auf dem Gebiet der Finanzplanung und -beratung – möchten Ihnen, liebe Leserinnen, helfen, die finanzielle Basis für das Umsetzen dieser Freiheiten zu ermöglichen.

Zürich, August 2001   Dr. Monique R. Siegel

Inhaltsverzeichnis

Warum dieses Buch?

Wenn Sie dieses Buch in Händen halten, gehören Sie möglicherweise zu denen, die ihre finanziellen Angelegenheiten endlich mit System an die Hand nehmen wollen. Oder zu jenen, die sich beim Managen ihrer Finanzen manchmal unsicher fühlen. Oder vielleicht sind Sie einfach neugierig auf ein Finanzbuch für Frauen? Dieses Buch bietet Ihnen die Gelegenheit, das zu finden, wonach Sie suchen.

Mag sein, dass Sie als erfahrene Anlegerin geneigt sind, auf eine derartige Lektüre zu verzichten. Doch wer weiss, vielleicht haben wir sogar für Sie den einen oder anderen spannenden Tipp auf Lager . . .

Als wir uns mit dem Buchprojekt befassten, war uns von Anfang an klar, dass wir das Thema Finanzen in ganzheitlicher Weise angehen wollten. Deshalb werden Sie hier nicht «nur» Tipps zu einer erfolgreichen Anlagestrategie finden, sondern ebenfalls alles Wichtige über Vorsorge, Steuern und Erbrecht sowie allerlei nützliche Hinweise im Bereich der Finanz- und Vorsorgeinstrumente. Natürlich werden all diese Themen aus frauenspezifischer Sicht behandelt. Typische Beispiele aus der Praxis sollen die Theorie untermauern und Ihnen die Gelegenheit geben, Vergleiche zu Ihrer persönlichen Situation zu ziehen. Mit diesem Buch wollen wir Ihnen einen Kompass durch den Wald der Finanzen in die Finger drücken.

Falls Sie das Buch in einem Zug durchlesen, erfüllt dies unser Autorinnenherz mit grossem Stolz. Allenfalls sind für Sie aber nicht alle Bereiche von gleicher Wichtigkeit oder Sie suchen gezielte Antworten auf Ihre unmittelbaren Fragen. Hier soll das Buch seinen Zweck als Nachschlagewerk erfüllen.

Mögen künftig all jene unter Ihnen, die sich bis anhin in der Welt der Banken, Versicherungen und Finanzberater nicht besonders wohl gefühlt haben, sich ihres Einflusses bewusst werden. Stellen Sie kritische Fragen und zeigen Sie selbstbewusst, dass Sie zu den gut informierten Kundinnen gehören.

Nicht zuletzt möchten wir Ihnen beweisen, dass unser Finanz- und Vorsorgewesen bestimmt kein Buch mit sieben Siegeln ist. Wer weiss, vielleicht erliegen auch Sie der Faszination dieser Materie . . .

Wir wünschen Ihnen viel Spass und Erfolg!

Bettina Michaelis   Cornelia Rappo-Brumann

Wirtschaft und Finanzen – ein Thema für Frauen

Was ist Wirtschaft?

Der Drang nach Geld ist die Triebfeder
des wirtschaftlichen Fortschritts.
Die Chance, Geld zu verdienen,
setzt die Kreativität, den Fleiss und
die Risikobereitschaft jedes Einzelnen frei.
André Kostolany

An der kalifornischen Küste finden Spaziergängerinnen spezielle Muscheln, die entweder längs- oder quergestreift sind. Eine Amerikanerin erklärte, dass diese Muscheln ihr Geschlecht wechseln können und dass die Längs- und Querstreifen männlich oder weiblich symbolisieren. Querstreifen hat die Muschel, wenn sie weiblich ist. Längsstreifen, wenn sie männlich ist. Besteht nun ein Mangel an weiblichen Muscheln, wechseln die männlichen einfach ihr Geschlecht, bekommen Querstreifen und sind weiblich. Besteht ein Mangel an männlichen Muscheln, geschieht das Gegenteil. Die Muscheln versuchen ein Bedürfnis zu befriedigen, indem sie ihr Geschlecht ändern.

Genau das Gleiche versucht nach Definition die Wirtschaft, womit wieder einmal bewiesen ist, dass die Natur unsere beste Lehrmeisterin ist.

«Unter Wirtschaft werden alle Überlegungen, Tätigkeiten und Einrichtungen verstanden, die auf die Bereitstellung und Verwendung der Mittel zur Bedürfnisbefriedigung gerichtet sind.»
(Rolf Dubs: Wirtschaftl. Grundbegriffe, Verlag SKV 1990)

Die Bedürfnisse der Menschen sind, und werden es wohl auch noch lange bleiben, auf der ganzen Welt verschieden. In Europa haben die Menschen das Bedürfnis nach Selbstverwirklichung und geben viel Geld für entsprechende Kurse aus. In Ghana sind die Menschen froh, wenn sie genügend Elektrizität für ihre dezentralen Krankenstationen haben. Maslow, ein Psychologe, hat versucht, die Bedürfnisse zu fassen und hierarchisch zu ordnen. Er geht davon aus, dass erst die Bedürfnisse der untersten Stufe befriedigt werden müssen, bevor man zu einer nächst höheren gehen kann.

Schädlingsbekämpfungsmittel entwickelten. Sie sehen, wir sind noch nicht einmal in der Fabrik, wo die Schokolade hergestellt wird. Die Liste aller an der Schokoladenproduktion Beteiligten wäre lang. Die Idee, die hinter der Arbeitsteilung steckt, ist die bewusste Organisation der Arbeitsabläufe, um Zeit und Geld einzusparen und die Endprodukte dadurch zu verbilligen.

Adam Smith hatte bereits 1776, im Jahr, als Amerika unabhängig wurde, in seinem philosophischen Werk «The Wealth of Nations» auf die Arbeitsteilung als wichtigen Motor für die Wirtschaft hingewiesen.
Bis ins 18. Jahrhundert wurden 90 Prozent aller Güter innerhalb eines Kilometers hergestellt. Wir sprechen von einer **statischen** Wirtschaft.

Produktion ⟶ Konsum

Durch spezielle historische Bedingungen wurde die Wirtschaft **dynamisch**. Man legte Vorräte an, konnte billiger produzieren, machte höhere Gewinne und investierte das Geld in neue Entwicklungen. Jetzt nahmen die Menschen als Produzenten, Konsumenten und Investoren an der Wirtschaft teil.

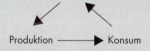

Vorrat, Investitionen, Innovation

Produktion ⟶ Konsum

Wie kam es zu dieser Veränderung? Wir hatten im 18. Jahrhundert eine einmalige Entwicklung in England. England war damals ein Weltreich, das durch seine Kolonien reich geworden war. Dank der Aufklärung hatte man ein neues Verhältnis zum Denken und förderte die Wissenschaft und die Erfindungen. Durch die Modernisierung wurden Arbeitskräfte aus der Landwirtschaft frei und man führte die Lohnarbeit ein. Die ersten Manufakturen entstanden, in denen Arbeitsabläufe gestrafft wurden (Fliessbandarbeit). Smith erkannte auch, dass durch die Straffung der Arbeitsabläufe die Arbeiter immer die gleichen Bewegungen ausführen mussten, was zu einer Verdummung der Leute führen konnte. Dieses Problem hat auch Karl Marx in seinem Werk «Das Kapital» aufgegriffen. (Es ist wissenschaftlich erwiesen, dass Marx Textausschnitte von Smith in seinem Buch verwendet hat.)
Die Routine in der Arbeit bot die Möglichkeit, Maschinen einzusetzen. Mit der Erfindung von Dampfmaschinen konnten diese angetrieben werden. Das Geld und das Wissen für die Entwicklung waren vorhanden. Durch die Konkurrenz entstand ein ständiger Druck für neue Innovationen. Immer

Wie funktioniert die Wirtschaft?

weniger Arbeiter und Arbeiterinnen konnten immer mehr produzieren. Bereits damals erkannte Smith die Arbeitslosigkeit als grosses Problem. Auch heute glaubt der bekannte Sozialethiker Hans Ruh, dass die industrialisierte Welt sich zu Tode rationalisiert.

▶ **Internationale Arbeitsteilung:** Die Arbeitsteilung als Motor für die Wirtschaft ist heute, mehr als zweihundert Jahre nach Smith, noch hochaktuell. Auch heute werden Arbeitsgänge überprüft und wo immer möglich wird menschliche Arbeitskraft durch Maschinen oder Computer ersetzt. Wir kennen heute als weiteres Phänomen die internationale Arbeitsteilung. Produktionen von Stoff, Textilmaschinen oder anderer Güter werden in Billiglohnländer ausgelagert (Made in China). In der Schweiz wird immer weniger produziert, dafür hat der Dienstleistungssektor stark zugenommen.

▶ **Bezahlte Arbeit:** Selbstversorgung war neben der bezahlten Arbeit nicht mehr möglich. Essen und andere lebensnotwendige Dinge mussten gekauft werden. Dadurch entstanden neue Gewerbe und später neue Industrien wie die Nahrungsmittelindustrie mit ihren Fertigprodukten. Da der moderne Mensch häufig keine Zeit mehr zum Kochen hat, ist er auf diesen Industriezweig angewiesen.

▶ **Technologien:** Die Erfindung neuer Technologien katapultierte die Wirtschaft in immer neue Zeitalter. Mit der Einführung der Dampfmaschinen begann das industrielle Zeitalter. Dank Computer und Internet befinden wir uns im Moment im Informationszeitalter. Neue Technologien kurbelten die Wirtschaft immer wieder an.
Auch die «New Economy» ist in diesem Sinne nicht neu. Sie verdankte ihren Aufschwung neuen Technologien. Neu war, dass sich die Finanzinstitute und Anleger auf die neuen Firmen stürzten, bevor diese ihre Markttauglichkeit überhaupt beweisen konnten. Es wurde in Ideen investiert. Da viele dieser Ideen nicht realisiert werden konnten, kam es zu brutalen Korrekturen.

▶ **Preis:** In der Neo-Klassischen Wirtschaftstheorie wird der Preis als wichtigster Wachstumsmotor bezeichnet. Sinkende Preise erhöhen die Nachfrage und kurbeln dadurch das Wachtum an. Steigende Preise bewirken das Gegenteil. Aus diesem Grund wird alles unternommen, um günstiger produzieren zu können.

Natürlich gibt es auch Kritik an unserem Wirtschaftssystem.

▶ Durch das ständige Wachstum wird unsere Umwelt stark belastet. Unendliches Wachstum ist auf einem begrenzten Planeten gar nicht möglich. Die Kosten, die der erhöhte CO_2-Ausstoss mit sich bringt (u.a. im Gesundheitsbereich), muss die Allgemeinheit übernehmen und nicht die Verursacher. Dieses Überwälzen nennt man Externalisierung der Kosten. Müssten die Firmen diese Kosten übernehmen, wären sie gezwungen, in saubere Produktionsmaschinen zu investieren, zugunsten einer nachhaltigen Entwicklung. Politiker wollen vermehrt Gesetze schaffen, damit der Verursacher der Verschmutzung zur Kasse gebeten werden kann.

▶ Die Problematik der 3.-Welt-Länder: Trotz Entwicklungszusammenarbeit, Öffnung der Märkte wird die Schere zwischen armen und reichen Ländern immer grösser. Das Vermögen der drei reichsten Milliardäre ist grösser als das Bruttosozialprodukt (Wert aller produzierten Güter eines Jahres) der 48 ärmsten Länder der Welt.

▶ Auch Frauen gehören weltweit gesehen immer noch zu den Verliererinnen in diesem System. Viele werden wegen der Religion vom wirtschaftlichen System ausgegrenzt. Weitere Beispiele sind die Ungleichheit der Löhne und die Abwertung der nicht bezahlten Arbeit, die meistens von Frauen ausgeübt wird und volkswirtschaftlich gesehen sehr wichtig ist.

Welche Rolle spielten die Frauen in der Wirtschaft?

Bis ins Hochmittelalter hatten die Frauen eine sehr wichtige Rolle in der Wirtschaft inne. Sie arbeiteten als Händlerinnen, als Gewerbetreibende und sogar als Bankiers.

In den Städten mit ihren Zunftorganisationen findet man Frauen in den Zunftregistern als Werkstattbesitzerinnen. Einige waren Witwen, die den Handwerksbetrieb ihres Gatten übernommen hatten. Aber es gab auch Frauen, die ihre Werkstatt eigenhändig aufgebaut hatten. In England wurden gewerbetreibende Frauen als eigene Rechtsobjekte betrachtet. So hafteten verheiratete Frauen bei einem Konkurs ihres Geschäftes alleine, und der Besitz des Mannes durfte nicht angegriffen werden.

Selbst adelige Damen waren im Mittelalter richtige Unternehmerinnen, die die Versorgung eines ganzen Hofstaates aufrechterhalten mussten, was keine leichte Aufgabe war. Die romantischen Verklärungen vom Burgfräulein, das auf den edlen Ritter wartet und seine Zeit mit Spinnen und dem Zuhören von Minnesängern verbringt, finden wir erst im Hochmittelalter. Nicht vergessen dürfen wir die vielen Kleinbäuerinnen, die Haus und Hof verwalteten.
Die Frauen waren integriert in die Wirtschaft und entwickelten Fähigkeiten, die man lange Zeit nur den Männern zutraute.

Im Mittelalter war der Tod allgegenwärtig. Es gab viele Kriege, Raubzüge und Epidemien. Oft mussten die Frauen die Geschäfte ihrer Männer oder auch Väter übernehmen. Darum regierten auch viele Königinnen alleine und führten ihre Länder zu Wohlstand, wie Königin Elisabeth I. von England oder Isabella von Kastillien. Trotzdem wurden die Frauen im Laufe der Zeit immer mehr aus der Wirtschaft ausgegrenzt und verloren ihre gleichwertige Stellung. Eine massgebliche Rolle spielte dabei die Kirche. Am Ende des 15. Jahrhunderts hatte Papst Sixtus IV. das Gesetz «cum praexcelsa» veröffentlicht. Darin betonte er die Jungfräulichkeit Marias. Er erklärte, dass Gott die Vereinigung mit einer Frau ablehne, weil dieser Akt dem Reich des Teufels angehöre. So wurde natürlich der Weg für extrem frauenfeindliche Abhandlungen frei, welche in die Hexenverfolgungen mündeten.

Auch der Protestantismus legte fest, dass die Frauen an den Herd gehörten. Mit dieser Legitimation durch die Kirchen wurden den Frauen immer mehr Rechte, wie Besitz oder Berücksichtigung in der Erbfolge, abgesprochen. In England waren die Frauen Ende des 17. Jahrhunderts nur noch Gattinnen und dem Mann untertan. Sogar Töchter und Ehefrauen von Handwerkern durften nicht mehr mithelfen, weil man die Arbeitslosigkeit für Männer verhindern wollte. (Ein Phänomen, das uns heute nicht unbekannt ist!) Nicht einmal die Aufklärung mit ihrer Proklamation der Menschen-, Freiheits- und Bürgerrechte brachte den Frauen Fortschritte. Diese Rechte galten scheinbar nur für die Männer. Selbst Rousseau betonte, dass es naturgewollt sei, dass sich die Frau nur um das Wohlergehen von Mann und Kindern kümmere.

Auch das Kapital wurde den Frauen aus den Händen genommen. Durften sie früher noch ihre Mitgift und ihre Brautgabe behalten, wurde dies nun alles Besitz des Ehemannes. Dadurch verloren sie ein weiteres Stück Macht und Unabhängigkeit. Geld bedeutete und bedeutet auch heute noch Macht. Den Frauen wurde nicht nur das Kapital, sondern auch die Möglichkeit mit dem Kapital zu arbeiten genommen. Die Wiener Börse als Beispiel, die von der Kaiserin Maria Theresia gegründet wurde, schloss Tiere, Behinderte und Frauen vom Handel aus – übrigens genau in dieser Reihenfolge.
In der Schweiz waren die Frauen bis in die Siebzigerjahre des 20. Jahrhunderts nicht am Börsenring zugelassen. Erst in den letzten dreissig Jahren erobern die Frauen langsam ihre Stellung in der Wirtschaft zurück. Heute ist eine Frau Chefin der Schweizer Börse!

Die Frauen waren also Jahrhunderte vom Arbeitsmarkt und vom Finanzmarkt und damit von der Macht ausgeschlossen. Welche Folgen hat dies für die Frauen bis heute im Umgang mit Geld?

Wie gehen Frauen heute mit Geld um?

Viele Frauen entziehen sich dem Thema «Finanzen», weil es mit zu vielen männlichen Attributen besetzt ist.

Bernard A. Lietaer, ehemaliger Zentralbankdirektor Belgiens, beschreibt unser männliches Geldsystem so: Das Geld ist knapp, es wird hierarchisch kontrolliert, es kann akkumuliert werden und schliesslich erzeugt es Wettbewerb.

Er glaubt auch, dass das Geldsystem in seiner heutigen Form nicht weiter leben wird. Das internationale Geldkasino bewege sich viel zu schnell. Währungsspekulanten, Pensionskassen und Investmentfonds verschieben jeden Tag 2000 Milliarden Dollar. Börsennotierungen verzeichnen innerhalb kürzester Zeit abenteuerliche Kursschwankungen, und Börsencrashs erleben wir in immer kürzeren Abständen.

Im Moment ist ein neues Geldsystem im Aufbau, das den weiblichen Aspekten mehr Beachtung schenkt. Mithilfe dieses Systems sollte es möglich sein, dass das Geld nicht mehr die Welt regiert, sondern wir das Geld.

Wie sehen nun diese weiblichen Aspekte aus? Es braucht ein System, das auf Kooperation gründet. In diesem haben die persönlichen Fähigkeiten einen Wert. Eine Frau schneidet einer anderen Frau die Haare, dafür erledigt ihr diese die Buchhaltung. Solche Tauschringe existieren bereits in Neuseeland und haben Erfolg. In Amerika gibt es den Time-Dollar. Sonja macht einen Botengang für Gaby. Dafür erhält Sonja einen Time-Dollar und Gaby hat einen Time-Dollar Schulden. An einem schwarzen Brett werden die Guthaben und Schulden aufgeschrieben. Gaby kann zum Beispiel einen Kuchen backen und ihn anbieten. Und Sonja nimmt für ihren Time-Dollar Englisch-Unterricht. Durch dieses neue – man müsste eher sagen wiederentdeckte – Geldsystem werden Gemeinschafts- und Verantwortungsgefühle wieder geweckt.

Lietaer propagiert nicht die Wiedereinführung des Tauschhandels, sondern ein Nebeneinander des «männlichen» Geldsystems und des Tauschhandels. Diese Form existierte übrigens bereits erfolgreich bei den alten Ägyptern.

Trotzdem drückt auch für Frauen das Geld soziale Potenz aus. Der Wert eines Menschen wird durch das Geld quantifiziert. Wer kein Geld hat, hat auch keine Leistung anzubieten. Deshalb ist Arbeitslosigkeit auch heute noch von vielen schwer zu ertragen.

Vor noch nicht allzu langer Zeit stellte der Wunsch von Frauen, viel Geld zu besitzen, ein Tabu dar. Denn Frauen, die viel Geld hatten, wirkten unweiblich, anrüchig oder verdächtig. Frauen verzichteten lieber zugunsten der Lebensqualität auf hohe Einkommen.

Sie sehen, obwohl Geld eingeführt wurde, um den Handel zu erleichtern, spielen im Umgang mit Geld viele Gefühle mit. Dabei hat Geld eigentlich drei objektive Funktionen:

▶ Es ist Zahlungsmittel. Mit reinem Tauschhandel würden wir heute nicht mehr sehr weit kommen.
▶ Es ist eine Recheneinheit.
▶ Es ist ein Wertaufbewahrungsmittel.

Zu einem Zeichen der Macht haben wir es selber gemacht. Verweigern wir uns dem Geld, geben wir wieder Macht ab.

«Über Geld zu verfügen und bewusst damit umzugehen, ist ein wichtiger Schlüssel zu Autonomie und Selbstbestimmung. Frauen dürfen das Thema Geld nicht mehr verdrängen, sondern müssen sich über ihren eigenen Lebensstil und ihre Einstellung zu Geld Gedanken machen und sich aktiv mit dem Thema auseinandersetzen. Dies beginnt in der Partnerschaft beim Mittragen von Geldentscheiden, beim Verfügen über ein eigenes Konto; es geht weiter bei der aktiven Informationsbeschaffung über mögliche Anlagen bis hin zur Überprüfung der eigenen Versicherungen und Rentenansprüche. Voraussetzung hierfür ist und bleibt, dass Frauen Geld für sich zum Thema machen.» *Aus: «Aschenputtels Portemonnaie», Königswieser und andere, Campus Verlag 1989*

Langsam werden die Veränderungen im Umgang mit Geld spürbar. So gründeten bereits Ende der Siebzigerjahre Bankerinnen die «Women's World Banking». Diese Gruppe gibt Unternehmerinnen Kredite und bürgt gleichzeitg für 25 Prozent der Kreditsumme. Die Rückzahlungsquote liegt bei 99 Prozent. Gleiche Erfahrungen machten auch Banken mit ähnlicher Philosophie in Indien und Pakistan, die Bäuerinnen Geld liehen. Hier bürgten die Frauen gegenseitig füreinander. Die Rückzahlungsquote lag auch in diesem System bei 98 Prozent. Fragen Sie einmal bei Ihrer Bank nach, wie hoch deren Rückzahlungsquote ist!

Frauen erobern ihren Platz in der Finanzwelt und bringen auch bewusst weibliche Attribute hinein. Und das Schönste ist, Frauen haben mit ihrer Art mit Geld umzugehen und Gefühle einzubeziehen Erfolg!

Finanzplanung

Warum Finanzplanung?

*Weisheit beginnt damit,
dass man die Dinge beim
richtigen Namen nennen kann.*
       Chinesisches Sprichwort

Wie viele andere Errungenschaften im Finanzbereich stammt natürlich auch die Finanzplanung von der anderen Seite des grossen Teiches, nämlich aus den USA. Dort wird sie seit Jahren im grossen Stil betrieben und hat sich als wirkungsvolle Methode zur Bewältigung finanzieller Fragen von Privatpersonen bewährt. Auch in der Schweiz haben Banken, Versicherungen und unabhängige Finanzdienstleister erkannt, dass sie mit einer umfassenden Finanzplanung für ihre Kundinnen und Kunden einen echten Mehrwert schaffen können.

Bis vor kurzem suchte sich die interessierte Kundin für jeden finanziellen Teilaspekt einen spezialisierten Ansprechpartner aus: der Lohn wurde aufs Konto bei der Bank oder Post überwiesen, die Wertschriften durch den Kundenberater der Bank oder durch einen Vermögensverwalter betreut, in Vorsorge- und Versicherungsbelangen beriet ein Versicherungsspezialist, in Steuerfragen wurde ein Steuerexperte, für die Nachlassplanung ein Notar oder Anwalt konsultiert. Leider setzten sich die Kundin und ihre Berater selten an einen gemeinsamen Tisch.

Jeder Bereich für sich genommen kann so zwar seinen Zweck erfüllen, ein Gesamtkonzept hingegen wird nicht zu Stande kommen. Dies wiederum kann zu unnötigen Risiken, tieferen Renditen, Liquiditätsengpässen oder einer höheren Steuerbelastung führen. Oft können die Bedürfnisse und Vorstellungen der Kundin gar nicht richtig erfasst werden, was unter Umständen zu unliebsamen Überraschungen führt.

Die heute 41-jährige Paula schloss vor zwei Jahren eine freie Sparversicherung 3b ab. Da sie als PR-Beraterin selbstständig erwerbend ist, hatte sie bislang keine Altersvorsorge betrieben und vorerst das Geschäft aufgebaut. Sie entschied sich im Rahmen ihrer finanziellen Möglichkeiten für eine

Jahresprämie von 10 000 Franken. Die Laufzeit des Vertrages beträgt 25 Jahre. Im Todesfall werden 275 000 Franken an ihre beiden Kinder Max und Susanne ausbezahlt. Für Paula war dies der ausschlaggebende Grund, die Versicherung abzuschliessen. Beruhigend fand sie auch, dass der Vertreter ihr die Möglichkeit eines teilweisen Kapitalvorbezugs vor Ablauf des Vertrages aufgezeigt hatte. Gleichzeitig hatte Paula sich nach einer möglichst rentablen und steuergünstigen Anlage für ihr Erspartes umgesehen. Auf Anraten ihres Kundenberaters investierte Paula im letzten Jahr 60 000 Franken in einen Aktienfonds.

Seit zwei Wochen steht die Welt für Paula Kopf, ein seit drei Jahren gehegtes Projekt wird zur Realität: Sie hat das Angebot bekommen, zusammen mit zwei Kollegen in eine neu zu gründende PR-Agentur einzusteigen. Mit 100 000 Franken soll sie sich am Aktienkapital beteiligen. Kein Problem, denkt Paula, rund 80 000 Franken sind ja vorhanden, weitere 10 000 Franken hat sie auf ihrem Sparkonto als Reserve stehen lassen, das fehlende Geld werden ihre Eltern vorschiessen.

Die grosse Ernüchterung folgt, als sie sich bei den zuständigen Finanzinstituten nach den Rückzugsbedingungen der Gelder erkundigt. Leider ist der Aktienfonds nicht von den Börsenturbulenzen der letzten Monate verschont geblieben, es stehen im Moment nur noch 48 000 Franken zur Verfügung.
Noch schlimmer steht es mit der Sparversicherung: erst nach drei Jahren Laufzeit besteht gemäss Versicherungsvertragsgesetz (VVG Art. 90, Absatz 2) der Anspruch auf einen Rückkaufswert. Im Moment kann Paula also gar kein Geld aus der Versicherung ziehen. Sogar wenn bereits drei Jahre verflossen wären, würden keinesfalls die einbezahlten 30 000 Franken zurückerstattet, da in den ersten Jahren die Kosten für Abschluss, Verwaltung und Risiko den grössten Teil der Prämie ausmachen. Was nun?

Paula hat Glück, denn die Eltern gewähren ihr ein Darlehen in der Höhe des fehlenden Betrages. In Bezug auf ihre Sparversicherung fährt Paula leider einen Totalverlust ein: Da sie künftig als Arbeitnehmerin in der AG angestellt ist und sich der Pensionskasse des Betriebes anschliessen muss, liegt eine Prämie von 10 000 Franken nicht mehr drin. Da die Police zum heutigen Zeitpunkt keinen Wert besitzt, kann sie nicht in eine prämienfreie Versicherung umgewandelt werden. Die bereits einbezahlten Beträge verfallen.

Hier stellt sich natürlich die Frage, wie derartige Fehler zu vermeiden gewesen wären. Wahrscheinlich war sich Paula selber nicht im Klaren, wie sich das Engagement in die beiden Finanzinstrumente unter kurzfristiger Optik auswirken konnte. Jedem Berater hatte sie ihre Anliegen in Bezug auf das einzelne Produkt geschildert (steuergünstig, rentabel, Risikoschutz), es da-

Warum Finanzplanung?

bei aber unterlassen, auf ihr hängiges Projekt hinzuweisen. Bei einer ganzheitlichen Betrachtung ihrer Situation wäre dies wahrscheinlich nicht geschehen.

Ein optimaler Finanzplan rückt nicht ein Produkt in den Vordergrund, sondern erstellt zuerst eine Übersicht Ihrer persönlichen und finanziellen Situation. Darin werden insbesondere Ihre künftigen Pläne und Zielsetzungen einbezogen, damit zu deren Realisierung im richtigen Zeitpunkt das nötige Kapital zur Verfügung stehen wird.

Finanzplanung wird darum auch als ein zielorientierter Planungsprozess beschrieben.

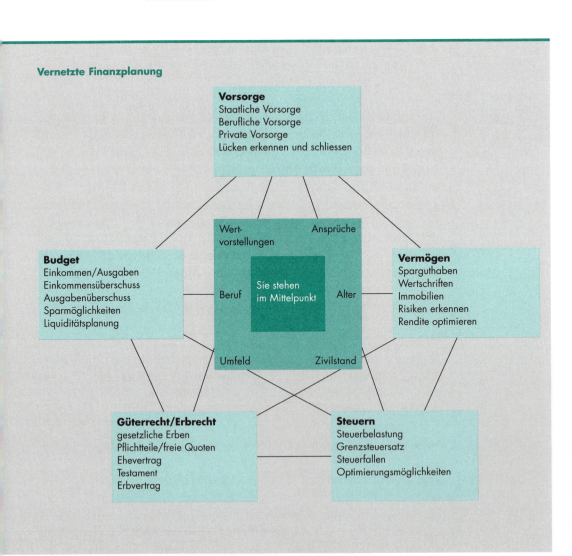

Vernetzte Finanzplanung

Vorsorge
Staatliche Vorsorge
Berufliche Vorsorge
Private Vorsorge
Lücken erkennen und schliessen

Wertvorstellungen   Ansprüche

Budget
Einkommen/Ausgaben
Einkommensüberschuss
Ausgabenüberschuss
Sparmöglichkeiten
Liquiditätsplanung

Beruf   Sie stehen im Mittelpunkt   Alter

Vermögen
Sparguthaben
Wertschriften
Immobilien
Risiken erkennen
Rendite optimieren

Umfeld   Zivilstand

Güterrecht/Erbrecht
gesetzliche Erben
Pflichtteile/freie Quoten
Ehevertrag
Testament
Erbvertrag

Steuern
Steuerbelastung
Grenzsteuersatz
Steuerfallen
Optimierungsmöglichkeiten

Vorerst muss Klarheit darüber bestehen, wie Ihr Einnahmen- und Ausgabenbudget funktioniert, wie Ihre Vorsorge und die Struktur Ihres Vermögens aufgebaut, die Steuer- und Nachlasssituation geregelt sind. Erst dann werden Massnahmen ergriffen und die passenden Finanz- und Vorsorgeinstrumente eingesetzt, die Ihren persönlichen Zielen gerecht werden sollen. Dabei werden stets die möglichen Wechselwirkungen zwischen den einzelnen Bereichen im Auge behalten, damit keine einseitigen Entscheide gefällt werden. Oft muss auch entschieden werden, welches denn nun das «kleinere Übel» ist: Vielleicht etwas mehr Steuern bezahlen, dafür mit einer konservativen Anlage besser schlafen können? Oder etwas weniger Rendite in Kauf nehmen, dafür das nötige Liquiditätspolster im Rücken behalten?

Sie sehen, Finanzplanung ist eine sehr persönliche Sache, für die Sie sich genug Zeit nehmen sollten. Natürlich kann es auch sein, dass in Ihrer momentanen Situation ein einzelner Bereich im Vordergrund steht und bearbeitet werden muss. Richten Sie dennoch Ihr Augenmerk stets auf alle fünf Komponenten, um sämtliche Auswirkungen der geplanten Massnahmen und Produkte rechtzeitig zu erfassen.

Das Ziel einer vernetzten Finanzplanung ist, im Rahmen Ihrer finanziellen Mittel die bestmögliche Erfüllung Ihrer persönlichen Wünsche und Lebensziele anzustreben. Es wäre falsch zu glauben, der Aufwand lohne sich erst ab einem «gewissen Alter», und dann auch nur für sehr hohe Einkommen und grosse Vermögen. Jede finanzielle Situation kann in der Regel optimiert werden, bei der einen braucht es mehr Aufwand, bei der anderen weniger, je nach Komplexität Ihrer Ausgangslage und Ihrer Vorstellungen.

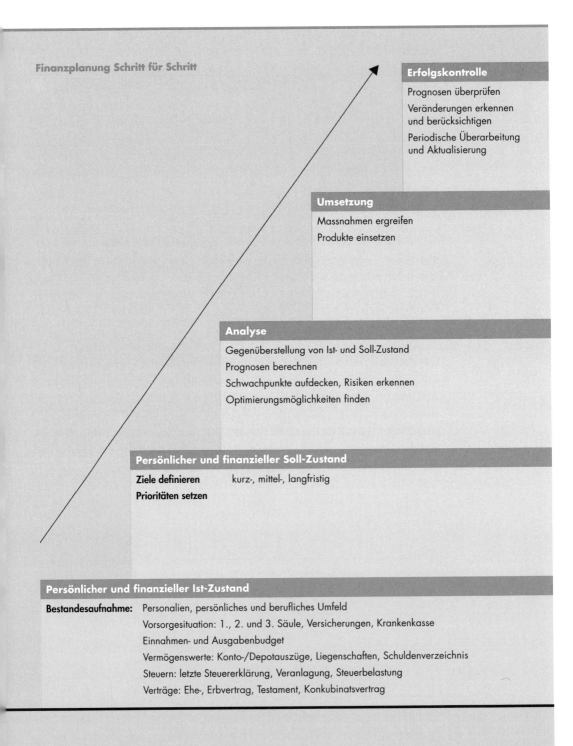

Finanzplanung Schritt für Schritt

Erfolgskontrolle

Prognosen überprüfen

Veränderungen erkennen
und berücksichtigen

Periodische Überarbeitung
und Aktualisierung

Umsetzung

Massnahmen ergreifen

Produkte einsetzen

Analyse

Gegenüberstellung von Ist- und Soll-Zustand

Prognosen berechnen

Schwachpunkte aufdecken, Risiken erkennen

Optimierungsmöglichkeiten finden

Persönlicher und finanzieller Soll-Zustand

Ziele definieren   kurz-, mittel-, langfristig

Prioritäten setzen

Persönlicher und finanzieller Ist-Zustand

Bestandesaufnahme: Personalien, persönliches und berufliches Umfeld

Vorsorgesituation: 1., 2. und 3. Säule, Versicherungen, Krankenkasse

Einnahmen- und Ausgabenbudget

Vermögenswerte: Konto-/Depotauszüge, Liegenschaften, Schuldenverzeichnis

Steuern: letzte Steuererklärung, Veranlagung, Steuerbelastung

Verträge: Ehe-, Erbvertrag, Testament, Konkubinatsvertrag

Ohne Ziele keine Finanzplanung!

Der Formulierung und dem schriftlichen Festhalten von Zielen sollte grösste Beachtung geschenkt werden. Je präziser, desto besser. Denn daraus ergeben sich gleich mehrere Vorteile:

1. Ihre Ziele werden durch konkrete Zahlen sichtbar gemacht.
2. Es werden keine Ziele vergessen.
3. Sie können besser Prioritäten setzen.
4. Je genauer die Ziele definiert sind, desto passendere Lösungen können angestrebt werden.

Ziele müssen in einen zeitlichen Rahmen gesetzt werden

Bei jedem Ziel müssen Sie sich dieselbe Frage stellen:
«Wie viel muss zu welchem Zweck, in welchem Zeitpunkt zur Verfügung stehen?»

sehr kurzfristig	unter 1 Jahr
kurzfristig	1–3 Jahre
mittelfristig	4–6 Jahre
langfristig	7–10 Jahre
sehr langfristig	über 10 Jahre

Natürlich kann es auch sein, dass sich Ihre Ziele zeitlich überschneiden. Unter Umständen müssen Sie Prioritäten setzen, gewisse Wünsche ausser Acht lassen oder verschieben.

Ohne Ziele keine Finanzplanung!

So viel müssen Sie sparen, um Ihre Ziele zu erreichen

Die vierzigjährige Edith möchte sich mit sechzig pensionieren lassen, nächstes Jahr wird sie einen halbjährigen unbezahlten Urlaub machen, in fünf Jahren muss sie ihr Auto ersetzen.

Ziele	Nötiges Kapital	Bis wann?
Überbrückungskapital während Urlaub	30 000	1 Jahr
Neues Auto	25 000	5 Jahre
Frühpensionierung	300 000	20 Jahre

Nun kommt es darauf an, wie Edith ihre Ziele finanzieren will: Soll dies durch einen laufenden Sparprozess geschehen oder kann sie auf bereits Erspartes zurückgreifen, welches sie in der Zwischenzeit gewinnbringend anlegen wird?

Anhand der beiden Tabellen kann Edith herausfinden, wie viel sie heute zur Seite legen muss, um zum gewünschten Zeitpunkt die nötige Summe zur Verfügung zu haben.

Berechnungsschema für Sparerinnen

So viele Franken müssen Sie jährlich sparen, um bei einem Zins von

_____ % in _____ Jahren über _____ Franken zu verfügen.

Berechnung: Zielbetrag mal Faktor (wählen Sie die Anzahl Jahre und den erwarteten Zins aus) = jährlicher Sparbeitrag

Jahre	jährlicher Zins					
	3%	4%	5%	6%	7%	8%
1	0.971	0.962	0.952	0.943	0.935	0.926
2	0.478	0.471	0.465	0.458	0.451	0.445
3	0.314	0.308	0.302	0.296	0.291	0.287
4	0.232	0.226	0.221	0.216	0.210	0.206
5	0.183	0.178	0.172	0.167	0.163	0.158
6	0.150	0.145	0.140	0.135	0.131	0.127
7	0.127	0.122	0.117	0.112	0.108	0.106
8	0.109	0.104	0.100	0.095	0.091	0.087
9	0.096	0.091	0.086	0.082	0.078	0.075
10	0.085	0.080	0.076	0.072	0.068	0.064
11	0.076	0.071	0.067	0.063	0.059	0.056
12	0.068	0.064	0.060	0.056	0.052	0.049
13	0.062	0.058	0.054	0.050	0.046	0.043
14	0.057	0.053	0.049	0.045	0.041	0.039
15	0.052	0.048	0.044	0.041	0.037	0.034
16	0.048	0.044	0.040	0.037	0.034	0.032
17	0.045	0.041	0.037	0.033	0.030	0.028
18	0.041	0.037	0.034	0.031	0.027	0.025
19	0.039	0.035	0.031	0.028	0.025	0.023
20	0.036	0.032	0.029	0.026	0.023	0.021

Ohne Ziele keine Finanzplanung!

Um ihr Auto kaufen zu können, muss Edith während fünf Jahren 4 575 Franken auf ein 3-prozentiges Anlagesparkonto einzahlen.

Zielbetrag in 5 Jahren	mal Faktor	= jährlicher Sparbeitrag
25 000.–	· 0.183	= 4 575.–

Um sich frühzeitig pensionieren zu lassen, muss Edith in den nächsten zwanzig Jahren jährlich 6 900 Franken in einen 7-prozentigen Aktienfonds-Sparplan investieren.

Zielbetrag in 20 Jahren	mal Faktor	= jährlicher Sparbeitrag
300 000.–	· 0.023	= 6 900.–

Berechnungsschema für Anlegerinnen

So viele Franken müssen Sie heute anlegen, um bei einem Zins von

_____ % in _____ Jahren über _____ Franken zu verfügen.

Berechnung: Zielbetrag mal Faktor (wählen Sie die Anzahl Jahre und den erwarteten Zins aus) = heute zu investierendes Kapital

Jahre	jährlicher Zins					
	3%	4%	5%	6%	7%	8%
1	0.971	0.962	0.952	0.943	0.935	0.926
2	0.943	0.925	0.907	0.890	0.873	0.857
3	0.915	0.889	0.864	0.840	0.816	0.794
4	0.888	0.855	0.823	0.792	0.763	0.735
5	0.863	0.822	0.784	0.747	0.713	0.681
6	0.837	0.790	0.746	0.705	0.666	0.630
7	0.813	0.760	0.711	0.665	0.623	0.583
8	0.789	0.731	0.677	0.627	0.582	0.540
9	0.766	0.703	0.645	0.592	0.544	0.500
10	0.744	0.676	0.614	0.558	0.508	0.463
11	0.722	0.650	0.585	0.527	0.475	0.429
12	0.701	0.625	0.557	0.497	0.444	0.397
13	0.681	0.601	0.530	0.469	0.415	0.368
14	0.661	0.577	0.505	0.442	0.388	0.340
15	0.642	0.555	0.481	0.417	0.362	0.315
16	0.623	0.534	0.458	0.394	0.339	0.292
17	0.605	0.513	0.436	0.371	0.317	0.270
18	0.587	0.494	0.416	0.350	0.296	0.250
19	0.570	0.475	0.396	0.331	0.277	0.232
20	0.554	0.456	0.377	0.312	0.258	0.215

Ohne Ziele keine Finanzplanung!

Legt Edith heute 113 100 Franken in einen ausgewogenen Strategiefonds zu 5% an, kann sie mit sechzig die 300 000 Franken für ihre Frühpension abholen.

Zielbetrag in 20 Jahren	mal Faktor	= heute zu investierendes Kapital
300 000.–	· 0.377	= 113 100.–

Investiert Edith zu durchschnittlich 8% in Aktien, braucht sie lediglich 64 500 Franken anzulegen.

Zielbetrag in 20 Jahren	mal Faktor	= heute zu investierendes Kapital
300 000.–	· 0.215	= 64 500.–

Aufgepasst

Derartige Berechnungen sind immer Prognosen und gehen von einer durchschnittlichen Entwicklung aus. Im Endresultat sind also auch Schwankungen während der Laufzeit enthalten, die sich mal unter, mal über dem Schnitt bewegen.

Gerade bei Anlagen in Aktien oder bei aktienlastigen Fonds können grössere Abweichungen auftreten, die Ihnen jedoch in Anbetracht eines langfristigen Horizonts keine schlaflosen Nächte bereiten sollen.

Je näher der Zieltermin rückt, desto genauer müssen solche Anlageformen beobachtet werden, um notfalls die Gefährdung des Resultats durch einen Wechsel in eine andere, weniger schwankungsanfällige Anlage abzuwenden.

Finanzplanung im Lebenszyklus

Tempora mutantur,
nos et mutamur in illis.
Die Zeiten ändern sich
und wir uns in ihnen.
      Lateinisches Sprichwort

Wenn wir davon sprechen, dass Finanzplanung zu einem grossen Teil mit der Erfüllung von Wünschen und Zielen zusammenhängt, wird uns klar, dass die Bedürfnisse je nach Lebensphase völlig unterschiedlich sein müssen. Gerade ein Frauenleben ist häufig von verschiedenen Stationen und Wendepunkten geprägt, denen die Planung der Finanzen und der Vorsorge Rechnung tragen muss.

Franziska hat mit zwanzig Jahren ihre Ausbildung als kaufmännische Angestellte abgeschlossen. Sie wohnt zusammen mit ihrer Freundin Anna in den ersten eigenen vier Wänden. In die Wohnungseinrichtung haben die beiden jungen Frauen ziemlich viel investiert, nun sparen sie, um in zwei Jahren auf Weltreise zu gehen. Franziska möchte sich gerne ein eigenes Auto kaufen, leider bleibt Ende Monat nichts mehr übrig vom Gehalt, da sie neben den Bar- und Discobesuchen vom Wochenende zweimal pro Woche Stepptanzunterricht nimmt und auch häufig in trendige Boutiquen einkaufen geht. Kürzlich fand in ihrem Betrieb eine Personalorientierung zum Thema Pensionskasse statt. Franziska fand die Diskussion über zusätzliche Altersgutschriften und verbesserte Leistungen bei Invalidität eher langweilig.

Mit einunddreissig Jahren hat Renate eine wichtige Stufe in ihrer beruflichen Laufbahn erklommen. Nachdem sie vor sechs Jahren die Berufsmatura nachgeholt und sich anschliessend an einer Fachhochschule weitergebildet hat, ist sie nun ins mittlere Kader einer international tätigen Firma aufgestiegen. Seit drei Jahren wohnt sie zusammen mit ihrem Freund Peter in einer schmucken Attikawohnung. Die Wohnung kann später auch gekauft werden, weshalb die beiden in den nächsten zwei bis drei Jahren so viel wie möglich sparen wollen, um zusammen mit einem Zuschuss von Peters Eltern das nötige Eigenkapital aufzubringen. Renate und Peter geniessen es, beide über ein recht hohes Einkommen zu verfügen, welches ihnen einen angenehmen Lebensstandard ermöglicht. Was sie nicht daran hindert, über die Gründung einer Familie nachzudenken.

▶ Diese Situationen sind recht typisch für junge Leute. Ihre Optik ist kurzfristig, ihre Ziele ebenso. Der Kapitalbedarf für die mannigfaltigen Wünsche ist insgesamt nicht sehr gross, er bewegt sich im Rahmen des Machbaren aus ihrem Gehalt. Das Sicherheitsbedürfnis ist eher gering.

Die vierzigjährige Cornelia ist Mutter zweier Kinder von acht und sechs Jahren. Nach einer Babypause ist sie vor zwei Jahren zu 50 Prozent in den angestammten Beruf zurückgekehrt. Vor einem Jahr haben Cornelia und ihr Mann Heinz ein Einfamilienhaus im Grünen gekauft. Mittels Säule 3a sind sie dabei, die zweite Hypothek zu amortisieren. Um sich gegenseitig abzusichern, haben die beiden eine Todesfallrisikoversicherung abgeschlossen. Vor dem Hauskauf wurde zusätzlich ein Ehevertrag abgeschlossen, um den überlebenden Partner besser zu stellen. Seit der Geburt der Kinder legen die Eltern jeden Monat 500 Franken in einem Fondssparplan an, um später die Ausbildung zu finanzieren. Beide sind sich bewusst, dass die «teure Phase» mit zunehmendem Alter der Kinder immer näher rückt.

▶ Irgendwann zwischen dreissig und fünfzig befinden sich die meisten Leute in der Familienphase, die durch einen erhöhten Kapitalbedarf geprägt ist. Die kurz- und mittelfristigen Projekte überwiegen. Bei einigen so stark, dass ein wichtiges, langfristiges Anliegen, nämlich die Altersvorsorge, häufig zu kurz kommt. Das Sicherheitsbedürfnis ist hoch.

Ruth hat mit dreiundvierzig ihren langjährigen Traum erfüllt und eine Firma für Softwareentwicklung gegründet. Die nötigen Investitionen hat sie aus Erspartem finanziert. Ruth ist auf sich alleine gestellt. Für die Einzelunternehmerin steht und fällt die Existenz mit der Einsatzbereitschaft ihrer Person. Versicherungsschutz im Falle von Erwerbsunfähigkeit und Invalidität ist unumgänglich. Gleichzeitig braucht Ruth eine grosszügige Liquiditätsreserve, um in den rauen Zeiten des Firmenaufbaus über die Runden zu kommen. Vielleicht wird sie vorläufig die Weiterführung ihrer Altersvorsorge vernachlässigen müssen, sie jedoch nicht aus den Augen verlieren dürfen.

Die fünfzigjährige Hanna hat sich vor einem Jahr scheiden lassen. Obschon sie eine Abfindung aus der Pensionskasse ihres Mannes erhalten hat, macht sie sich Sorgen um ihre Altersvorsorge. Als Wiedereinsteigerin hatte sie vorerst Mühe, im Arbeitsleben wieder Fuss zu fassen, und arbeitet nach wie vor teilzeitlich, um sich parallel dazu weiterzubilden. Entsprechend niedrig sind ihr Gehalt und ihr persönliches Pensionskassenguthaben. Eine Analyse von Monikas Vorsorgesituation zeigt, dass sie nach der Pensionierung mit einem Einkommen von knapp 3 000 Franken rechnen kann. Nach Abschluss ihrer Ausbildung will sie eine besser bezahlte Stelle annehmen und versuchen, so viel als möglich zur Seite zu legen.

Barbara hat mit sechsundfünfzig ihre Stelle verloren. Seit einem Jahr bezieht sie Arbeitslosengeld und hat immer noch keine Stelle gefunden. Sie hat ihr Haushaltbudget massiv eingeschränkt, um nicht vom Ersparten zehren zu müssen. Ihr Pensionskassengeld liegt auf einem Sperrkonto. Gerne möchte Barbara sich frühzeitig pensionieren lassen.

▶ Veränderungen gehören zum Leben. Oft haben sie einschneidende Auswirkungen auf unsere finanzielle Situation. Wer dabei Einbussen erleidet, tut sich meist schwer damit. Plötzlich werden andere Prioritäten gesetzt, Finanzielles muss neu überdacht und geordnet werden.

Erika und Rudolf geniessen ihre wiedererlangte Freiheit: die drei Kinder des bald sechzigjährigen Ehepaars haben ihre Ausbildung beendet und sind ausgeflogen.
Es ist schön, wieder etwas mehr finanziellen Spielraum zu haben, Hobbys zu pflegen und Reisen zu planen. Die Aussicht auf eine frühzeitige Pensionierung spornt Erika und Rudolf dazu an, den noch fehlenden Kapitalstock zur Überbrückung aufzubauen. Erika, die vor einigen Jahren das Börsenfieber entdeckt hat, holt sich die nötigen Informationen aus Finanzpresse und Fachliteratur.

▶ Die letzten Jahre vor der Pensionierung gelten für viele als die «goldenen Jahre». Noch nie stand bei sinkenden Verpflichtungen so viel Geld zur Verfügung. Viele schaffen es erst jetzt, die fehlenden Mittel ihrer privaten Altersvorsorge aufzubauen – und häufig sogar mit grossem Erfolg.

Finanzplanung im Lebenszyklus

Xenia und Felix sind beide soeben pensioniert worden. Sie sind froh, sich bereits vor Jahren mit dem Thema auseinander gesetzt zu haben. Nach langem Hin und Her haben sie sich für einen Teilbezug des Pensionskassenkapitals entschieden. Der Rest wird zusammen mit der AHV in Rentenform ausbezahlt. Aus dem privaten Vermögen wird die nötige Differenz zur Deckung des Lebensunterhalts verzehrt. Xenia und Felix sind vorsichtige Anleger, denen ein regelmässiges, sicheres Einkommen wichtig ist. Entsprechend konservativ haben sie ihr Wertschriftendepot angelegt.

Simone steht mit zweiundsiebzig Jahren plötzlich alleine da, ihr Mann Paul ist an einem Herzinfarkt gestorben. Das Ehepaar hat sich rechtzeitig mit den finanziellen Folgen eines Todesfalls befasst. Damit Simone trotz reduzierten Witwenrenten in der Eigentumswohnung bleiben kann, wurde vor einigen Jahren ein Ehevertrag zugunsten des überlebenden Ehepartners erstellt. Bei der Erbteilung erhält Simone genug, damit sie ihren Lebensstandard halten kann. Etwas Mühe bereitet ihr der Gedanke, dass sie sich nun selber um ihre finanziellen Belange kümmern muss, bislang war dies Pauls Domäne.

Obschon sie sich noch völlig «im Saft» fühlt, hat sich Margret mit achtzig Jahren im Altersheim angemeldet, man weiss ja nie. Als ledige Tante möchte sie ihren Nichten und Neffen nicht plötzlich zur Last fallen. Margret weiss, wie teuer die Pflege im Heim zu stehen kommt und hat sich deswegen kürzlich zum Kauf einer Leibrente entschieden, die ihr neben der AHV und der Pension ein lebenslängliches Einkommen garantieren soll.
Für den Fall, dass sie eines Tages ihre Finanzen nicht mehr selber besorgen kann, hat sie eine Notarin bevollmächtigt. Diese hat ihr auch bei der Ausgestaltung ihres Testaments geholfen.

▶ Mit der Pensionierung wird ein neuer Lebensabschnitt eingeläutet. Was für viele bedeutet, noch einmal so richtig loszulegen: Wer nun plötzlich 365 Tage Ferien hat, ist froh um ein stattliches Kapitalpolster. Neben der Freizeitgestaltung wird das Thema Gesundheit immer wichtiger. Insbesondere Frauen müssen sich über ihr «Langlebigkeitsrisiko» – welch ein Unwort! – Gedanken machen. Spätestens jetzt sollte die Regelung der Erbschaft an die Hand genommen werden.

Finanzplanung im Lebenszyklus

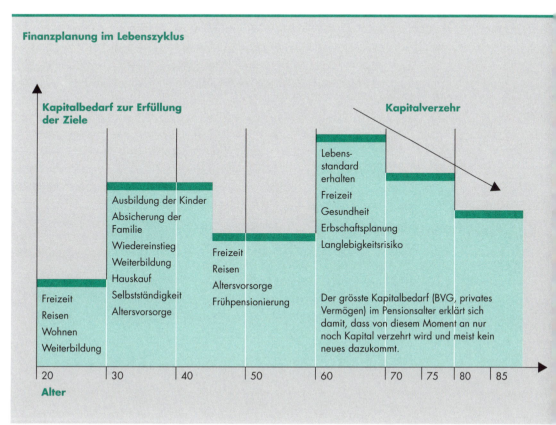

Quelle: IMK

Das Wichtigste in Kürze

▶ Es ist sinnvoll, sämtliche finanziellen Bereiche aus einer vernetzten Sicht-weise zu planen.

▶ Finanzplanung stellt immer den Planungsprozess in den Vordergrund und nicht die Anlageprodukte.

▶ Ohne Ziele keine Finanzplanung: Ziele müssen formuliert, quantifiziert und in einen zeitlichen Rahmen gesetzt werden.

▶ Finanzprodukte müssen zum gewünschten Anlagehorizont passen.

▶ Die Ziele und die Prioritäten ändern sich laufend im Lebenszyklus. Eine weitsichtige Finanzplanung trägt diesem Umstand Rechnung und passt sich den Gegebenheiten an.

Die Bausteine
der Finanzplanung

Das Budget

Budget nennt man das System,
das es einem erlaubt,
in geordnetem Rahmen
über die Verhältnisse zu leben.
        Eberhard Scheffler

Um überhaupt an einen systematischen Vermögensaufbau heranzugehen, sollten Sie sich über Ihr Einnahmen- und Ausgabenbudget vollständig im Klaren sein.

Monatliche Ausgaben		Monatliche Einnahmen	
Wohnen		**Regelmässige Einnahmen**	
Miete/Hypothekarzinsen		Netto-Einkommen	
Nebenkosten		Kinderzulagen	
Unterhalt/Versicherungen		Alimente	
Feste Ausgaben		AHV/IV–Rente	
Kredite		BVG/UVG–Rente	
Krankenkasse		Private Renten	
Hausrat/Haftpflicht		Netto-Mieteinnahmen	
Säule 3a Lebensversicherungen		**Unregelmässige Einnahmen**	
Tel./Radio/TV		Nebeneinkünfte	
Zeitungen		Erträge aus Vermögen	
Mitgliederbeiträge		Gratifikationen	
Fahrspesen: Abos, Zug etc.		Sonstiges	
Sonstiges			
Variable Ausgaben			
Haushalt			
Kleider/Wäsche			
Autokosten: Versicherung, Steuern, Benzin, Unterhalt, Abschreibungen			
Auswärts essen			
Taschengeld			
Persönliche Ausgaben			
Rückstellungen			
Franchise/Selbstbehalt, Krankenkasse			
Zahnarzt			
Geschenke/Spenden			
Freizeit/Hobbys			
Ferien			
Weiterbildung			
Steuern			
Unvorhergesehenes			
Total Ausgaben		**Total Einnahmen**	
Einnahmenüberschuss		Ausgabenüberschuss	
Summe			

Budgetmuffel

Es ist erstaunlich, wie viele Leute kein Budget besitzen. Dabei leben sie nicht etwa schlecht. Im Gegenteil, ihre Finanzen gehen seit Jahrzehnten prächtig auf. Sollen sich solche Naturtalente nun wirklich die Mühe machen und doch ein Budget erstellen?

Wir behaupten ja, denn so lassen sich Abweichungen schneller feststellen. Ändert sich die Lebenssituation (Pensionierung, Hauskauf, Kinder etc.), sind die Zahlen einfach zu ändern. Und nicht zuletzt: wer bisher kein Budget gehabt hat, wird staunen, wohin sein Geld so fliesst . . .

Apropos: sogar Superreiche müssen lernen, ein Budget zu machen. Nachdem der britische Popsänger Elton John trotz seines Jahreseinkommens von 25 Millionen Dollar einen Kredit von 40 Millionen Dollar aufnehmen musste, ging er über die Bücher und fand heraus, dass er seine Ausgaben budgetieren muss. Seither hat Elton John seine Finanzen im Griff.

Wie spart es sich am besten?

Haben Sie im Sinn, etwas zur Seite zu legen, finden Sie sich hoffentlich mit einem Einnahmenüberschuss wieder. Halten sich Einnahmen und Ausgaben die Waage oder besteht sogar ein Ausgabenüberschuss, sollten Sie dringend über die Bücher gehen und Ihre Ausgaben überdenken. Bei den meisten sind Einsparungen möglich, ohne dass sie allzu grosse Einschränkungen machen müssen.

Denn: Nur wer durch regelmässiges Sparen Rückstellungen bildet, wird sich Schritt für Schritt sein Vermögen aufbauen können.

Die drei häufigsten Sparmethoden:

Das fixe Zielsparen

Sie haben Ihre Ziele definiert und aus dem jeweiligen Planungshorizont entsprechende Anlageformen gewählt. (Die Berechnungsmethode finden Sie im vorangehenden Kapitel.) Falls es sich um langfristige Ziele handelt, sollten Sie regelmässig überprüfen, ob sich deren Kosten nicht wegen der Teuerung nach oben verschoben haben. Was heute 1000 Franken kostet, wird bei einer Inflation von 3,5 Prozent in zwanzig Jahren das Doppelte kosten. Passen Sie darum ihre Sparbeiträge regelmässig an.

Das prozentuale Sparen

Sie haben Ihr Budget so konzipiert, dass Sie regelmässig einen festen Prozentsatz Ihres Einkommens auf die Seite legen. Der Vorteil: Sie haben später kein Inflationsproblem, Ihr Sparvorgang passt sich dem teuerungsbedingten Einkommenszuwachs an.

Das Unter-dem-Strich-Sparen

Eine gefährliche Methode: Wer nur zur Seite legt, was Ende Monat allenfalls übrig geblieben ist, wird es nie auf einen grünen Zweig bringen. Ohne Ziele, ohne fixe Sparprozente im Budget ist die Gefahr gross, dass selten etwas übrig bleibt. Falls Sie in die Zukunft planen wollen, müssen Sie auf eine der oben genannten Strategien umsatteln.

Früh übt sich . . .

Katja legt zwischen ihrem zwanzigsten und dreissigsten Altersjahr jedes Jahr 5000 Franken in der Säule 3a zu durchschnittlich 4 Prozent an. Anschliessend geht sie ins Ausland und lässt das Geld auf dem Konto liegen.

Ihre Schulfreundin Beatrice beginnt erst mit dreissig zu sparen. Während fünfzehn Jahren legt auch sie jährlich 5000 Franken zu 4 Prozent an.

An einer Klassenzusammenkunft treffen sich die beiden Frauen. Sie sind nun fünfundvierzig Jahre alt und machen sich Gedanken zu ihrer Altersvorsorge. Beatrice ist etwas besorgt um ihre Freundin: hat diese doch während des Auslandaufenthalts nichts mehr zur Seite gelegt. Der Gang zur Bank bringt Aufschluss über den jeweiligen Kontostand der beiden Frauen. Raten Sie: Wessen Saldo ist höher?

Tatsächlich: Katjas Konto weist einen Stand von 112 436 Franken auf, dies bei einer Einzahlung von total 50 000 Franken.

Beatrice hat zwar bereits 75 000 Franken einbezahlt, ihr Kontostand liegt jedoch erst bei 104 125 Franken.

Hätte Katja all die Jahre weitergespart, wäre sie heute stolze Besitzerin von 216 560 Franken, hätte also mehr als doppelt so viel wie Beatrice beisammen. Und dies lediglich mit zusätzlichen Zahlungen von insgesamt 50 000 Franken.

Unterschätzen Sie also nicht den Zinseszinseffekt – er lässt Ihr Vermögen unheimlich wachsen!

Das Budget

Das Wichtigste in Kürze
▶ Ein Budget vereinfacht den systematischen Vermögensaufbau.
▶ Sparbeiträge sollten regelmässig der Teuerung angepasst werden.
▶ Je früher mit einem Sparprozess begonnen wird, desto grösser ist der Zinseszinseffekt.

Die Vorsorge

*Doch das Zeitlose in euch
ist sich der Zeitlosigkeit des Lebens bewusst.*
        Khalil Gibran

Das 3-Säulen-Prinzip

Bevor Sie sich um Kapitalanlagen kümmern, sollten Sie einen Blick auf Ihre Vorsorgesituation werfen. Damit Ihr Finanzhaus auf solidem Grund gebaut ist, müssen zuerst allfällige Vorsorgelücken aufgespürt und behoben werden.

Die Vorsorge in der Schweiz gründet auf dem Prinzip der drei Säulen. Dieses wurde 1972 im Gesetz verankert. Nicht wenige Länder blicken neidisch auf unser geniales System.

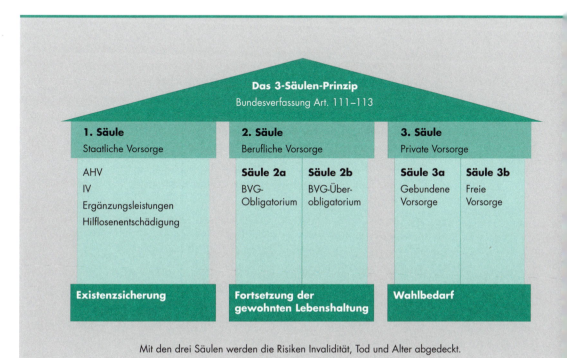

Das 3-Säulen-Prinzip
Bundesverfassung Art. 111–113

1. Säule	**2. Säule**		**3. Säule**	
Staatliche Vorsorge	Berufliche Vorsorge		Private Vorsorge	
	Säule 2a	**Säule 2b**	**Säule 3a**	**Säule 3b**
AHV	BVG-Obligatorium	BVG-Überobligatorium	Gebundene Vorsorge	Freie Vorsorge
IV				
Ergänzungsleistungen				
Hilflosenentschädigung				
Existenzsicherung	**Fortsetzung der gewohnten Lebenshaltung**		**Wahlbedarf**	

Mit den drei Säulen werden die Risiken Invalidität, Tod und Alter abgedeckt.

Die 1. Säule – AHV und IV

Die erste Säule ist für alle obligatorisch. Wer in der Schweiz wohnt oder arbeitet, ist in der Regel von der Wiege bis zur Bahre in der AHV und der IV versichert. Die erste Säule dient als Fundament unserer Vorsorge. Alle sollen im Alter und bei Invalidität eine minimale Existenzgrundlage erhalten. Natürlich soll dies auch beim Tod einer versicherten Person für die Hinterbliebenen gelten. Die erste Säule kann daher auch als Volksversicherung bezeichnet werden. Die Ursprünge der AHV reichen bis ins 19. Jahrhundert zurück, als sich das eidgenössische Parlament erstmals mit der Idee einer Alters- und Invalidenversicherung befasste. Am 6. Dezember 1925 wurde dem neuen Artikel 34 quater der Bundesverfassung zugestimmt, welcher vorsah, eine Alters- und Hinterlassenenversicherung sowie zu einem späteren Zeitpunkt eine Invalidenversicherung einzuführen. Natürlich dauerte es noch eine ganze Weile, bis sich am 6. Dezember 1947 das Stimmvolk mit grosser Mehrheit für die Einführung der AHV auf den 1. Januar 1948 aussprach. In den Fünfzigerjahren erfuhr die AHV bereits vier Revisionen, in den Sechzigerjahren folgten weitere drei. Heute steht die 11. AHV-Revision vor der Tür. Ab 1960 wurde die IV eingeführt, 1966 die Ergänzungsleistungen. Finanziert werden AHV und IV nach dem so genannten *Ausgaben-Umlageverfahren*. Dies bedeutet, dass sämtliche Beiträge, die wir heute einzahlen, unmittelbar für die laufenden Renten eingesetzt werden. Die arbeitende Bevölkerung finanziert also die Rentenbezüger.

Wird es für uns immer noch AHV geben?
Bekanntlich werden wir alle immer älter, gleichzeitig werden immer weniger Kinder geboren. Studien gehen davon aus, dass die schlimmste Zeit um 2020 beginnt, dann nämlich wird die so genannte Baby-Boomer-Generation in Rente gehen. Diese zahlenmässig grosse Nachkriegsgeneration hat es leider unterlassen, sich entsprechend fortzupflanzen. An beitragsleistenden Kindern und Enkelkindern wird also Mangel herrschen.
Seit Jahren sind unsere Gesetzgeber damit beschäftigt, für dieses Problem Abhilfe zu schaffen. Mittels Sparmassnahmen und Ausbau der Beitragssätze soll die AHV gesichert werden. Die Konsolidierung der AHV ist darum Thema Nummer 1 bei der gegenwärtig auszuarbeitenden 11. AHV-Revision.
Ein möglicher «Lichtblick» am Horizont: neueste Studien gehen davon aus, dass wir nun doch nicht immer älter werden. Insbesondere bei den Frauen ist die Lebenserwartung in den letzten zehn Jahren um 2,6 Prozent gesunken. Eine plausible Erklärung bietet der Umstand, dass Frauen mit zunehmender Erwerbstätigkeit den gleichen Risiken ausgesetzt sind wie Männer. Dies scheint den Frauen nicht sonderlich gut zu bekommen . . .

Im Kapitel «Wichtige Details zur ersten und zweiten Säule» finden Sie
Informationen wie
▶ Beiträge der Erwerbstätigen und Nichterwerbstätigen
▶ Leistungen von AHV und IV
▶ Wer hat Anspruch auf eine Witwenrente?
▶ Wie werden Renten berechnet?
▶ Wie funktioniert das Splitting?
▶ Vorbezug der AHV

Die 2. Säule – BVG

Auch die zweite Säule BVG (Berufliches Vorsorgegesetz) ist obligatorisch, aber nicht für alle: Nur wer in der Schweiz als Arbeitnehmerin tätig ist und einen Lohn von über 24 720 Franken im Jahr verdient, ist von Gesetzes wegen im BVG versichert. Nach Vollendung des 17. Altersjahres für die Risiken Invalidität und Tod, ab dem 25. Altersjahr auch für das Alterssparen. Im Gegensatz zur AHV funktioniert das BVG nach dem so genannten *Kapitaldeckungsverfahren*. Das heisst, jede Versicherte spart ihr eigenes Vorsorgekapital an.

Das BVG ist eine verhältnismässig junge Versicherung, wurde es doch erst 1985 in Kraft gesetzt, nachdem 1972 das Prinzip der drei Säulen in der Bundesverfassung verankert worden war. Natürlich gab es schon vorher Betriebe, die eine Pensionskasse führten, aber mit der Einführung des BVG mussten sie ihre Reglemente dem neuen Gesetz anpassen. Doch für viele Arbeitnehmerinnen und -nehmer war diese Versicherung neu, und sie erfuhren damit eine wesentliche Verbesserung ihrer Vorsorgesituation. Zusammen mit der ersten Säule soll die zweite Säule die Fortsetzung des gewohnten Lebensstandards gewährleisten.

Zur Durchführung des BVG musste Ihr Arbeitgeber entweder eine eigene Stiftung gründen oder sich einer so genannten Sammelstiftung anschliessen. Gewisse Vorsorgeeinrichtungen sind genossenschaftlich organisiert. Der Bund, die Kantone und sogar Gemeinden betreiben eigene Pensionskassen. All diese Einrichtungen sind der kantonalen Aufsichtsbehörde bzw. dem Bundesamt für Sozialversicherung unterstellt und unterliegen einer jährlichen Prüfung durch eine unabhängige Kontrollstelle.

Das UVG

Parallel zum BVG erbringt die obligatorische Unfallversicherung UVG (obligatorisches Unfallversicherungsgesetz) Leistungen bei Unfall. Das UVG ist eine reine Risikoversicherung. Versichert sind sämtliche Arbeitnehmerinnen und -nehmer in der Schweiz und zwar automatisch mit der Aufnahme einer unselbstständigen Tätigkeit. Wer durchschnittlich unter acht Stunden pro Woche arbeitet, ist nur gegen Betriebsunfälle und -krankheiten (BU) versichert, alle anderen sind auch gegen Nichtbetriebsunfälle (NBU) – das heisst gegen Unfälle in ihrer Freizeit – abgedeckt. Selbstständigerwerbende können sich freiwillig dem UVG anschliessen.

Je nach Betriebsart wird das UVG entweder über die SUVA oder bei einer privaten Versicherungsgesellschaft oder Krankenkasse versichert. Betriebe, die nicht der SUVA unterstellt sind, können ihren Versicherungspartner frei auswählen.

Auch das UVG kennt eine Lohngrenze: versichert sind nur Gehälter bis 106 800 Franken brutto. Übersteigt Ihr Lohn diesen Betrag, müssen Sie sich erkundigen, ob Ihr Arbeitgeber allenfalls eine freiwillige Zusatzversicherung abgeschlossen hat oder ob Sie sich selber versichern müssen.

Im Kapitel «Wichtige Details zur ersten und zweiten Säule» finden Sie Informationen wie
▶ Leistungen des BVG und des UVG
▶ Haben Teilzeitlerinnen schlechte BVG-Leistungen?
▶ Was sind Beitrags- und Leistungsprimatkassen?
▶ Wer hat Anspruch auf eine Witwenrente?
▶ Welche Leistungen dürfen Konkubinatspartner erfahren?
▶ Was geschieht bei einer Scheidung?
▶ Unter welchen Bedingungen können Vorbezüge gemacht werden?
▶ Einkauf von Beitragsjahren
▶ Kapital oder Rente?
▶ Koordination zwischen der ersten und zweiten Säule

Die Vorsorgeanalyse

Werden Ihre aktuellen Leistungen aus der 1. und 2. Säule zusammengestellt, nennt sich dies Vorsorgeanalyse. Zusammen mit Ihren individuellen Prioritäten und Bedürfnissen ergibt sich daraus ein genaues Bild, wo allfällige Lücken bestehen, die Sie beheben sollten.

Ganz klar: welche Massnahmen Sie auch immer ergreifen müssen, um diese Mängel zu beheben, es gibt keine «pfannenfertige» Lösung für Ihr Problem.

Nur aufgrund einer sorgfältigen Recherche und unter Berücksichtigung Ihres gesamten persönlichen Umfeldes wird eine wirklich massgeschneiderte Lösung für Sie zu Stande kommen. Natürlich immer mit Blick auf sämtliche Bausteine der Finanzplanung, damit ja kein wichtiger Aspekt vergessen geht.

In diesem Moment wird unsere dritte Säule ins Rampenlicht treten: die private Vorsorge.

Die 3. Säule

Als dritte Säule dürfen Sie grundsätzlich alles bezeichnen, was Sie im Rahmen der privaten Vorsorge unternehmen. – Ob Sie nun in Ergänzung zu IV und BVG eine Erwerbsausfallversicherung oder im Zusammenhang mit einem Hauskauf eine Todesfallrisikoversicherung abschliessen, ob Sie Aktien kaufen oder sich einen Fondssparplan einrichten, eine Vorsorgeversicherung unterzeichnen oder Festgeld anlegen. Die dritte Säule ist überall präsent.

In den letzten Jahren hat die Bedeutung der privaten Vorsorge enorm zugenommen. Die Gründe sind hauptsächlich in der Verunsicherung der Bevölkerung zu suchen. Seit Berichte über die roten Zahlen der AHV aufgetaucht sind, machen sich auch die Sorglosesten plötzlich ihre Gedanken. Dazu kommt ein immer grösseres Bedürfnis nach individueller Freiheit und Flexibilität. Unbezahlte Urlaube oder frühzeitige Pensionierungen sind heute an der Tagesordnung.

Wir unterscheiden zwischen der Säule 3a, der gebundenen Vorsorge, und der Säule 3b, der freien Vorsorge. Während sich die Säule 3a einer besonderen staatlichen Unterstützung erfreut, welche sich insbesondere in steuerlich absetzbaren Beiträgen niederschlägt, aber auch mit einigen gesetzlichen Formvorschriften verknüpft ist, ist im Rahmen der freien Säule 3b (fast) alles erlaubt.

Die wesentlichen Merkmale der Säulen 3a und 3b

	Säule 3a	Säule 3b
	Gebundene Vorsorge	Freie Vorsorge
Produkte	Vorsorgekonto Vorsorgepolice	Bargeld, Sparkonto, Festgeld, Obligationen, Aktien, Fonds(sparplan), Derivate, Edelmetalle, Immobilien, Lebensversicherung, Einmaleinlage, Leibrente, Risikoversicherungen
Personenkreis	ausschliesslich in der Schweiz erwerbstätige Personen	jede und jeder
Altersbeschränkung	längstens bis zum Pensionsalter: Frauen 63/64 Männer 65	unbeschränkt (Ausnahme: Einmaleinlage)
Verfügbarkeit	frühestens 5 Jahre vor Pensionsalter	je nach Anlageinstrument und Vertragsbedingungen
Vorbezug	Selbstständigkeit auswandern Einkauf in 2. Säule Invalidität oder Todesfall Wohneigentumsförderung	je nach Anlageinstrument und Vertragsbedingungen
Begünstigung	1. Ehegatte 2. Nachkommen 3. Eltern 4. Geschwister 5. Übrige Erben Jede oben stehende Person schliesst die nachfolgenden aus. Die Personen 3 bis 5 können in der Reihenfolge ausgetauscht werden.	frei wählbar (Achtung Pflichtteilsverletzung)
Abtretung an Dritte	nicht möglich	jederzeit möglich
Verpfändung	nur zur Finanzierung von Wohneigentum	jederzeit möglich
aktuelle, jährliche, maximale Einzahlung	Angestellte mit BVG CHF 5933.– Selbstständige und Angestellte ohne BVG 20% des AHV-pflichtigen Einkommens, max. CHF 29 664.–	unbeschränkt
Steuerabzugsfähigkeit	bis zum Maximalbetrag	Lebensversicherungen in beschränktem Umfang nach kantonalen Richtlinien

	Säule 3a	**Säule 3b**
	Gebundene Vorsorge	Freie Vorsorge
Zinserträge Dividenden Überschüsse Kapitalgewinne	einkommenssteuerfrei	Lebensversicherungen, Einmaleinlagen, aufgeschobene Leibrenten einkommenssteuerfrei (siehe Formvorschriften) die Erträge der übrigen Anlagen sind steuerbar Kapitalgewinne auf Aktien und Obligationen sind nicht steuerbar
Vermögenssteuer	steuerfrei	steuerbar Lebensversicherungen, Einmaleinlagen, Renten: der Rückkaufswert ist steuerbar
Besteuerung der Leistungen bei Ablauf	einmalige Kapitalleistungssteuer	Lebensversicherungen, Einmaleinlagen steuerfrei (Achtung Formvorschriften)
Besteuerung der Leistungen bei Todesfall	einmalige Kapitalleistungssteuer	Kapitalversicherung: Erbschaftssteuer reine Todesfallversicherung: Einkommenssteuer (Sondersatz)
Besteuerung von Renten	zu 100% einkommenssteuerpflichtig	zu 40% einkommenssteuerpflichtig

Die Vorsorgeinstrumente

Unser bester Schutz
sind stets wir selbst.
        Josepha Kraigher-Porges

Als im Mittelalter die Handwerkerzünfte erste Versorgungstöpfe für Witwen und Waisen einzurichten begannen, ahnte noch niemand, welch rasanter Entwicklung die Lebensversicherungen unterworfen sein würden. Während ursprünglich der Schutz von Hinterbliebenen im Vordergrund stand, rückte die Idee der Eigenvorsorge mehr und mehr ins Rampenlicht. Die Lebensversicherung hat sich vom Absicherungsinstrument zur Kapitalanlage gewandelt.

Heute bieten unzählige Versicherungsgesellschaften eine enorm breite Palette von Vorsorgeprodukten an. Die Leistungsvielfalt erschwert es einem, das passende Angebot herauszupicken. Wird gleichzeitig auch noch ein Vergleich mit Bankprodukten angestrebt, wird es immer komplizierter, zumal mit kombinierten Produkten die Grenze zwischen Banken und Versicherungen immer fliessender wird.

Um Ihnen einen Überblick zu ermöglichen und Entscheidungshilfen bei der Auswahl zu bieten, sollen an dieser Stelle die wichtigsten Merkmale, Vor- und Nachteile der einzelnen Vorsorgeprodukte erläutert werden. Schliesslich sollte ein Produkt genau Ihren persönlichen Bedürfnissen entsprechen, damit es etwas taugt.

Sparversicherungen

Die gemischte Versicherung

Die gemischte Versicherung ist die klassische Form der kapitalbildenden Lebensversicherung schlechthin. «Gemischt» heisst sie deshalb, weil sie nicht nur eine Leistung im Todesfall erbringt, sondern gleichzeitig ein Sparvehikel ist. Man nennt sie darum auch Sparversicherung.

Die Idee, die dahinter steckt, ist einfach: Sie schliessen mit der Versicherungsgesellschaft einen Vertrag mit einer bestimmten, Ihren Bedürfnissen entsprechenden Laufzeit ab. Die Mindestlaufzeit beträgt in der Regel zehn
Jahre. Bei gebundenen Versicherungen 3a endet der Vertrag frühestens fünf
Jahre vor oder spätestens mit dem Pensionsalter. Bei freien Versicherungen
können Sie eine kürzere oder längere Dauer wählen. Die garantierte Versicherungssumme steht von Anfang an fest. Sollten Sie vor Vertragsablauf sterben, wird sie sofort an die im Vertrag begünstigten Personen ausbezahlt.
Erleben Sie hingegen den Ablauftermin, werden Ihnen sowohl die Versicherungssumme als auch die nicht garantierten Überschussanteile ausbezahlt.
Die Höhe der Versicherungssumme richtet sich nach dem Alter der versicherten Person, der Laufzeit und der Prämienhöhe.

Die Prämie setzt sich neben einem Sparteil aus einer Risiko- und Kosten-
komponente zusammen. Die reine Sparprämie wird zu einem garantierten
Zins – dem so genannten technischen Zins – verzinst und ergibt so die Versicherungssumme. Festgesetzt wird dieser für alle Gesellschaften verbindli-
che Satz vom Bundesamt für Privatversicherung. Seit der letzten Anpassung
von 1999 beträgt er 2,5 Prozent.

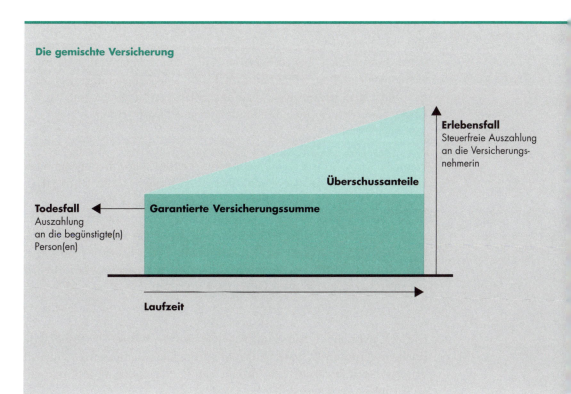

Die gemischte Versicherung

Erlebensfall
Steuerfreie Auszahlung
an die Versicherungs-
nehmerin

Überschussanteile

Todesfall
Auszahlung
an die begünstigte(n)
Person(en)

Garantierte Versicherungssumme

Laufzeit

Sämtliche privaten Versicherungsgesellschaften in der Schweiz sind dem Bundesamt für Privatversicherung BPV unterstellt. Dieses überwacht laufend die Solvenz der Gesellschaften und damit die materielle Sicherstellung der versicherten Ansprüche und unterzieht neue Lebensversicherungsprodukte einer genauen Prüfung, bevor sie auf den Markt kommen. Das BPV ist dem Eidgenössischen Justiz- und Polizeidepartement EJPD unterstellt.

Die Bestimmungen über den Versicherungsvertrag finden sich im Versicherungsvertragsgesetz VVG, welches dem Obligationenrecht angegliedert ist.

Die Überschussanteile, welche einen beachtlichen Teil der Ablaufsumme ausmachen können, sind bekanntlich nicht garantiert. Trotzdem werden Versicherungsofferten immer mit Überschuss ausgestellt und gleichzeitig auf die fehlende Garantie hingewiesen. Eine Bauernfängerei also, mit der ahnungslose Kundinnen zum Abschluss eines Vertrags verführt werden? Keine Angst, so schlimm ist es nicht. Überschüsse entstehen nämlich, wenn die vorsichtig berechneten Risiko- und Kostenprämien nicht völlig ausgeschöpft werden oder wenn die Sparprämien der Versicherten höhere Erträge abwerfen als die bescheidenen garantierten 2.5 Prozent. Diese «überschüssigen» Beträge müssen an die Versicherten erstattet werden. In der Regel können die Gesellschaften gut abschätzen, mit welchen Überschussanteilen über eine gewisse Laufzeit zu rechnen ist. Diese Zahlen werden in den Offerten übernommen. Damit kein Anbieter über die Stränge schlägt und irgendwelche Fantasiezahlen veröffentlicht, müssen die Überschüsse vorher durch das Bundesamt genehmigt werden.

Wenn Sie bei verschiedenen Versicherungsgesellschaften Offerten einholen, kann es schon sein, dass Sie über die massiven Unterschiede der Überschüsse staunen und sich fragen, ob alles mit richtigen Dingen zugeht.

In der Finanzpresse werden regelmässig Statistiken publiziert, denen Sie entnehmen können, welche Gesellschaften ihre in der Vergangenheit prognostizierten Überschüsse auch wirklich eingehalten haben. Es lohnt sich bestimmt, einen Blick auf derartige Publikationen zu werfen, bevor sie sich voreilig durch die «schönste» Offerte ködern lassen.

Die freie gemischte Versicherung hat einen grossen Vorteil: Die ausbezahlte Erlebensfallsumme ist steuerfrei. Während der Laufzeit müssen Sie lediglich den jeweiligen Rückkaufswert, den die Gesellschaft Ihnen jährlich mitteilt, als Vermögen versteuern.

Die Prämiengarantie ist ebenfalls vorteilhaft: Vom Moment an, in dem Sie den Versicherungsvertrag abgeschlossen haben, bleibt Ihre Jahresprämie über die ganze Laufzeit gleich hoch. Je jünger Sie beim Abschluss sind, desto günstiger fällt die Prämie aus, da Ihre statistische Sterblichkeit noch relativ gering ist.

Die 30-jährige Ursula bezahlt für eine Versicherungssumme von 100 000 Franken mit einer Laufzeit von zwanzig Jahren eine Jahresprämie von 4709 Franken.
Bettina, die 40 Jahre alt ist, bezahlt für das genau gleiche Produkt bereits 4772 Franken. In zwanzig Jahren zahlt sie somit 1260 Franken mehr als Ursula und hat am Schluss die gleiche Leistung zugut.

Bei den meisten gemischten Versicherungen wird eine kleine Zusatzversicherung eingeschlossen, nämlich die Prämienbefreiung bei Erwerbsunfähigkeit. Wird die versicherte Person aus gesundheitlichen Gründen erwerbsunfähig, läuft die Versicherung nach einer gewissen Wartezeit, welche sich zwischen drei und vierundzwanzig Monaten bewegt, ohne Prämienzahlung weiter. Das geplante Sparziel kann also trotz Unglücksfall erreicht werden. Apropos Zusatzversicherung: Bei Bedarf ist es möglich, dass Sie zusätzliche Risikoversicherungen für den Todesfall oder Renten bei Erwerbsunfähigkeit in die Police einschliessen. Der Tarif ist dann um einiges günstiger, als wenn Sie diese als selbstständige Risikoversicherungen in separaten Policen versichern.

Dora hat vor fünf Jahren eine Sparversicherung abgeschlossen. Letztes Jahr hat sie einen Unfall erlitten und ist seither querschnittgelähmt. Während von Seiten der IV noch Abklärungen im Hinblick auf ihre berufliche Wiedereingliederung laufen, muss Dora seit über sechs Monaten keine Prämie für ihre Versicherung mehr bezahlen. Sobald ihr IV-Grad feststeht, wird die Gesellschaft darüber befinden, ob Dora künftig einen Teil ihrer Prämie wieder selber bezahlen muss oder ob sie bis zum Ablauf des Vertrages in den Genuss der vollständigen Prämienbefreiung kommen wird.

Handelt es sich um eine freie gemischte Versicherung, können Sie sogar Vorbezüge machen, falls Sie einen plötzlichen Geldbedarf haben. Bis zu 90 Prozent des aktuellen Rückkaufswertes können Sie so vorbeziehen. Natürlich ist diese Belehnung der Police nicht gratis. Sie bezahlen einen Belehnungszins, der sich in der Regel etwas unter den Zinsen von anderen Kreditinstrumenten bewegt.

Die Vorsorgeinstrumente

Eine freie Versicherung können Sie auch als Sicherheit an Dritte verpfänden, beispielsweise, um eine Hypothek abzusichern oder bei einem anderen Kreditgeber ein Pfand zu hinterlegen. Dabei müssen Sie einen schriftlichen Pfandvertrag abschliessen, die Originalpolice dem Pfandgläubiger übergeben und eine schriftliche Anzeige an den Versicherer machen.

Sie können den Versicherungsanspruch sogar vollständig abtreten, indem Sie jemandem die Ansprüche aus der Police zur Verfügung stellen. Auch in diesem Fall muss die Gesellschaft schriftlich benachrichtigt werden.

Jennys Exmann hat ihr bei der Scheidung seine Lebensversicherung abgetreten. Er bezahlt weiterhin die Prämie, aber bei Ablauf erhält Jenny die Versicherungssumme, für den Todesfall ist sie ebenfalls begünstigt.

Corinne hat kürzlich ein Geschäft gegründet und dazu einen Kredit aufgenommen. Zur Sicherheit hat sie ihre Police an die Bank verpfändet. Falls sie sterben sollte, darf die Bank im Rahmen des Kredits auf die Versicherungssumme zurückgreifen. Die im Vertrag begünstigte Schwester erhält den allfälligen Rest erst anschliessend ausbezahlt. Würde Corinne plötzlich die Prämienzahlung unterbrechen, muss die Gesellschaft unverzüglich die Bank benachrichtigen. Ohne Einverständnis der Pfandgläubigerin kann Corinne den Vertrag weder abändern noch aufheben. Sobald der Kredit abbezahlt ist, kann Corinne ihre Police zurückfordern und die Bank wird der Versicherungsgesellschaft eine so genannte Pfandlöschungsanzeige zustellen.

Im Rahmen der freien Vorsorge können Sie die Begünstigung im Todesfall frei wählen. Sie sind also nicht wie bei der gebundenen Vorsorge verpflichtet, die gesetzliche Reihenfolge nach Erbrecht einzuhalten. Sie können die Begünstigung auch jederzeit widerrufen oder ändern. Dazu müssen Sie die Gesellschaft schriftlich benachrichtigen.

Sollten Sie jemanden begünstigen und gleichzeitig die Pflichtteilsansprüche Ihrer gesetzlichen Erben verletzen, können diese ihre Ansprüche im Rahmen des aktuellen Rückkaufswertes geltend machen. Die geprellten Erben müssen aber von sich aus aktiv werden, die Gesellschaft ist nicht dazu verpflichtet, Nachforschungen anzustellen, sondern zahlt die Versicherungssumme grundsätzlich an die begünstigten Personen aus.

Als Petra stirbt, hinterlässt sie nur ihre wenigen persönlichen Gegenstände und eine Police mit der Versicherungssumme von 300 000 Franken. Begünstigt ist ihr Lebenspartner Frank. Petras Kinder finden dies unfair und klagen auf dem Rückkaufswert ihren Pflichtteil ein. Der Rückkaufswert beträgt zum

Zeitpunkt des Todes 150 000 Franken. Davon muss Frank den Kindern drei Viertel, also insgesamt 112 500 Franken abtreten.

Hätte Petra lediglich eine reine Todesfallrisikoversicherung abgeschlossen, wären die Kinder leer ausgegangen, da diese nie einen Rückkaufswert besitzt.

Der Begriff Rückkaufswert sagt es schon: die gemischte Versicherung kann auch zurückgekauft werden. Dies bedeutet, dass Sie den Vertrag vor Ende der Laufzeit künden und sich den aktuellen Wert der Police auszahlen lassen. Wenn dies erst einige Jahre vor Vertragsablauf der Fall ist, werden Sie keinen Verlust erleiden. Anders sieht es aus, wenn Sie erst seit kurzem eingestiegen sind. In den drei ersten Jahren nach Vertragsabschluss sind die Versicherer von Gesetzes wegen nicht verpflichtet, Ihnen überhaupt etwas zurückzubezahlen. Auch anschliessend ist die Auflösung der Police noch lange als äusserst schlechtes Geschäft zu betrachten. Der Grund liegt auf der Hand: Da Sie vom ersten Tag an einen Versicherungsschutz in der vollen Höhe der vereinbarten Summe geniessen, wird der Risikoanteil Ihrer Prämie vorerst viel höher gewichtet als mit zunehmender Vertragsdauer. Die zusätzlichen Abschluss- und Verwaltungskosten fallen am Anfang ebenfalls höher ins Gewicht. Als Faustregel dürfen Sie davon ausgehen, dass sich ein Rückkauf in den ersten zehn Jahren eher nicht lohnt.

Nach drei Jahren weist Ursulas Police einen Rückkaufswert von 10 800 Franken auf, einbezahlt hat sie aber schon über 14 000 Franken. Nach fünf Jahren beträgt der Rückkaufswert 21 000 Franken auf, bezahlt sind 23 545 Franken. Nach elf Jahren hat Ursula bereits 51 800 Franken investiert und erhält bei einem Rückkauf 58 000 Franken zurück.

Nun gibt es aber immer wieder Fälle, in denen ein Versicherungsvertrag nicht weitergeführt werden kann, eine Arbeitslosigkeit oder Weiterbildung lässt die Prämienzahlung nicht mehr zu oder Sie haben schlicht die Nase voll von Ihrer bisherigen Versicherung und wollen anderweitig sparen. In diesem Fall können Sie prüfen, ob Sie die Police nicht besser durch eine Prämienfreistellung einfrieren sollen. Dabei wird ebenfalls der aktuelle Rückkaufswert eruiert, aber nicht sofort ausbezahlt, sondern bis zum Ablauftermin hochgerechnet. Dies ergibt die so genannte prämienfreie Versicherungssumme, die in einem Nachtrag die bisherige Police ersetzt. Die Auszahlung erfolgt erst am regulären Datum oder allenfalls im vorzeitigen Todesfall. Sie müssen in der Zwischenzeit einfach keine Prämien mehr bezahlen. Auch dies ist nicht gerade ein lukratives Geschäft, wenn man die bescheidene Verzinsung ansieht, aber unmittelbar trifft es einen etwas weniger als der radikale Rückkauf.

Dabei sind wir bei einem äusserst wichtigen Punkt angelangt: Lohnt es sich denn überhaupt, jemals eine Sparversicherung abzuschliessen? Grundsätzlich sollten Sie sich immer genau überlegen, was Sie wirklich wollen, bevor Sie sich für irgendein Produkt entscheiden, dabei alle Vor- und Nachteile abwägen und auch Vergleiche mit anderen Möglichkeiten anstellen.

Eines ist in jedem Fall sicher: Eine Sparversicherung sollten Sie nur unter einer langfristigen Optik abschliessen, sonst kann sie sich gar nicht lohnen. Wenn Sie also schon heute wissen, dass Sie einen zwanzig- oder dreissigjährigen Vertrag nie und nimmer durchhalten, sondern spätestens nach vier Jahren aufheben werden, oder wenn Sie dazu neigen, sich immer wieder von netten Bekannten ein neues, bestimmt noch besseres Produkt – anstelle des kürzlich abgeschlossenen – aufschwatzen zu lassen, sollten Sie besser die Finger von einer Sparversicherung lassen. Es sei denn, es mache Ihnen nichts aus, viel Geld zu verlieren.

Ob Sie allerdings der Meinung sind, dass 2,5 Prozent garantierter Zins viel zu wenig sei, oder ob Sie gerade wegen der Garantien im Todes- und Erlebensfall, wegen der Prämienbefreiung bei Erwerbsunfähigkeit oder der sonstigen Vorteile einsteigen, bleibt Ihrer persönlichen Entscheidung überlassen.

Vielleicht sind gerade diese beiden vom Gesetzgeber vorgesehenen Privilegien für Sie von Nutzen:

Das *Konkursprivileg* (Art. 80 und 81 VVG) sieht vor, dass Leistungen aus Lebensversicherungen nicht der Zwangsvollstreckung unterliegen, sofern der Ehegatte oder die Kinder begünstigt sind. Bei Eröffnung des Konkurses oder beim Vorliegen eines Verlustscheins übernehmen die Begünstigten die Rechte und Pflichten der bisherigen Versicherungsnehmerin.

Svenjas Geschäft steht vor dem Ruin und der Konkurs wird darüber eröffnet. Ihre Versicherungspolice wird davon nicht tangiert, denn ihr Mann Matthias übernimmt den Vertrag. Natürlich muss er die künftige Prämienzahlung übernehmen, damit der Vertrag weiterläuft.

Das *erbrechtliche Privileg* (Art. 85 VVG) sieht Folgendes vor: Sind erbberechtigte Nachkommen, Ehegatte, Eltern, Grosseltern oder Geschwister im Versicherungsvertrag begünstigt, so fällt ihnen der Versicherungsanspruch zu, auch wenn sie die Erbschaft ausschlagen.

Colette hat bei ihrem Tod einen Schuldenberg hinterlassen, weshalb ihre Kinder die Erbschaft nicht antreten. Die Versicherungssumme von Colettes Lebensversicherung über 200 000 Franken müssen sie sich deswegen nicht entgehen lassen, sondern dürfen diese in Empfang nehmen.

Varianten der gemischten Versicherung

Versicherung mit flexibler Prämie

Hier wird nur der Risikoteil mit einer fixen Prämie versichert und der Sparteil kann im Rahmen der vereinbarten Versicherungssumme variabel gestaltet werden. Dieses Produkt wird häufig von Selbstständigerwerbenden gewählt, die mit einem unregelmässigen Einkommen rechnen müssen.

Die Termin-Versicherung

Die vereinbarte Versicherungssumme wird nicht nur im Erlebensfall, sondern auch bei vorzeitigem Tod der versicherten Person erst am Endtermin des Vertrags ausbezahlt. Die noch geschuldeten Prämien verfallen für die restliche Dauer, trotzdem wird bei Ablauf die volle Versicherungssumme an die Begünstigten ausbezahlt. Dieses Produkt wird gewählt, wenn Kapital erst zu einem bestimmten Zeitpunkt zur Verfügung gestellt werden muss, beispielsweise um eine Ausbildung zu finanzieren.

Der Etappenplan

Die Auszahlung im Erlebensfall wird hier nicht erst bei Ablauf des Vertrags fällig, sondern bereits in gestaffelten Abständen. Dabei wird jeweils ein Teilbetrag ausbezahlt, bei einer Vertragsdauer von 30 Jahren beispielsweise ein Drittel nach Ablauf von zehn Jahren. Bei der letzten Auszahlung kommen zusätzlich die Überschussanteile dazu. Stirbt die versicherte Person während der Laufzeit, kommt trotz Vorbezug die ganze Versicherungssumme zur Auszahlung. Dieses Produkt wird von Leuten gewählt, die neben einem permanenten Risikoschutz gerne zwischendurch über Bargeld verfügen. Sie ist aber etwas teurer als die Versicherung mit einer einzigen Endauszahlung.

Die Versicherung auf zwei Leben

Hier werden gleich zwei Personen in einem Vertrag versichert. Dies können Ehegatten, Konkubinats- oder auch Geschäftspartnerinnen sein. Sollte die eine oder andere der beiden versicherten Personen sterben, kommt die vereinbarte Versicherungssumme zum Tragen. Sterben beide Versicherte gleichzeitig, wird die Summe nur einmal geleistet. Bei Vertragsende wird die Sparsumme inklusive Überschüsse ausbezahlt.

Die Kinderversicherung

Es gibt zwei mögliche Varianten:
Die Versicherung wird auf das Leben einer erwachsenen Person (Mutter, Patin etc.) abgeschlossen, die Laufzeit wird meistens im Hinblick auf den Ausbildungsbeginn gewählt. Das Kind ist insofern mitversichert, als dass bei seinem vorzeitigen Tod die Versicherungssumme sofort fällig wird. Dabei gelten zum Schutz kleiner Kinder besondere Vorschriften.

Die Vorsorgeinstrumente

Oder die Versicherung wird auf das Leben des Kindes abgeschlossen. Die mitversicherte erwachsene Person ist nur im Rahmen der Prämienbefreiung bei Tod oder Erwerbsunfähigkeit versichert.

Die fondsgebundene Sparversicherung

Diese wird auch anteilsgebundene Versicherung genannt, weil die Sparprämie in Fondsanteile investiert wird. Wie bei der klassischen gemischten Versicherung besteht über die ganze Laufzeit eine Versicherungssumme, die im Todesfall ausbezahlt wird. Bei etlichen Gesellschaften wird hingegen keine Garantie bezüglich der Erlebensfallleistung abgegeben, diese hängt von der wertmässigen Entwicklung des Fonds ab.

In den letzten Jahren haben die meisten Gesellschaften dieses Produkt in ihre Palette aufgenommen, da seine Attraktivität wegen der potenziellen Wachstumschancen natürlich gross ist. Sie dürfen aber nie vergessen, dass Fonds zu jeder Zeit grösseren oder kleineren Schwankungen unterworfen sein können, was den Wert Ihrer Police auch wieder schmälern kann.

Die einzelnen Gesellschaften bieten ein mehr oder weniger breites Angebot an Fonds an, welche durch die Versicherungsnehmerin zum Teil völlig frei ausgewählt oder aber in standardisierten «Päcklein» angeboten werden. Sie brauchen dann nur noch zu entscheiden, ob Sie Ihre Police mit einem ausgewogenen oder doch lieber mit einem wachstumsorientierten Fondsmix bestücken wollen. Natürlich können Sie Ihre Strategie während der Laufzeit ändern und die Fonds austauschen. Das nennt man switchen. Eine gewisse Anzahl Switches pro Jahr ist in der Regel kostenlos.

Dabei ist es nicht so, dass alle Versicherungsgesellschaften über eigene Fonds verfügen, häufiger bieten sie die Produkte einer oder mehrerer Banken oder Fondsgesellschaften an. Bei der Auswahl einer fondsgebundenen Versicherung sollten Sie sich also nicht nur über die Gesellschaft informieren, sondern ebenso über den beteiligten Fondsanbieter.

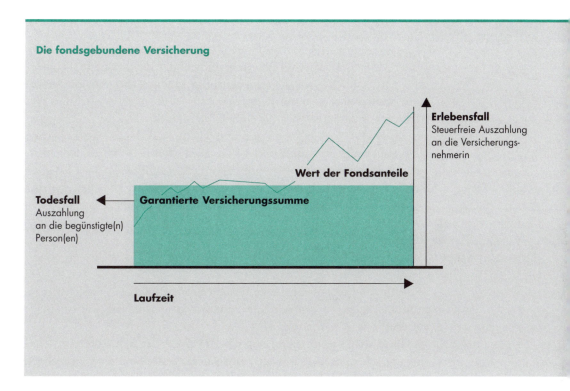

Die fondsgebundene Versicherung

Erlebensfall
Steuerfreie Auszahlung
an die Versicherungs-
nehmerin

Wert der Fondsanteile

Todesfall
Auszahlung
an die begünstigte(n)
Person(en)

Garantierte Versicherungssumme

Laufzeit

Die gesetzlichen und steuerlichen Privilegien gelten auch für die fondsgebundene Versicherung. Die Auszahlung erfolgt aber nur steuerfrei, sofern
eine Mindestlaufzeit von zehn Jahren eingehalten wird.

Da sich der Wert der Police nicht einfach linear nach oben bewegt, sondern
Schwankungen zu erwarten sind, ist eine Belehnung oder Verpfändung nicht
bis zu 90 Prozent des Rückkaufswertes möglich, sondern wird tiefer angesetzt, in der Regel um die 60 Prozent.

Lohnt sich denn eine Fondspolice im Vergleich zu einer Direktanlage in
Fonds? Je mehr Aktienfonds Sie in Ihrem Mix bevorzugen, desto geringer
gewichtet das Steuerargument. Investieren Sie hingegen in Obligationen-
und Immobilienfonds, sieht die Rechnung schon besser aus, denn bei der
Direktanlage werden deren Erträge voll Ihrem steuerbaren Einkommen zu-
geschlagen. Bei weltweit gemischten Portfolios lohnt sich eine Fondspolice
ab einem Obligationenteil von 50 – 60 Prozent.

Und natürlich können auch die Prämienbefreiung bei Erwerbsunfähigkeit
sowie das versicherte Todesfallkapital Argumente für den Abschluss einer
fondsgebundenen Versicherung sein.

Die Erlebensfallversicherung

Während die gemischte Versicherung immer auch das Todesfallrisiko mitversichert, handelt es sich hier um eine reine Sparversicherung. Das vereinbarte Kapital wird also nur fällig, wenn die Versicherte den Ablauftermin erlebt. Im Todesfall werden die einbezahlten Prämien an die Begünstigten zurückerstattet. Im Gegensatz zu einem Bankprodukt ist das Sparziel durch die Prämienbefreiung bei Erwerbsunfähigkeit garantiert. Wegen der fehlenden Risikokomponente beschränkt sich die Gesundheitsprüfung lediglich auf die Prämienbefreiung, was dieses Produkt für Leute mit angeschlagener Gesundheit und erhöhtem Todesfallrisiko attraktiv macht.

Einmaleinlagen

Manchmal vergisst man beinahe, dass die Einmaleinlage ein Versicherungsprodukt ist, da sie vielmehr die Funktion einer genialen Kapitalanlage einnimmt.

Von ihrer Struktur her stammt sie aus der Familie der gemischten Versicherungen, wird aber nicht mit einer jährlichen, sondern mit einer einmaligen Prämie – einer Einmaleinlage eben – finanziert. Auch diese setzt sich aus einem Spar- sowie einem Risiko- und Verwaltungskostenteil zusammen. Zusätzlich zur Einmalprämie bezahlen Sie eine einmalige Stempelabgabe in der Höhe von 2,5 Prozent.

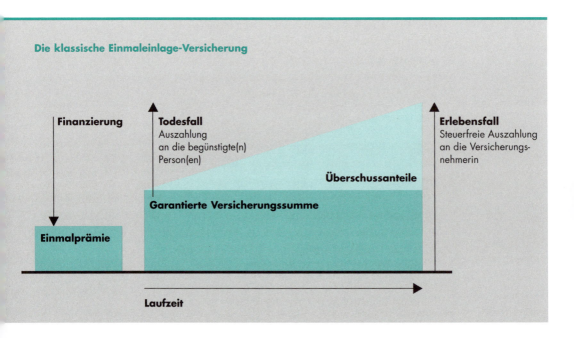

Die klassische Einmaleinlage-Versicherung

Finanzierung

Todesfall
Auszahlung
an die begünstigte(n)
Person(en)

Erlebensfall
Steuerfreie Auszahlung
an die Versicherungs-
nehmerin

Überschussanteile

Garantierte Versicherungssumme

Einmalprämie

Laufzeit

Die Attraktivität der Einmaleinlage beruht neben all den gängigen Vorzügen der Lebensversicherung ganz klar auf der Steuerbefreiung ihrer Ablaufsumme. Während vergleichbare Anlagen wie Obligationen oder Kassenscheine stets einen steuerbaren Ertrag abwerfen, bleibt die Auszahlung der Einmaleinlage steuerfrei. Einen detaillierten Vergleich zwischen einer Einmaleinlage und einer Obligation finden Sie im Kapitel «Baustein Steuern» (S. 217 ff).

Leider ist es seit einigen Jahren nicht mehr so, dass Sie Ihre Einmaleinlagen ohne irgendwelche Einschränkungen platzieren können. Die Steuerbehörde hatte da ein Wörtchen mitzureden und folgende Auflagen gemacht:

▶ Die Versicherungsnehmerin muss mit der versicherten Person identisch sein.
▶ Es muss ein Todesfallkapital versichert sein (Erlebensfallversicherungen mit Einmalprämie sind also nicht steuerbefreit).
▶ Die Mindestlaufzeit beträgt fünf Jahre.
▶ Die Versicherungsnehmerin muss bei der Auszahlung mindestens 60 Jahre alt sein (der Geburtstag ist massgebend, nicht das Jahr).
▶ Bei Vertragsabschluss muss die Versicherungsnehmerin unter 66 Jahre alt sein.

Nur wenn all diese Punkte erfüllt sind, ist die Auszahlung auch wirklich steuerfrei. Dies bedeutet natürlich, dass Einmaleinlagen für jüngere Leute oft wenig Sinn machen, es sei denn, sie können ihr Geld wirklich bis zum sechzigsten Geburtstag liegen lassen. Die meisten Verträge werden denn auch zwischen dem fünfzigsten und sechzigsten Lebensjahr abgeschlossen. Nach der Pensionierung müssen Sie sich jedoch beeilen, falls Sie weiterhin Ihre Einmaleinlagen steuerfrei abschliessen wollen, da mit sechsundsechzig Jahren die «Altersguillotine» droht. Das Argument des Fiskus ist hier allerdings recht dünn: Steuerbefreit könne nur ein Produkt sein, welches der Altersvorsorge diene, und dies sei nach dem Alter sechsundsechzig nicht mehr der Fall. Wenn wir jedoch unsere Lebenserwartung ansehen, scheint uns der Vorsorgeaspekt noch lange nicht übertrieben zu sein . . .

Natürlich können auch Einmaleinlagen verpfändet oder im Rahmen von 90 Prozent des Rückkaufswertes belehnt werden. Da sie von Anfang an einen Rückkaufswert besitzen, ist eine Belehnung sogar sofort möglich. Sie haben also immer die Möglichkeit, im Notfall auf das Kapital zurückzugreifen.

An dieser Stelle möchten wir Sie auf eine Anlagekonstruktion hinweisen, welche sich in den letzen Jahren zunehmender Beliebtheit erfreut hat, nämlich die so genannte *fremdfinanzierte Einmaleinlage*.

Das Vorgehen scheint auf den ersten Blick sehr einfach und einleuchtend zu sein: Anstatt dass Sie die Einmaleinlage ausschliesslich mit eigenem Geld finanzieren und eine im Verhältnis zur Prämie angemessene Versicherungssumme erhalten, wird eine viel höhere Versicherungssumme vereinbart. Die Differenz zwischen der von Ihnen geleisteten Einlage und des effektiv nötigen Betrages wird Ihnen ab Vertragsbeginn als verzinsliches Darlehen zur Verfügung gestellt (in der Regel gleich durch die Versicherungsgesellschaft selber). Der Clou dabei ist, dass Sie auf der einen Seite die Schuldzinsen von Ihrem steuerbaren Einkommen abziehen, auf der anderen Seite eine steuerfreie Rendite erzielen können.

Rosa investiert 200 000 Franken und finanziert ihre Einmaleinlage gleichzeitig mit einem Policendarlehen von weiteren 200 000 Franken. Die Versicherungssumme beträgt 514 000 Franken, zusammen mit den Überschussanteilen ist eine steuerfreie Auszahlung um die 740 000 Franken zu erwarten. Rosa zahlt einen jährlichen Darlehenszins von 4,5 Prozent, also 9000 Franken. Ihre Steuern werden so um rund 3000 Franken pro Jahr gesenkt.

Was vielerorts als neues Ei des Kolumbus propagiert wurde, ist den Steuerbehörden seit geraumer Zeit ein Dorn im Auge. Das Vorgehen wird immer weniger akzeptiert, sogar rückwirkend kann der Fiskus eingreifen.

Ein weiteres Problem: sowohl die Darlehenszinsen wie auch die Überschussprognosen werden von den Gesellschaften nicht garantiert. Was geschieht also, wenn Ihre Belastung plötzlich ansteigt, die Auszahlung aber weniger hoch ist als vermutet? Die Rechnung könnte dann nicht aufgehen.

Summa summarum: Lassen Sie besser die Finger von fremdfinanzierten Einmaleinlagen!

Die fondsgebundene Einmaleinlage

Wie ihre klassische Schwester erbringt auch die fondsgebundene Einmaleinlage eine garantierte Leistung im Todesfall. Mit wenigen Ausnahmen bieten jedoch die meisten Gesellschaften keine Garantie in Bezug auf die Erlebensfallleistung. Hier ist wiederum der aktuelle Wert der Fondsanteile massgebend. Auf der einen Seite ist dieses Produkt also weniger sicher als die klassische Variante, die Gewinnchancen sind dafür höher.

Damit die Steuerbefreiung gewährleistet ist, muss die Laufzeit der fondsgebundenen Einmaleinlage zehn Jahre betragen. In allen übrigen Punkten funktioniert sie gemäss den gängigen Richtlinien der Lebensversicherung.

Die indexgebundene Einmaleinlage

Auch hier sind lediglich die Leistungen im Todesfall garantiert. Der Sparteil der Prämie wird an die Entwicklung eines Börsenindexes gekoppelt, beispielsweise an den Swiss Market Index SMI. Zu Beginn des Vertrages wird der Anfangswert bestimmt und in regelmässigen Intervallen dem aktuellen SMI-Wert angepasst. Natürlich ist dieses Produkt auch nicht vor Schwankungen gefeit.

Arlette ist am 17. Oktober 1997 mit 50 000 Franken in eine SMI-gebundene Einmaleinlage eingestiegen. Der Anfangswert des SMI betrug 5735,60 Punkte, was nach Abzug der Risiko- und Verwaltungskosten einer Ausgangssumme von 43 967 Franken entsprach. Im Juni 2001 steht der SMI auf 7082,70 Punkten, der aktuelle Wert der Police beträgt demnach 54 293 Franken. Während der zwischenzeitlichen Börsenhausse lag der Wert auch schon mal bei 95 000 Franken und ist leider inzwischen wieder gesunken. Während der ganzen Laufzeit ist ein Todesfallkapital von 72 200 Franken versichert.

Leibrenten

Wenn Sie sich über diese altväterische Bezeichnung wundern, liegen Sie gar nicht so falsch: der Begriff stammt tatsächlich aus früheren Zeiten, als ein Lehnsherr seinen Untergebenen eine lebenslängliche Rente für treue Dienste zukommen liess.

Heutzutage wird die Leibrente zwar meistens selber finanziert, dient aber nach wie vor der Sicherstellung eines regelmässigen, lebenslänglichen Einkommens. Wir unterscheiden zwischen der *aufgeschobenen* und der *sofortbeginnenden* Leibrente. Die sofortbeginnende Rente wird immer durch eine Einmalprämie, die aufgeschobene entweder mit Jahresprämien oder ebenfalls mit einer Einmaleinlage finanziert.

Die Funktionsweise ist einfach: Je nach Prämienhöhe und Alter bei Beginn erhalten Sie eine lebenslängliche Rente ausbezahlt. – Egal, ob Sie hundertzwanzig Jahre alt werden! Natürlich haben die Versicherungsgesellschaften ihr Risiko vorsichtig kalkuliert und die Rentenhöhe der durchschnittlichen Lebenserwartung angepasst. Logischerweise kommen die Frauen dabei etwas schlechter weg als die Männer, die statistisch gesehen immer noch weniger lange zu leben haben.

Halten Sie sich brav an die Statistik, geht die Rechnung einigermassen auf und das Kapital wird am Ende Ihres Lebens verbraucht sein. Leben Sie länger, machen Sie womöglich ein gutes Geschäft, denn die Gesellschaft muss Ihnen die Rente ja bis zu Ihrem Tod garantieren. Sollte bei Ihrem Ableben noch Geld vorhanden sein, gibt es zwei Möglichkeiten: Wenn Sie eine Leibrente mit Rückgewähr gewählt haben, fliesst das unverbrauchte Kapital an die von Ihnen begünstigten Personen zurück. Haben Sie indessen eine Rente ohne Rückgewähr gekauft, verfällt der Rest an die Gesellschaft.

Zusätzlich zur garantierten Rente gibt es nicht garantierte Überschüsse, die also je nach Geschäftsgang der Gesellschaft variieren können. Die meisten Anbieter legen aber Wert darauf, dass die Überschüsse von laufenden Renten konstant gehalten werden können, Anpassungen werden selten gemacht. Die Leibrente ist also ein grundsolides und sicheres Anlageinstrument. Sicherheit hat aber immer ihren Preis, weshalb der Kauf einer Leibrente keine besonders lukrative Kapitalanlage darstellt. Insbesondere wenn Sie noch relativ jung sind – etwa kurz nach der Pensionierung stehen – und eine entsprechend lange Lebenserwartung haben, gibt die Rente noch nicht sehr viel her.

Weit interessanter kann es daher sein, den Beginn der Rente möglichst lang hinauszuschieben und vorher auf anderweitige Einnahmequellen zurückzugreifen. Wenn die Rente erst mit achtzig oder fünfundachtzig Jahren einsetzt, können Sie einerseits während der Aufschubzeit von einer steuerfreien Verzinsung profitieren, andererseits verfügen Sie anschliessend über einen Spartopf, der nie leer wird, auch wenn Sie noch sehr lange leben sollten. Die Leibrente wird dann zur Absicherung des Langlebigkeitsrisikos eingesetzt.

Wenn Sie auf Nummer sicher gehen wollen, wählen Sie eine Gesellschaft, welche Ihnen einen flexiblen Beginn der Rente ermöglicht, es könnte ja sein,

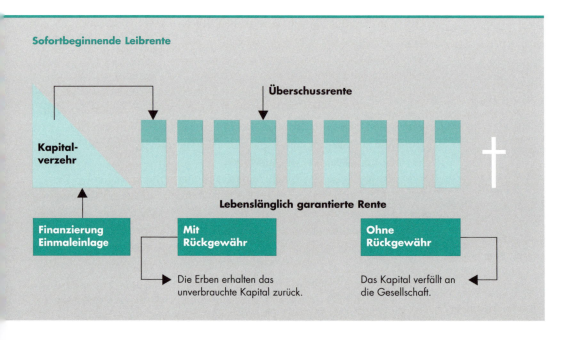

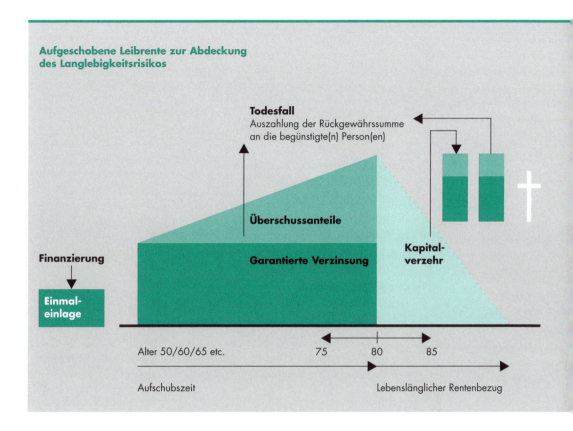

Aufgeschobene Leibrente zur Abdeckung des Langlebigkeitsrisikos

Todesfall
Auszahlung der Rückgewährssumme an die begünstigte(n) Person(en)

Überschussanteile

Finanzierung

Einmaleinlage

Garantierte Verzinsung

Kapitalverzehr

Alter 50/60/65 etc.　　　　75　　80　　85

Aufschubszeit　　　　　　　　Lebenslänglicher Rentenbezug

dass Sie aus unvorhergesehenen Gründen den Beginn vorziehen oder weiter hinausschieben müssen. Sollten Sie während der Aufschubszeit sterben, wird das einbezahlte Kapital an Ihre Begünstigten zurückerstattet, vorausgesetzt natürlich, sie haben eine Rente mit Rückgewähr gewählt.

Während der Aufschubszeit wird der jeweilige Rückkaufswert der Leibrente als Vermögen besteuert, sämtliche Erträge sind steuerfrei. Sobald die Rente zu laufen beginnt, muss das Kapital nicht mehr versteuert werden, dafür unterliegt die Rente samt Überschussrente zu 40 Prozent der Einkommenssteuer.

Varianten von Leibrenten

Fondsgebundene Leibrente

Ein Teil der Prämie wird in Fondsanteile investiert. Neben der garantierten Rente können Sie so von den Wachstumschancen des Kapitalmarkts profitieren. Ein interessantes Produkt, weil neben der Sicherheit auch eine attraktive Gewinnentwicklung winkt. Fast könnte man vom «Fünfer und dem Weggli» sprechen, wobei die Gesellschaften bei der Kalkulation natürlich auch nie zu kurz kommen.

Die Leibrente auf zwei Leben

Hier werden gleich zwei Personen versichert, und die Rente wird auf der durchschnittlichen Lebenserwartung von beiden berechnet. Sobald die eine Person stirbt, läuft die Rente in voller Höhe weiter, bis auch noch die zweite Person gestorben ist. Dieses Produkt ist ideal für Konkubinats- oder Ehepartner und unterscheidet sich positiv von der Pensionskassenrente, die nur zu 60 Prozent an den überlebenden Partner ausbezahlt wird – wenn überhaupt.

Die Rente mit garantierter Zahlungsdauer

Die Rente beginnt mit dem vertraglichen Beginn zu laufen bis zum vereinbarten Zeitpunkt, ungeachtet, ob die versicherte Person bereits vor oder während der Laufzeit verstorben ist. Dieses Produkt wird oft gewählt, um den Begünstigten während einer bestimmten Zeit ein Einkommen zu garantieren, zum Beispiel, bis die Ausbildung der Kinder oder Enkel beendet ist.

Die temporäre Leibrente

Die Rente wird nur über einen bestimmten Zeitraum ausbezahlt und endet anschliessend. Stirbt die versicherte Person vorher, kommt allenfalls die Rückgewährssumme zum Tragen. Häufig wird diese Variante als Überbrückungsrente gewählt, um zwischen einer frühzeitigen und der regulären Pensionierung keine Lücke entstehen zu lassen.

> Die meisten Kapitalversicherungen können auch in *Fremdwährungen* abgeschlossen werden, zum Beispiel in Euro oder in US-Dollar. Auf der einen Seite verspricht dies höhere Erträge, aber das Wechselkursrisiko darf dabei nicht vergessen werden.
> Schliesslich leben und denken wir – vorläufig – noch in Schweizer Franken.

Risikoversicherungen

Nach den kapitalbildenden Produkten sollten wir auch einen Blick auf die reinen Risikoversicherungen werfen, da diese für die meisten Personen irgend einmal im Leben eine wichtige Rolle spielen können.

Die Todesfallrisikoversicherung

Wie der Name es sagt, geht es bei dieser Versicherung einzig darum, den Begünstigten im Todesfall der versicherten Person eine Kapitalauszahlung zur Verfügung zu stellen. Da keine Sparkomponente vorhanden ist, sind die Prämien für Risikoversicherungen wesentlich günstiger als für gemischte

Versicherungen. Deshalb können auch grössere Summen zu relativ billigen Konditionen versichert werden.

Wer braucht denn überhaupt eine Todesfallrisikoversicherung? Beispielsweise Familienfrauen, um Haushalthilfen zu finanzieren, oder Geschäftsinhaberinnen, um einen Kredit zu erhalten, Hauseigentümer, um ihre Lebenspartner abzusichern, oder Konkubinatspartner, um sich gegenseitig einen Schutz zu bieten. Die Todesfallrisikoversicherung kann also ganz gezielt eingesetzt werden, um den begünstigten Personen eine optimale Absicherung im Todesfall zu gewährleisten.

Auch hier gelten die allgemeinen Regeln der Lebensversicherungen. Gerade für Konkubinatspartner bietet die reine Todesfallrisikoversicherung zwei interessante Vorteile: Die Versicherungssumme kann in jedem Fall beansprucht werden, ohne dass zu befürchten ist, dass irgendwelche Pflichtteile von erbberechtigten Familienmitgliedern der Verstorbenen verletzt werden. Zugleich unterliegt die Auszahlung des Todesfallkapitals der Einkommenssteuer, wo sie mit einer einmaligen Kapitalleistungssteuer belegt wird. Diese ist weit günstiger als die Erbschaftssteuer unter Nichtverwandten.

Die Prämie setzt sich aus einer altersgerechten Risikokomponente und einem Anteil für Verwaltungskosten zusammen. Da nicht gespart wird, kann die Police auch nicht zurückgekauft werden. Die Versicherung wirft aber auch Überschussanteile ab, welche entweder am Schluss der Vertragsdauer ausbezahlt oder noch besser, während der Laufzeit mit der Prämie verrechnet werden. Die Police kann jederzeit auf den Prämienverfall – damit ist der Tag gemeint, an dem die Jahresprämie fällig wird – aufgehoben werden. Einen Verlust erleiden Sie insofern nicht, als dass Sie während der ganzen Zeit eine risikogerechte Prämie bezahlt und dafür Versicherungsschutz genossen haben. So eine Art «Vollkaskoversicherung» auf Ihr Leben, die Sie bei Nichtgebrauch wieder künden.

Varianten der Todesfallrisikoversicherung

Die Versicherung mit fixer Dauer und konstanter Summe
Hier schliessen Sie einen Vertrag über mehrere Jahre ab. Während der ganzen Laufzeit kommt die vereinbarte Versicherungssumme zur Auszahlung.

Die Versicherung mit fixer Dauer und fallender Summe
Auch hier schliessen Sie einen Vertrag über einen bestimmten Zeitraum ab. Die Versicherungssumme sinkt jedoch jedes Jahr um den entsprechenden Bruchteil. Bei einer zehnjährigen Dauer sinken die ursprünglichen 100 000 Franken jedes Jahr um 10 000 Franken. Dieses Produkt wird häufig gewählt, wenn gleichzeitig eine Schuld getilgt, beispielsweise eine Hypothek amortisiert wird. Oder wenn geschuldete Alimente abgesichert werden sollen.

Die Vorsorgeinstrumente

Die einjährige Versicherung

Hier wird ein einjähriger Vertrag abgeschlossen, dessen Prämie genau auf das in diesem Jahr zutreffende Todesfallrisiko abgestimmt ist. Der Vertrag verlängert sich stillschweigend von Jahr zu Jahr, die Prämie wird dabei systematisch angepasst. Ideal ist diese Variante, wenn Sie beim Abschluss noch nicht sicher sind, wie lange Sie den Versicherungsschutz benötigen und sich deshalb nicht auf eine längere Dauer mit einer teureren Prämie festlegen mögen.

Die Versicherung auf zwei Leben

Zwei Personen werden gleichzeitig versichert. Die vereinbarte Summe gelangt im ersten Todesfall zur Auszahlung, wenn beide gleichzeitig sterben, aber nur einmal. Ideal zur Absicherung unter Geschäftspartnerinnen.

Die lebenslängliche Todesfallversicherung

Nach einer bestimmten Prämienzahldauer ist der Versicherungsschutz nicht einfach zu Ende, sondern dauert lebenslänglich an. Meist wird in sehr hohem Alter eine kleine Auszahlung fällig, falls die versicherte Person dann immer noch lebt.

Die Hinterbliebenenrente

Es wird kein Todesfallkapital ausbezahlt, sondern stattdessen eine Rente. Sie wird bis zum vereinbarten Ablauf des Vertrags an die begünstigten Personen entrichtet.

Dieses Produkt wird häufig dann gewählt, wenn Zweifel darüber bestehen, ob die Hinterbliebenen mit einer grossen Kapitalauszahlung überhaupt klarkommen. Mit einer Rente kann eben weniger Unfug getrieben werden.

Die Erwerbsausfallversicherung

Wenn es dieses Produkt nicht schon gäbe, müsste es schleunigst erfunden werden. Die meisten Leute sind bei Erwerbsunfähigkeit infolge Krankheit durch die IV und das BVG ungenügend versichert. Bei Invalidität durch Unfall sieht es meist besser aus, da bei Löhnen unter 106 800 Franken bekanntlich 90 Prozent des vorherigen Verdienstes versichert sind. Aber auch Familienfrauen und Studentinnen sind häufig schlecht versichert, da bei ihnen nur die IV zum Tragen kommt.

Als Ergänzung bietet sich die Erwerbsausfallversicherung an. Nach einer festgelegten Wartezeit wird Ihnen eine Rente in der vereinbarten Höhe ausbezahlt. Dabei sollten Sie den Vertrag tunlichst bis ins Pensionsalter abschliessen, damit Sie den Schutz so lange als möglich geniessen können.

Julia arbeitet als Moderatorin bei einer Fernsehgesellschaft. Anhand einer Vorsorgeanalyse hat sie herausgefunden, dass ihr im Krankheitsfall 40 000 Franken fehlen, wenn sie den heutigen Lebensstandard aufrechterhalten will. Vom Arbeitgeber erhält sie während zweier Jahre eine Lohnfortzahlung von 80 Prozent ihres bisherigen Gehalts. Deshalb setzt die Erwerbsausfallrente erst nach einer Wartefrist von vierundzwanzig Monaten ein. Bereits nach drei Monaten beginnt allerdings die Prämienbefreiung zu laufen.

Therese ist Familienfrau mit drei kleinen Kindern. Sie hat ausgerechnet, dass der Familie monatlich 3000 Franken fehlen, falls ihr etwas zustossen sollte. Die Erwerbsausfallrente beginnt bereits nach einer Wartefrist von drei Monaten zu laufen, damit unmittelbar die Kosten für eine Haushalthilfe getragen werden können.

Annelise ist als selbstständige Unternehmensberaterin tätig. Sie hat eine Erwerbsausfallversicherung über 60 000 Franken mit einer Wartefrist von zwölf Monaten abgeschlossen. Vorher läuft eine Taggeldversicherung, die ihr das nötige Einkommen garantiert.

Alle drei Frauen werden ihre Renten bis zum Alter von vierundsechzig Jahren beziehen können. Geschieht während all der Jahre kein Unglücksfall, haben sie am Ende eine Menge Prämien bezahlt und dafür keine Leistung erhalten. Das ist dann eben der Preis für die beruhigende Sicherheit, die ihnen die Police gewährt hat.

Weil die Teuerung natürlich auch nicht vor den einst versicherten Renten Halt macht, gibt es auch indexierte Produkte. Diese steigen ab Beginn der Rentenzahlung jährlich um einen vereinbarten Prozentsatz an und gewähren so einen gewissen Teuerungsausgleich. Es lohnt sich auch, die Höhe der Rente regelmässig zu überprüfen, um nötige Anpassungen an die Lohnentwicklung nicht zu verpassen.

In den letzten Jahren sind die Prämien der Erwerbsausfallversicherungen enorm angestiegen, da offensichtlich immer mehr Leute in den Genuss von Rentenzahlungen gekommen sind, was die Versicherer zu Tarifanpassungen gezwungen hat. Die Unterschiede zwischen den einzelnen Gesellschaften sind teilweise sehr gross. Es lohnt sich daher unbedingt, verschiedene Offerten einzuholen und miteinander zu vergleichen.

Ein wichtiger Punkt zum Schluss: Nicht alle Gesellschaften garantieren Ihnen die heutige Prämie für Erwerbsausfallversicherungen über die ganze Laufzeit. Das heisst, je nach Verlauf des Risikos kann die Prämie plötzlich steigen.

Oft wird leider weder in den Offerten noch in den allgemeinen Versicherungsbedingungen auf diese Einschränkung hingewiesen. Erkundigen Sie sich also rechtzeitig und lassen Sie sich den Bescheid schriftlich geben. Natürlich lohnt sich auch in dieser Hinsicht ein Vergleich zwischen den einzelnen Anbietern.

Von der Offerte zur Police – so schliessen Sie einen Versicherungsvertrag ab

Bevor Sie eine Versicherung abschliessen, lassen Sie sich durch die Gesellschaft eine Offerte erstellen. Sind Sie vom Produkt überzeugt, können Sie einen Versicherungsantrag stellen. Spätestens bei der Unterzeichnung sollten Sie in den Besitz der allgemeinen Versicherungsbedingungen AVB gelangen. Besser ist es allerdings, wenn Sie diese bereits mit der Offerte verlangen, um sie in aller Ruhe zu prüfen.

Je nach Höhe der Versicherungssumme reicht es, wenn Sie Fragen zu Ihrer Gesundheit beantworten. Bei hohen Summen ist ein Arztbesuch mit Laboruntersuchungen wie HIV-Test und Blutsenkungsreaktion unumgänglich. Die Kosten werden durch die Gesellschaft übernommen. Es ist äusserst wichtig, dass Sie die Gesundheitsfragen wahrheitsgetreu beantworten. Wenn sich zu einem späteren Zeitpunkt herausstellt, dass Sie nicht die volle Wahrheit gesprochen haben, kann die Versicherungsgesellschaft vom Vertrag zurücktreten, die bisherigen Prämien werden nicht zurückerstattet (Art. 6 VVG).

Ihr Antrag wandert zuerst auf die zuständige Agentur und dann weiter zum Hauptsitz der Gesellschaft, wo er in der Abteilung Underwriting geprüft wird. Während dieser Zeit geniessen Sie meistens bereits einen provisorischen Schutz. Ist alles in Ordnung mit Ihrer Gesundheit, wird Ihnen innert nützlicher Frist eine Police ausgestellt. Es kann aber auch sein, dass Sie einen Vorbehalt oder einen Leistungsausschluss zugestellt bekommen, den Sie schriftlich akzeptieren oder ablehnen müssen. Es lohnt sich allerdings in vielen Fällen, die Flinte nicht zu früh ins Korn zu werfen, sondern mit dem zuständigen Gesellschaftsarzt in Kontakt zu treten. Vielleicht lässt sich der Vorbehalt etwas einschränken oder sogar aufheben. Ein Vorbehalt kann übrigens auch eine Mehrprämie sein, die Ihrem Gesundheitsrisiko gerecht wird. Prüfen Sie nach Erhalt den Inhalt Ihrer Police genau. Sie haben nur vier Wochen Zeit, falsche Angaben korrigieren zu lassen, sonst gelten sie als genehmigt.

Die Police hat keinen Wertpapiercharakter, sondern dient lediglich als Beweisdokument, das Sie sorgfältig aufbewahren sollten. Einen Verlust müssen Sie der Gesellschaft unverzüglich melden, damit diese Ihnen eine Policenkopie erstellen kann. Bei Ablauf der Versicherung wird die Police an die Gesellschaft zurückgegeben.

Fast alle prämienpflichtigen Versicherungsprodukte werden auch im Rahmen der gebundenen Vorsorge (3a) angeboten. Unterschiede gibt es bei der Abzugsfähigkeit der Prämien und bei der Begünstigungsordnung. Zudem können in gebundenen Versicherungen nur einzelne Personen versichert werden und die Laufzeit muss sich wenigstens bis fünf Jahre vor oder längstens bis zum Pensionsalter erstrecken.

Säule 3a – Bank oder Versicherung?

Wer die Wahl hat, hat die Qual. Dies gilt auch für die wichtige Entscheidung, ob Sie Ihre Säule 3a bei einer Versicherung oder doch lieber bei einer Bank abschliessen. Beide Produkte kennen ihre Vor- und Nachteile, die Sie für Ihre persönlichen Bedürfnisse gezielt prüfen und ausnutzen sollten.

Säule 3a Konto

Vorteile
- ▶ Sie können im Rahmen der gesetzlichen Limiten flexible Einzahlungen leisten.
- ▶ Kein fixer Vertrag.
- ▶ Sie können die Zahlungen jederzeit ohne finanzielle Einbusse unterbrechen oder herabsetzen.
- ▶ Vorbezüge (für Wohneigentum oder bei Selbstständigkeit) sind jederzeit ohne Einbusse möglich.
- ▶ Sie zahlen nur für den Sparvorgang.
- ▶ Keine Gesundheitsprüfung nötig.

Nachteile
- ▶ Sie müssen den gewünschten Risikoschutz separat versichern.
- ▶ Keine Prämienbefreiung bei Erwerbsunfähigkeit.
- ▶ Sie müssen selber diszipliniert sparen und werden nicht durch einen Vertrag dazu gezwungen.
- ▶ Keine garantierte Verzinsung, der Zinssatz kann durch die Bank laufend angepasst werden.

Säule 3a Police

Vorteile
- ▶ Die Todesfall- und die Endleistung sind vertraglich garantiert.
- ▶ Der Versicherungsschutz und der Sparvorgang sind kombiniert.
- ▶ Die Prämienbefreiung bei Erwerbsunfähigkeit kann eingeschlossen werden.
- ▶ Mit Unterzeichnung des Vertrags unterziehen Sie sich gewissermassen einem Zwangssparen und legen dann wirklich etwas zur Seite.

Nachteile
- ▶ Viele Verträge kennen keine flexible Einzahlungsmöglichkeit.
- ▶ Sie schliessen einen Vertrag ab, der Sie zu jahrelanger Prämienzahlung verpflichtet.
- ▶ Ein Ausstieg oder Vorbezug in den ersten Jahren ist mit Verlust verbunden, da die Police am Anfang einen geringen Rückkaufswert aufweist.
- ▶ Die Risikoprämie schmälert den Anteil der Sparprämie.

Klassisches Vorsorgekonto oder anteilsgebundenes Konto?

Nachdem sich die Zinsen der herkömmlichen Vorsorgekonten in den letzten Jahren um die 3 Prozent bewegten, wurden die anteilsgebundenen Konten immer beliebter. Kein Wunder, denn hier wird Ihr Vorsorgegeld in Wertschriften angelegt. Angeboten werden drei Risikovarianten mit einem mehr oder weniger grossen Aktienanteil. Das Gesetz schreibt eine maximale Aktienquote und einen minimalen Anteil Schweizer Franken vor. Sie bestimmen, in welchem Umfang Sie mit Ihrem Säule-3a-Guthaben investiert sein wollen und kaufen damit Fondsanteile. Natürlich können Sie Ihr Geld auch jederzeit auf das herkömmliche Konto zurückbeordern.

Was auf den ersten Blick sehr attraktiv aussieht, hat allerdings einen Haken: Im Gegensatz zum klassischen Vorsorgesparen, wo sich zwar der Zinssatz ändern kann, das Kapital sich aber stetig aufwärts bewegt, haben Sie beim Wertschriftensparen keine Gewähr auf einen Werterhalt Ihres Geldes. Ihr angespartes Kapital kann also auch sinken, weil es den Launen der Börse ausgesetzt ist. Sie sollten diese Lösung also nur wählen, wenn Sie über einen genügend langen Horizont verfügen, um allfällige Schwankungen wieder wettzumachen. Brauchen Sie Ihr Geld in absehbarer Zeit, sollten Sie es auf dem klassischen Vorsorgekonto belassen oder es rechtzeitig dorthin zurückführen.

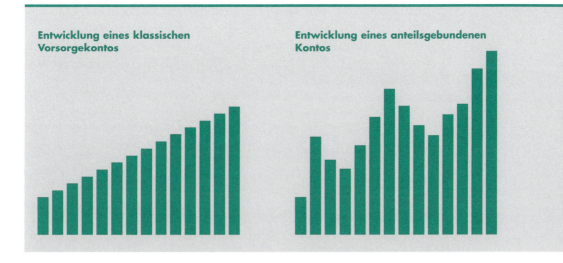

Entwicklung eines klassischen Vorsorgekontos

Entwicklung eines anteilsgebundenen Kontos

Klassische oder fondsgebundene Versicherung?

Bei der Wahl zwischen einer klassischen und einer fondsgebundenen Vorsorgepolice spielt der Zeitfaktor insofern keine entscheidende Rolle, als dass beide Produkte in jedem Fall unter einem langfristigen Horizont abgeschlossen werden sollten. Vielmehr kann hier die persönliche Präferenz in Bezug auf Sicherheit ausschlaggebend sein.

Eines ist allerdings zu sagen: im Gegensatz zum Vorsorgekonto kann das Geld nicht einfach zwischen der klassischen und der anteilsgebundenen Form hin und her geschoben werden. Sie müssen sich beim Abschluss definitiv entscheiden.

Wenn Sie auf der einen Seite sparen und die Risiken Todesfall und Erwerbsunfähigkeit getrennt dazuversichern, nennt man dies *unbundling*. Vieles spricht für diese Strategie, denn sie ermöglicht Ihnen, den Bedarf an Risikoschutz flexibel und unabhängig vom Spareffekt abzudecken.

Naomi macht eine Ausbildung zur Konzertpianistin. Zurzeit kann sie gar nichts zur Seite legen und versichert einzig das Risiko einer Erwerbsunfähigkeit. Weil sie heute noch jung und gesund ist, kann sie die Erwerbsausfallversicherung zu günstigen Konditionen abschliessen. Sobald sie ihre Ausbildung beendet hat, wird Naomi mit Sparen beginnen.

Céline zahlt seit einigen Jahren auf ihr Konto 3a ein. Als ihre Tochter Alexandra zur Welt kommt, fühlt sich Céline als alleinerziehende Mutter verpflichtet, ihrer Tochter im Todesfall eine Summe zur Ausbildungsfinanzierung zu hinterlassen. Mehr Geld als bisher will sie jedoch nicht ausgeben. Céline vermindert deshalb ihre Sparquote um den Betrag, den sie eine Todesfallrisikoversicherung kostet. Sobald Alexandra auf eigenen Beinen steht, wird Céline die Risikoversicherung künden und wieder den vollen Sparbeitrag leisten.

Das Wichtigste in Kürze

▶ Im Lebensversicherungsbereich herrscht eine enorme Produktevielfalt. Überlegen Sie sich also gut, wozu Sie die Versicherung brauchen, bevor Sie eine Auswahl treffen.

▶ Die steuerlichen, gesetzlichen und vertraglichen Privilegien machen Lebensversicherungen trotz relativ bescheidener Garantien zu interessanten Anlageprodukten.

▶ Holen Sie stets mehrere Offerten ein, um das Angebot der einzelnen Versicherer miteinander zu vergleichen.

▶ Vergewissern Sie sich, dass Sie wirklich gleichartige Angebote miteinander vergleichen, manchmal gibt es kleine, aber gewichtige Unterschiede.

▶ Bei der Wahl zwischen einer Banken- oder einer Versicherungslösung spielt für die Säule 3a der Zeitaspekt eine wichtige Rolle.

▶ Es kann oft Sinn machen, die Risikoabdeckung vom Sparprogramm zu trennen.

Die Familienfrau – einfach unersetzlich

Am wichtigsten ist es zu leben,
spazieren zu gehen,
Haus und Familie zu haben.
> *Katharine Hepburn*

Tamina hat soeben ihr zweites Kind bekommen und sich dazu entschlossen, ihre bisherige 50-Prozent-Stelle aufzugeben, um sich während einiger Jahre der heimischen Brutpflege zu widmen. Auf der einen Seite freut sie sich darauf, wieder Herrin ihrer eigenen Zeit zu werden, auf der anderen Seite macht sie sich etwas Sorgen wegen der neuen finanziellen Abhängigkeit von ihrem Mann Marco, frau weiss ja heutzutage nie . . .
Marco hat viel Verständnis für Taminas Befürchtungen, gemeinsam werden sie bestimmt eine partnerschaftliche Lösung finden.

Aus der Praxis: Familienfrau

Ausgangslage

Tamina	Alter	35
	Beruf	Bibliothekarin/ Familienfrau
	Zivilstand	verheiratet
	Jährliches Einkommen	–
	Sparkonto	40 000
	Freizügigkeitsguthaben BVG	35 000
	Säule 3a	28 000
Marco	Alter	39
	Beruf	Beamter, angestellt
	Zivilstand	verheiratet
	Jährliches Einkommen	115 200
	Sparkonto	60 000
	Pensionskasse, heutiger Stand	80 000
	Säule 3a	45 000
Gemeinsames Vermögen	Familienkonto	15 000
	Ferienwohnung	250 000
Gemeinsame Kinder	Aline	2-jährig
	Lorenz	4 Wochen

Folgende Fragen sollen beantwortet werden:
▶ Wie sieht Taminas aktuelle Vorsorgesituation aus?
▶ Wie soll das Freizügigkeitsgutgaben aus dem BVG zuparkiert werden?
▶ Welche Aufteilung des Einkommens ist sinnvoll und gerecht?
▶ Wie kann Taminas Altersvorsorge weitergeführt werden?

Die Vorsorgesituation

Tamina lässt sich von der AHV ihre IK-Auszüge zustellen. Sie möchte gerne wissen, wie der aktuelle Vorsorgeschutz bei Erwerbsunfähigkeit und Todesfall aussieht. Als Familienfrau mit derart kleinen Kindern wäre es geradezu fahrlässig, sich nicht um dieses Thema zu kümmern. Das Ziel ist, dass bei einem Unglücksfall wenigstens 4000 Franken pro Monat zur Verfügung stehen, um eine Haushälterin bezahlen zu können.

Auf dem Individuellen Konto (IK) werden durch die zuständige AHV- Ausgleichskasse sämtliche Jahreseinkommen festgehalten, die Sie im Laufe Ihrer Erwerbstätigkeit erzielen und darum AHV-Beiträge dafür bezahlen müssen. Die Rentenberechnungen erfolgen aufgrund des erzielten Durchschnittseinkommens.

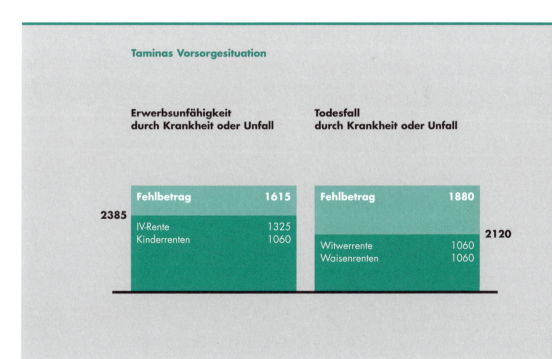

Taminas Vorsorgesituation

Erwerbsunfähigkeit durch Krankheit oder Unfall		Todesfall durch Krankheit oder Unfall	
Fehlbetrag	**1615**	**Fehlbetrag**	**1880**
IV-Rente	1325		
Kinderrenten	1060	Witwerrente	1060
		Waisenrenten	1060

2385

2120

Pro Jahr fehlen also rund 20 000 Franken bei Erwerbsunfähigkeit und 23 000 Franken im Todesfall. Im Hinblick auf die Produktewahl geht Tamina davon aus, dass sie die Erwerbsunfähigkeit bis ins Pensionsalter und den Todesfall während der nächsten fünfzehn Jahre versichern will.

Aus der Praxis: Familienfrau

Tamina schliesst folgende Produktekombination ab:

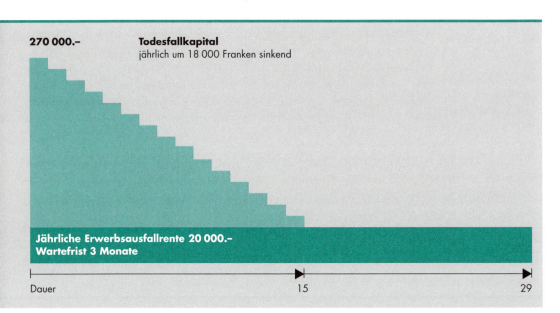

Mit dieser Lösung ist Tamina völlig risikogerecht versichert, die Kosten für die Versicherungsdeckung halten sich jedoch in Grenzen. Natürlich ist die heute passende Variante nicht in Stein gemeisselt, sobald Tamina wieder zu arbeiten beginnt, sollte die Situation erneut überprüft und nach unten angepasst werden.

Bei der gleichen Gelegenheit lässt das Ehepaar auch die Vorsorgesituation in Bezug auf Marco berechnen und erfährt, dass die Familie bei einem Unglücksfall mit knapp 100 000 Franken rechnen darf. Hier besteht also kein Handlungsbedarf.

Die Finanzplanerin weist Tamina darauf hin, dass sie nun sofort das Unfallrisiko in die Grundversicherung der Krankenkasse einschliessen muss. Als Arbeitnehmerin mit einem Wochenpensum von über acht Stunden durfte Tamina dieses Risiko bisher ausschliessen, was zu einer etwas tieferen Prämie führte. Bei Aufgabe der Erwerbstätigkeit ist sie nun aber gesetzlich verpflichtet, den Unfall wieder zu versichern.

Parkieren des Freizügigkeitsguthabens

Da Tamina ihre Stelle aufgegeben hat, ist sie gehalten, der Pensionskasse ihres früheren Arbeitgebers mitzuteilen, wohin diese die Freizügigkeitsleistung überweisen soll. Unterlässt Tamina diese Meldung, wird das Geld automatisch an die Auffangeinrichtung überwiesen, weil die Kasse kein Interesse daran hat, Gelder von ausgetretenen Personen zu horten und zu verzinsen.

Tamina findet es sinnvoll, wenn ihr Geld nicht nur weiterverzinst wird, sondern gleichzeitig ein Todesfallkapital versichert ist. Sie wählt deshalb eine Freizügigkeitspolice, die neben der Verzinsung von 4% ein Todesfallkapital von 110 000 Franken garantiert. Dies als Ergänzung zu den bereits versicherten 270 000 Franken. Würde Tamina ihr Kapital bis zur Pensionierung stehen lassen, stünden ihr im Alter 64 ebenfalls 110 000 Franken zur Verfügung.

Sobald sie jedoch wieder zu arbeiten beginnt und erneut BVG-versichert ist, kann Tamina die Police ohne irgendwelche Verluste auflösen und das vorhandene Kapital in die neue Pensionskasse einbringen.

Die Aufteilung des Einkommens

Tamina ist sich des Wertes ihrer Arbeit als Familienfrau durchaus bewusst und möchte deshalb nicht nur ein Taschengeld für ihre Tätigkeit erhalten. Bereits zu Konkubinatszeiten hatte das Paar eine einfache Lösung gefunden: Da Tamina auch bei vollem Pensum immer etwas weniger verdiente als Marco, wurden die Ausgaben nicht einfach durch zwei geteilt, sondern im Verhältnis zu den Einnahmen eines jeden Partners. Jeder bezahlte genau den gleichen Prozentsatz von seinem Einkommen auf das gemeinsame Familienkonto ein, aus dem die laufenden Ausgaben bestritten wurden. Was dem Einzelnen übrig blieb, floss auf das eigene Konto.

Aus der Praxis: Familienfrau

Aufteilung der Kosten bei ungleichem Einkommen

Total monatliche Auslagen	9 000.–	
Einkommen Tamina	5 000.–	
Einkommen Marco	9 600.–	
Total	14 600.–	

▶ 9000 Franken sind 61,6% von 14 600 Franken.

Anteil Tamina	61,64% von 5 000.–	3 082.–	Rest 1 918.–
Anteil Marco	61,64% von 9 600.–	5 918.–	Rest 3 682.–
		9 000.–	

Eine gerechte Lösung, die berücksichtigt, dass der finanziell schwächere Partner im gleichen Verhältnis Geld zur Seite legen kann wie der besser gestellte. Bei einer 50:50-Variante hätte Marco jeden Monat 5100 Franken gespart, Tamina hingegen nur 500 Franken.

Eine ähnliche Lösung schwebt Tamina auch jetzt vor, aber sie erzielt nun kein eigenes Einkommen. Schliesslich hat Marco eine gute Idee: Künftig wird er einen monatlichen Betrag von 4800 Franken auf Taminas Konto überweisen. Dies entspricht der Hälfte seines Gehalts. Damit beteiligt sich Tamina an den laufenden Kosten. Da nun beide genau gleich viel verdienen, ist die Rechnung sogar noch einfacher als bisher. Natürlich können sie heute weniger zur Seite legen als früher mit zwei Einkommen, aber immerhin bleiben jedem 300 Franken zur freien Verfügung.

Hier stellt sich natürlich die Frage, ob es denn nicht einfacher wäre, dass Marco alle Kosten übernimmt und Tamina einfach die Hälfte des restlichen Betrags auf ihr Konto überweist. Nein, eben nicht: Für Tamina ist es ein grosser Unterschied, für ihre Arbeit einen Lohn zu beziehen und damit bei sämtlichen Ausgaben mitreden zu können. Die Gefahr, dass sich plötzlich Untertöne nach dem Motto «Wer zahlt, befiehlt» in ihre Beziehung einschleichen, ist mit dieser Lösung wesentlich kleiner geworden.

Taminas Altersvorsorge

Solange Tamina gearbeitet hat, ist immer Geld auf das Sparkonto und in die dritte Säule geflossen. Wegen des verminderten Familieneinkommens ist dies nun schwieriger geworden. Während Marco wenigstens laufend in seine Pensionskasse einzahlen kann und vielleicht sogar seine restlichen 300

Franken in die dritte Säule einbringen wird, kann Tamina weder mit der zweiten noch mit der dritten Säule weitersparen wie bis anhin.

Auf der einen Seite wachsen die Gelder auf ihrer Freizügigkeitspolice und in ihrem eingefrorenen Säule-3a-Konto munter weiter. Auf der anderen Seite will Tamina natürlich nicht die gesamten 300 Franken pro Monat zur Seite legen, sondern sich auch ab und zu etwas gönnen. Und da liegen ja auch 40 000 Franken auf dem Sparkonto, mit denen könnte sie vielleicht auch etwas Spannenderes anfangen.

In einem echt schweizerischen Kompromiss beschliesst Tamina, die Hälfte ihres Geldes für sich zu brauchen und die restlichen 150 Franken in einen Fondssparplan zu investieren. So legt sie wenigstens jeden Monat etwas zur Seite. Sie ist hier auch nicht an einen fixen Vertrag gebunden. Sollte es zwischendurch nicht möglich sein, den Sparbeitrag zur Seite zu legen, kann Tamina ihren Dauerauftrag unterbrechen.

Gleichzeitig investiert sie 25 000 Franken in einen ausgewogenen Strategiefonds. Da sie das Geld in den nächsten Jahren nicht brauchen will, ist es dort besser aufgehoben als auf dem Sparkonto. Als Sicherheitsreserve bleiben ihr ja immer noch 15 000 Franken.

Tamina ist zufrieden: So einfach hat sie sich die Sache nicht vorgestellt und freut sich, wie sie mit wenigen, aber effektvollen Schritten die passenden Antworten auf ihre Fragen gefunden hat.

Das Wichtigste in Kürze
▶ Familienfrauen sollten ihre Versicherungsdeckung bei Erwerbsunfähigkeit und Tod genau unter die Lupe nehmen.
▶ Wer zusätzlichen Schutz im Todesfall wünscht, kann das Freizügigkeitskapital in einer Freizügigkeitspolice parkieren.
▶ Eine prozentuale Beteiligung an den laufenden Ausgaben schafft klare und gerechte Verhältnisse.
▶ Ein eigenes Gehalt gibt Selbstsicherheit und Mitspracherecht auf gleicher Ebene.
▶ Familienfrauen müssen auf alternative Massnahmen zur Altersvorsorge zurückgreifen, sollten diese aber nicht vernachlässigen.

Scheidung – Wie steht es um die Finanzen?

Über Vergangenes mache dir keine Sorgen,
dem Kommenden wende dich zu.
       Tseng-Kuang

Seit einigen Jahren kriselt es in der Ehe von Anita und Franz. Die Scheidung ist beschlossene Sache und wird im Herbst dieses Jahres vollzogen. Anita erhält die elterliche Sorge für die beiden Kinder. Die von Franz zu entrichtenden Alimente sind im Moment derart ausgestaltet, dass Anita in den nächsten Jahren finanziell gut über die Runden kommen wird.

Anita ist nach einer fünfjährigen Babypause vor fünf Jahren wieder in ihren Beruf als Krankenschwester eingestiegen und arbeitet zu 60 Prozent. Dieses Pensum will sie in den nächsten vier Jahren noch nicht erhöhen, um ihren Kindern die nötige Zeit zu widmen. Ab 2005 sieht sie ein 70-Prozent-Pensum vor, ab 2009 ein 80- bis 100-Prozent-Pensum.

Wichtig erscheint es Anita, dass sie bereits heute ihre künftige finanzielle Situation ins Auge fasst. Insbesondere interessieren sie die Zahlen, mit denen sie nach ihrer Pensionierung rechnen darf. Trotz Abfindungen aus BVG, Säule 3a und Vermögen ist ihr bewusst, dass sie wegen ihres Teilzeitpensums vorläufig kein grosses Entwicklungspotenzial hat.

Ausgangslage

Anita	Alter	38
	Beruf	Krankenschwester, angestellt
	Zivilstand	getrennt
	Jährliches Einkommen	48 000
	Sparkonto (aus Eigengut)	15 000
	Pensionskasse, heutiger Stand	28 600
	Säule 3a	keine
Franz	Alter	43
	Beruf	Personalberater, angestellt
	Zivilstand	getrennt
	Jährliches Einkommen	90 000
	Sparkonto (aus Eigengut)	20 000
	Pensionskasse, heutiger Stand	138 200
	Säule 3a	56 600
Gemeinsamer Vorschlag	Familienkonto	10 000
	Erlös aus Wohnungsverkauf	42 000
Gemeinsame Kinder	Max	10-jährig
	Anna	8-jährig

Folgende Fragen sollen beantwortet werden:
▶ Mit welchen Abfindungen kann Anita rechnen?
▶ Wie sieht ihre Einkommenssituation in den nächsten Jahren aus?
▶ Wie ist sie bei Erwerbsausfall oder Todesfall versichert?
▶ Mit welchem Einkommen kann sie nach ihrer Pensionierung rechnen?
▶ Wie soll Anita ihr Geld gewinnbringend anlegen?

Berechnung der Abfindungen

Anita und Max befinden sich im ordentlichen Güterstand der Errungenschaftsbeteiligung. Ihre Mediatorin hat bereits den gemeinsamen Vorschlag ermittelt, davon erhält Anita die Hälfte, also 26 000 Franken.

Aus der Praxis: Scheidung

Unter Mediation versteht man ein Verfahren zur einvernehmlichen Lösung von Konflikten. Die Mediatorin ist eine neutrale dritte Person, welche durch gezielte Intervention die Kommunikations- und Kooperationsfähigkeit der Parteien fördert. Dies soll den Konfliktpartnern ermöglichen, Lösungen zu kreieren, bei denen beide als Gewinner hervorgehen. Die Mediation ist zwar ein privates Verfahren zur freiwilligen Regelung von Konflikten, Ziel sind jedoch rechtsgültige Vereinbarungen, die von den Betroffenen gemeinsam und eigenverantwortlich erarbeitet werden.

Etwas komplizierter ist die Berechnung des Guthabens aus der zweiten und dritten Säule.

So berechnet sich das Guthaben aus BVG und Säule 3a

Aktueller Stand	Aktueller Stand		
Anita	Franz		
28 600	138 200	./. 14 400	vor der Ehe vorhandenes Kapital inklusive Zinsen
		./. 12 200	Einkauf aus Erbschaft samt Zinsen
	111 600		
	56 600		Guthaben Säule 3a
28 600	168 200		
	196 800		**Total Kapital aus BVG und Säule 3a**
98 400	98 400		Hälftiger Anspruch
69 800			**Ausgleichszahlung an Anita**

Anitas Vermögen nach der Scheidung

Sparkonto	15 000.–
Abfindung aus BVG und Säule 3a	69 800.–
Halber Vorschlag	26 000.–

Die Einkommenssituation

Anita erstellt eine finanzielle Übersicht. Sie weiss, dass sie verglichen mit anderen geschiedenen Frauen recht gut dasteht.

Finanzielle Übersicht

Einnahmen 2001–2004		Ausgaben	
Einkommen netto * 60%	3 350	Miete	1 800
Alimente für Max und Anna	3 000	Nebenkosten	200
Frauenalimente	1 000	Steuern	1 040
		Krankenkasse	450
* der 13. Monatslohn wird monatlich anteilsmässig ausbezahlt. (Bruttolohn 4000.–)		Hausrat/Privathaftpflicht	80
		Telefon/Radio/TV	100
		Zeitungsabonnement	40
		Mittagessen/Tagesmutter	700
		Auto (Unterhalt, Steuern, Versicherung, Benzin)	400
		Haushalt (Nahrung, Getränke, Nebenkosten)	1 200
		Kleider	400
		Persönliche Auslagen Anita	150
		Taschengeld Kinder	20
		Freizeit	100
		Ferien	250
		Geschenke	50
		Franchise/Zahnarzt etc.	50
		Unvorhergesehenes	120
Total Einnahmen	**7 350**	**Total Ausgaben**	**7 150**
		Reserve	200

Die erwartete Entwicklung in den kommenden Jahren

Einnahmen 2005–2008		Einnahmen ab 2009	
Einkommen netto * 70%	3 900	Einkommen netto * 80%	4 500
Alimente für Max und Anna	3 000	Alimente für Max und Anna	3 000
Frauenalimente	500		
* der 13. Monatslohn wird monatlich anteilsmässig ausbezahlt. (Bruttolohn 4700.–)		* der 13. Monatslohn wird monatlich anteilsmässig ausbezahlt. (Bruttolohn 5400.–)	
Total Einnahmen	**7 400**	**Total Einnahmen**	**7 500**

Anita ist sich bewusst, dass die Reduktion der Frauenalimente just mit dem Teuerwerden der Kinder zusammenfällt. Sie wird ihr Budget neu erstellen und mit der Zeit ihr Arbeitspensum auf 100 Prozent erhöhen müssen. Sie beschliesst, bis Ende 2005 ihre Liquiditätsreserve auf dem Sparkonto auf ungefähr 50 000 Franken aufzustocken, um bestimmt in keinen Engpass zu geraten. Anita findet eine Bank, die ihr heute auf dem Sparkonto einen Zins von 3,25 Prozent einräumt, nach Steuern kann Anita mit einem Ertrag von rund 2,5 Prozent netto rechnen.

So wächst Anitas Liquiditätsreserve bis Ende 2005

15 000 Franken vom Sparheft	17 047.–
Zusätzlich legt Anita ihren Reservebetrag von jährlich 2400 Franken an (Einlage jeweils Ende Jahr)	10 405.–
Aus der Abfindung legt Anita 16 000 Franken an	18 184.–
Total Liquiditätsreserve	**45 656.–**

Die Vorsorgeanalyse

Bevor sich Anita um die Anlage ihrer Gelder kümmern mag, will sie Gewissheit über ihre aktuelle Vorsorgesituation erlangen. Die Mediatorin hat ihr das Formular ausgehändigt, mit dem bei der AHV das Splitting durchgeführt werden kann. Franz muss mit unterzeichnen, wenn er die Unterlagen ebenfalls erhalten will.

Eidgenössische Alters-, Hinterlassenen- und
Invalidenversicherung (AHV/IV)

Registrierung der Anmeldung
inkl. Datum der Einreichung:

Anmeldung für die Durchführung der Einkommensteilung im Scheidungsfall

Nur bei einer Ausgleichskasse einzureichen!

Bei Auswahlfragen das Zutreffende ankreuzen ☒

AHV-Nr.

1. Personalien Frau

Auch Name als ledige Person

1.1 Familienname

Alle Vornamen, den Rufnamen unterstreichen

1.2 Vornamen

Tag, Monat, Jahr

1.3 Geburtsdatum

1.4 Wohnort und genaue Adresse

Postleitzahl, Ort, Strasse, Hausnummer

Tel.-Nr.

1.5 Heimatort

AHV-Nr.

2. Personalien Mann

Auch Name als ledige Person

2.1 Familienname

Alle Vornamen, den Rufnamen unterstreichen

2.2 Vornamen

Tag, Monat, Jahr

2.3 Geburtsdatum

2.4 Wohnort und genaue Adresse

Postleitzahl, Ort, Strasse, Hausnummer

Tel.-Nr.

2.5 Heimatort

3. Zivilstandswechsel

3.1 Dauer der letzten Ehe

Heiratsdatum: Scheidungsdatum:

3.2 Sind Sie mehrmals geschieden?

Frau	ja ☐	nein ☐	**Mann**	ja ☐	nein ☐
Wenn ja,			Wenn ja,		
Name des 1. Ehemannes			Name der 1. Ehefrau		
Name des 2. Ehemannes			Name der 2. Ehefrau		
Name des 3. Ehemannes			Name der 3. Ehefrau		

Personen, die mehrmals geschieden sind, haben zusammen mit dieser Anmeldung ein Ergänzungsblatt einzureichen, welches Angaben über eine frühere Ehe enthält.

318.269 d   11.96   300 000

Aus der Praxis: Scheidung

Nach einigen Wochen erhält Anita die Auszüge aus ihren individuellen Konten der AHV. In jedem Ehejahr wurden ihr die Hälfte ihres beitragspflichtigen Gehaltes abgezogen und gleichzeitig die Hälfte von Franzens Gehalt gutgeschrieben.

Dazu kommen die Erziehungsgutschriften, die jedoch auf den IK-Auszügen nicht ausgewiesen, sondern erst im Rentenfall hinzugerechnet werden. Diese werden während der Ehedauer auch durch zwei geteilt. Da Anita das Sorgerecht für die Kinder hat, werden ihr künftig die ganzen Erziehungsgutschriften zugeteilt.

Die Einkommensteilung durch Splitting

Franz   **Anita**

Jahr	Einkommen vor der Ehe	Einkommen während Ehe	Jahr	Einkommen vor der Ehe	Einkommen während Ehe	Erziehungsgutschriften
1979	5 000					
1980	3 000					
1981	8 000					
1982	8 000					
1983	13 000					
1984	38 000		1984	36 000		
1985	50 000		1985	40 000		
1986	52 000		1986	40 000		
1987	53 000		1987	45 000		
1988	55 000		1988	51 000		
1989		65 000	1989		56 000	
1990		65 000	1990		58 000	
1991		68 000	1991		0	
1992		75 000	1992		0	37 080
1993		78 000	1993		0	37 080
1994		80 000	1994		0	37 080
1995		82 000	1995		0	37 080
1996		83 000	1996		36 000	37 080
1997		85 000	1997		36 000	37 080
1998		88 000	1998		45 000	37 080
1999		90 000	1999		48 000	37 080
2000		90 000	2000		48 000	37 080
Total	285 000	**949 000**		212 000	**327 000**	333 720
	474 500 ←	geteilt durch 2 ———	→	474 500		
	163 500 ←			163 500 ——	geteilt durch 2	
	166 860 ←			166 860 ——		geteilt durch 2
Total Franz	**1 089 860**		**Total Anita**	**1 016 860**		

Gut zu wissen: Dank dem Splitting-System wird dem haushaltführenden Ehegatten genau gleich viel Einkommen gutgeschrieben wie dem erwerbstätigen. Während der Ehedauer sind somit beide Partner gleichgestellt.

Aus der Praxis: Scheidung

Seit dem einundzwanzigsten Lebensjahr beträgt Anitas Gesamteinkommen also 1 016 860 Franken. Diese Zahl bildet die Grundlage zur Berechnung ihrer Leistungen aus AHV und IV. Dazu kommen die Renten aus BVG und UVG.

Leistungen bei Erwerbsunfähigkeit

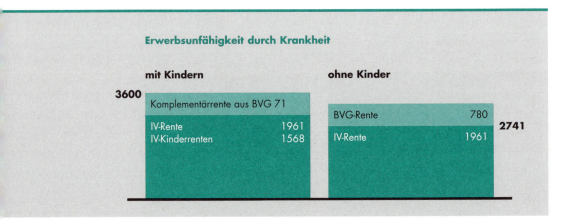

Erwerbsunfähigkeit durch Krankheit

mit Kindern

3600
| Komplementärrente aus BVG 71 |
| IV-Rente 1961 |
| IV-Kinderrenten 1568 |

ohne Kinder

| BVG-Rente 780 |
| IV-Rente 1961 |

2741

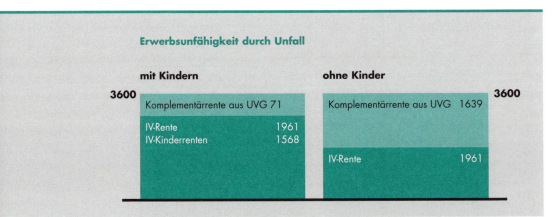

Erwerbsunfähigkeit durch Unfall

mit Kindern

3600
| Komplementärrente aus UVG 71 |
| IV-Rente 1961 |
| IV-Kinderrenten 1568 |

ohne Kinder

3600
| Komplementärrente aus UVG 1639 |
| IV-Rente 1961 |

Wenn die Renten aus der ersten und der zweiten Säule zusammen die Grenze von 90 Prozent des vorangehenden Gehaltes übersteigen, werden die Leistungen aus der zweiten Säule gekürzt. Man spricht dann von einer Komplementärrente.

Zusammen mit den Frauen- und Kinderalimenten reichen diese Renten im Moment für den Lebensunterhalt.

Sollte Anita jedoch invalid werden, bevor sie ihr Arbeitspensum gesteigert hat, müsste sie bereits nach dem Wegfall ihrer Frauenalimente den Gürtel enger schnallen. Sobald beide Kinder ausgeflogen sind, also spätestens in siebzehn Jahren, wird es um Anitas Finanzen echt knapp stehen.

Für sich alleine geht Anita von einem monatlichen Einkommensbedarf von 5000 Franken aus. Es werden ihr also zwischen 1400 und 2300 Franken fehlen.

Einen wichtigen Punkt muss Anita auch noch prüfen, nämlich die Lohnfortzahlungspflicht ihres Arbeitgebers. Ihrem Arbeitsvertrag entnimmt sie, dass sie zusammen mit der Krankentaggeldversicherung des Betriebes resp. der obligatorischen Unfallversicherung UVG während der ersten 24 Monate einer Krankheit oder eines Unfalls 100 Prozent ihres bisherigen Lohnes erhalten wird. Die effektive Lücke entsteht also erst nach Ablauf dieser zwei Jahre.

Um diesen wirklich wichtigen Versicherungsschutz zu geniessen, schliesst Anita eine Erwerbsausfallrente in der Höhe von 27 000 Franken ab. Diese Summe muss nur im Krankheitsfall so hoch sein, deshalb wird das Unfallrisiko lediglich auf einer Summe von 16 800 Franken eingeschlossen. Die Wartefrist beträgt 24 Monate.

Da Anita nicht möchte, dass die Prämie ihr heutiges Budget belastet, legt sie 10 000 Franken in einem verzinslichen Prämiendepot an. In den nächsten Jahren wird die fällige Prämie dort jährlich entnommen. Anita hat ausgerechnet, dass die Einlage mindestens für sieben Jahre ausreicht. Wahrscheinlich wird sie spätestens dann den Versicherungsschutz etwas reduzieren können, weil mit der Steigerung des Arbeitspensums auch ihre Leistungen aus BVG und UVG verbessert werden.

Das Prämiendepot ist eine schlaue Einrichtung. Hier werden die künftig geschuldeten Prämien einbezahlt und Jahr für Jahr durch die Versicherungsgesellschaft entnommen. Das Prämiendepot trägt natürlich Zinsen, weshalb von Anfang an nur der diskontierte, das heisst der abgezinste Totalbetrag einbezahlt werden muss. Es ist auch möglich, ein Prämiendepot mit laufenden Zahlungen zu speisen. Interessant ist zudem, dass die Zinsen nicht der Verrechnungssteuer unterliegen, wohl aber in der Steuererklärung deklariert werden müssen.

Es gibt zwei Typen von Prämiendepots: das widerrufliche und das unwiderrufliche. Beim letzteren können keine anderweitigen Bezüge mehr getätigt werden; sobald das Geld einbezahlt ist, bleibt es dort und wird ausschliesslich zur Prämienzahlung verwendet.

Leistungen im Todesfall

Falls Anita sterben sollte, erhalten nicht nur die Kinder ihre Waisenrenten, sondern auch Franz hat Anspruch auf eine Witwerrente der AHV, bis die kleine Anna achtzehn Jahre alt geworden ist.

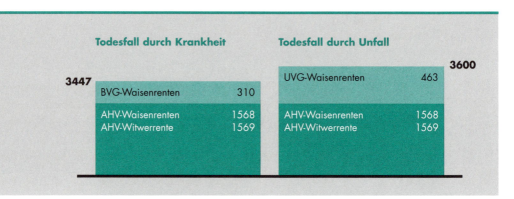

Todesfall durch Krankheit

3447	
BVG-Waisenrenten	310
AHV-Waisenrenten	1568
AHV-Witwerrente	1569

Todesfall durch Unfall

	3600
UVG-Waisenrenten	463
AHV-Waisenrenten	1568
AHV-Witwerrente	1569

Obschon Franz mit seinem Einkommen gut für die Kinder sorgen kann, ist diese Rentenaufstellung eine Beruhigung für Anita.

> **Welche Ansprüche hat eigentlich Anita, falls Franz plötzlich sterben sollte?** Da Anita und Franz über zehn Jahre verheiratet waren und Kinder vorhanden sind, hat Anita eine unbefristete Witwenrente der AHV zugut. Aus seinem BVG und UVG kann sie ebenfalls Renten beanspruchen. Zusammen mit der AHV allerdings nur bis zur Höhe des geschuldeten Unterhaltsbeitrages.

Einkommen nach der Pensionierung

Anita wird mit grösster Wahrscheinlichkeit erst im Alter von fünfundsechzig Jahren pensioniert, da die 11. AHV–Revision vor der Tür steht.

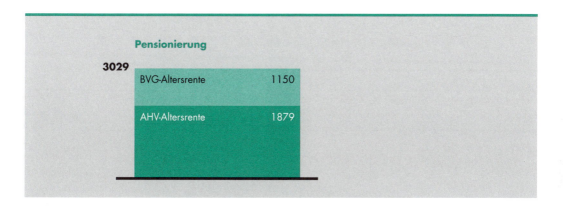

Pensionierung

3029

BVG-Altersrente	1150
AHV-Altersrente	1879

Anita rechnet bis dahin mit einem monatlichen Bedarf zwischen 6000 und 6500 Franken, um auch die Teuerung zu berücksichtigen. Davon ist bis anhin erst knapp die Hälfte gesichert. Es besteht deshalb ein unmittelbarer Handlungsbedarf, wenn sie dereinst das gewünschte Einkommen erzielen will.

Wie soll Anita ihr Geld möglichst optimal anlegen?

Zum Aufbau ihrer Altersvorsorge stehen Anita vorläufig die 69 800 Franken aus Franzens BVG und Säule 3a zur Verfügung. Da es sich um gebundene Gelder handelt, hat Anita vorläufig keinen direkten Zugriff, sondern kann das Kapital höchstens zum Einkauf in die eigene Pensionskasse verwenden oder weiterhin in gebundener Form anlegen.

Da Anita einer so genannten Leistungsprimatkasse angeschlossen ist und die reglementarischen, auf ihr heutiges Gehalt abgestimmten Maximalleistungen bereits erhält, kann sie sich mit diesem Kapital vorläufig nicht in die Pensionskasse einkaufen.

Ob sie sich nach der Erhöhung ihres Arbeitspensums überhaupt einkaufen will, weiss sie heute auch noch nicht mit Bestimmtheit. Dem Pensionskassen-Reglement hat Anita nämlich entnommen, dass sie später keine Wahl zwischen dem Bezug einer Altersrente oder dem angesparten Kapital (Kapitaloption) hat. Es stört sie der Gedanke, dass bei ihrem frühzeitigen Todesfall sämtliches Kapital an die Pensionskasse verfallen wird. Legt sie das Geld anders an, kann es hingegen an die Kinder vererbt werden.

Anita beschliesst, das Kapital in einem anteilsgebundenen Freizügigkeitskonto anzulegen. Sie wählt dabei eine ausgewogene Strategie.
Belässt Anita die Gelder bis zum Alter 65 auf den besagten Konten, ergibt
sich bei einer angenommenen Durchschnittsverzinsung von 6 Prozent das
folgende Bild:

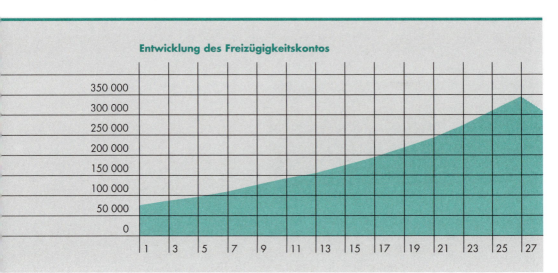

Das Kapital wird auf knapp 337 000 Franken anwachsen. Nach Abzug der
Kapitalleistungssteuer bleiben ihr rund 300 500 Franken.
Legt Anita des Geld anschliessend in einem eher konservativen Fondsportefeuille an, welches ihr nach Steuern einen durchschnittlichen Ertrag
von 4 Prozent abwirft, kann sie während 26 Jahren jeden Monat
1500 Franken beziehen, bevor das Kapital aufgebraucht ist.

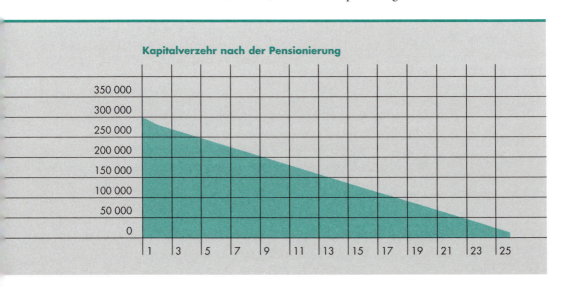

Wenn Sie Ihr Vermögen Stück um Stück verbrauchen, nennt man dies Kapitalverzehr. Der Vorteil ist dabei, dass Sie – im Gegensatz zu einer Rentenlösung – lediglich die Kapitalerträge versteuern müssen, der verzehrte Kapitalteil bleibt hingegen steuerfrei. Natürlich beinhaltet diese Methode auch ein gewisses Risiko: Vielleicht haben Sie sich verkalkuliert und leben viel länger als vorgesehen oder die laufenden Erträge sind kleiner als erwartet und das Kapital schneller aufgebraucht.

Etliche Fondsgesellschaften und Banken bieten heute standardisierte Fondsentnahmepläne an, die nach diesem Prinzip funktionieren.

Da die Steigerung ihres Arbeitspensums auch eine Erhöhung ihrer BVG-Altersrente zur Folge haben wird, kann Anita – unter der Voraussetzung, dass ihre Lebensplanung so linear abläuft wie vorgesehen – mit grosser Wahrscheinlichkeit damit rechnen, die gewünschten 6000 bis 6500 Franken pro Monat zur Verfügung zu haben.

Das Wichtigste in Kürze
▶ Bei einer Scheidung wird die während der Ehe erwirtschaftete Errungenschaft auf beide Partner aufgeteilt.
▶ Die während der Ehe erworbenen BVG- und Säule-3a-Guthaben werden ebenfalls hälftig geteilt.
▶ Das Splitting beantragen beide geschiedenen Ehegatten gemeinsam.
▶ Beim Splitting erhalten beide Ehegatten für die Dauer der Ehe genau die gleichen AHV-Altersgutschriften.
▶ Nach einer Scheidung sind insbesondere die Leistungen bei Erwerbsunfähigkeit zu überprüfen und bei Bedarf genügend zu versichern.
▶ Je nach Ehedauer gibt es auch für geschiedene Ehegatten Leistungen aus den Sozialversicherungen, falls der andere sterben sollte (siehe Kapitel «Wichtige Details zur ersten und zweiten Säule»).
▶ Abfindungen aus zweiter und dritter Säule können entweder zum Einkauf in die eigene Pensionskasse verwendet oder aber auf einem Sperrkonto oder in eine Freizügigkeitspolice angelegt werden.
▶ Das Pensionskassenreglement gibt Auskunft darüber, ob eingebrachte Gelder an die Erben zurückerstattet werden oder ob sie im BVG-Topf zurückbleiben.

Vermögensplanung –
Auf die Mischung kommt es an!

Erfolg hat immer sehr viel
mit Glück zu tun,
mit dem Glück vor allem,
im richtigen Moment
am richtigen Ort zu sein.
      Pia Schmid, Architektin

Zuerst müssen Sie sich einen Überblick über das vorhandene Vermögen verschaffen.

Dabei stellen Sie die vorhandenen Mittel (Aktiven) den Verbindlichkeiten (Passiven) gegenüber.

Vermögensbilanz

Aktiven	in CHF	in %	Passiven	in CHF	in %
Liquidität/Geldwerte					
Bargeld			Kredite		
Lohnkonto			Darlehen		
Sparkonto			Rückstellungen		
Festgeld					
Geldmarktfonds					
Obligationen/ Kassenscheine					
Obligationenfonds					
Strategiefonds					
Sparversicherungen (Rückkaufswert)					
Einmaleinlage- versicherungen (Rückkaufswert)					
Sachwerte					
Aktien					
Aktienfonds					
Immobilienfonds					
Immobilien (Renditeobjekte, Verkehrswert)			Hypotheken		
Eigenheim (Verkehrswert)			Hypotheken		
Beteiligungen					
Edelmetalle					
Derivate					
Gebundenes Vermögen					
2. Säule (Freizügigkeit)					
3. Säule (aktueller Stand)					
			Eigenkapital		
Bruttovermögen		100	**Bruttovermögen**		100

Vermögensplanung

Um ein einheitliches Bild zu erhalten, sollten sich die Werte alle auf den gleichen Stichtag beziehen, zum Beispiel den 1. Januar.

In Bezug auf das Guthaben der 2. Säule muss abgeklärt werden, ob überhaupt jemals eine Kapitaloption in Frage kommt. Wenn nicht, kann dieser Posten ausgelassen werden, da er das Vermögensbild eher verzerren würde. Aus dieser ersten Übersicht lässt sich erkennen, inwiefern die Vermögensstruktur bereits auf die Bedürfnisse und Ziele abgestimmt ist und welche Anpassungen vorzunehmen sind.

Die vier Pfeiler einer erfolgreichen Vermögensplanung

▶ Ihre Bedürfnisse und Ziele
▶ Ihr Anlagehorizont
▶ Ihr Risikoprofil
▶ Diversifikation der Anlagen

Bedürfnisse und Ziele

Wie bereits im Kapitel Finanzplanung (vgl. S. 32 ff) beschrieben, stehen auch bei der Vermögensplanung Ihre Wünsche und Zielsetzungen im Mittelpunkt. Durch gezielten Einsatz der Anlageinstrumente soll es gelingen, sie zu realisieren.

Anlagehorizont

Der Faktor Zeit spielt eine bedeutende Rolle bei der Zusammensetzung eines Portfolios. Insbesondere beim Engagement in Aktien müssen Sie sich bewusst sein, dass Ihnen niemand die Entwicklung voraussagen kann. Aufgrund der Vergangenheit dürfen wir zwar davon ausgehen, dass bei einer Anlagedauer von 10 bis 15 Jahren die Chancen auf einen nachhaltigen Gewinn sehr gut stehen. Die Wertschwankungen – genannt Volatilität – werden durch den Zeitfaktor aufgefangen. Je länger Sie Ihr Geld entbehren können, desto grössere Aktienpositionen dürfen Sie in Ihrem Portfolio halten.

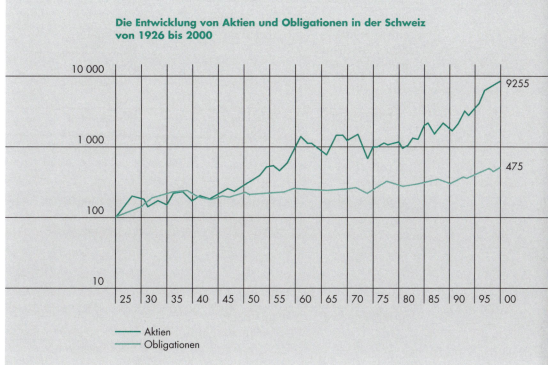

Die Entwicklung von Aktien und Obligationen in der Schweiz von 1926 bis 2000

—— Aktien
—— Obligationen

Quelle: Pictet & Cie.

Diese Grafik zeigt die teuerungsbereinigte Wertentwicklung zwischen 1926 und 2000. Daraus ist klar ersichtlich, dass insgesamt die Obligationen von den Aktien um ein Vielfaches übertroffen wurden.

Bei der isolierten Betrachtung über zehn Jahre zeigt sich hingegen deutlich, dass die Aktien viel schwankungsanfälliger sind.

Je nach Anlagehorizont kommen unterschiedliche Finanzprodukte in Frage. Die folgende Tabelle soll Ihnen als Orientierungshilfe dienen. Bei der definitiven Auswahl von Produkten spielen weitere Komponenten eine wichtige Rolle:
▶ Ihre Steuersituation
▶ Ihre bereits bestehenden Anlagen
▶ die aktuelle Marktsituation

Vermögensplanung

Das machen Sie mit	... das Geld soll kurzfristig verfügbar sein	... das Geld wird 1–3 Jahre nicht benötigt
einem monatlichen Sparbeitrag von 300 Franken	– Sparkonto	– Sparkonto – Säule 3a Bank (verfügbar z. B. für Wohneigentum)
5 000 Franken	– Sparkonto – Geldmarktfonds	– Obligationen – Kassenscheine – Geldmarktfonds
10 000 Franken	– Sparkonto – Geldmarktfonds	– Obligationen – Kassenscheine – Geldmarktfonds
50 000 Franken	– Sparkonto – Geldmarktfonds	– Obligationen – Kassenscheine – Geldmarktfonds
100 000 Franken	– Festgeld – Treuhandanlage	– Obligationen – Kassenscheine – Geldmarktfonds
500 000 Franken	– Festgeld – Treuhandanlage	– Obligationen – Kassenscheine – Geldmarktfonds

...das Geld wird 4–6 Jahre nicht benötigt	...das Geld wird 7–10 Jahre nicht benötigt	...das Geld wird mehr als 10 Jahre nicht benötigt
– Sparkonto – Obligationenlastiger Fondssparplan – Säule 3a Bank (verfügbar z. B. für Wohneigentum)	– Ausgewogener Fondssparplan Säule 3a Bank (verfügbar z. B. für Wohneigentum)	– Fondssparplan mit Aktienfonds Säule 3a Bank oder Versicherung – Fondsgebundene Sparversicherung
– Obligationen – Kassenscheine – Obligationenfonds – Obligationenlastiger Strategiefonds	– Obligationen (-fonds) – Ausgewogener Strategiefonds – Immobilienfonds	– Aktienfonds – Aktienlastiger Strategiefonds – Immobilienfonds
– Obligationen – Kassenscheine – Obligationenfonds – Obligationenlastiger Strategiefonds – Klassische Einmaleinlage (min. 5 Jahre Laufzeit)	– Obligationen (-fonds) – Ausgewogener Strategiefonds – Immobilienfonds – Klassische Einmaleinlage	– Aktienfonds – Aktienlastiger Strategiefonds – Immobilienfonds – Klassische/fondsgebundene Einmaleinlage
– Obligationen – Kassenscheine – Obligationenfonds – Obligationenlastiger Strategiefonds – Klassische Einmaleinlage (min. 5 Jahre Laufzeit)	– Obligationen (-fonds) – Ausgewogener Strategiefonds – Immobilienfonds – Klassische Einmaleinlage	– Aktienfonds – Aktienlastiger Strategiefonds – Immobilienfonds – Klassische/fondsgebundene Einmaleinlage
– Obligationen – Kassenscheine – Obligationenfonds – Obligationenlastiger Strategiefonds – Klassische Einmaleinlage (min. 5 Jahre Laufzeit)	– Obligationen (-fonds) – Ausgewogener Strategiefonds – Immobilienfonds – Klassische Einmaleinlage	– Aktienfonds – Aktienlastiger Strategiefonds – Immobilienfonds – Klassische/fondsgebundene Einmaleinlage – Aufgeschobene, (fondsgebundene) Leibrente
– Obligationen – Obligationenfonds – Obligationenlastiger Strategiefonds – Klassische Einmaleinlage (min. 5 Jahre Laufzeit)	– Obligationen (-fonds) – Ausgewogener Strategiefonds – Immobilienfonds – Klassische Einmaleinlage	– Aktien – Aktienfonds – Aktienlastiger Strategiefonds – Klassische/fondsgebundene Einmaleinlage – Aufgeschobene (fondsgebundene) Leibrente – Immobilien

Rendite und Risiko

Eigentlich ist es ja klar: wir alle wünschen uns eine Kapitalanlage mit höchstmöglicher Rendite, absoluter Sicherheit und permanenter Verfügbarkeit, so eine Art eierlegende Wollmilchsau im Anlagebereich. Leider wird es nie ein Produkt geben, welches allen drei Ansprüchen in gleicher Weise gerecht wird, denn diese stehen in einem beständigen Widerspruch zueinander.

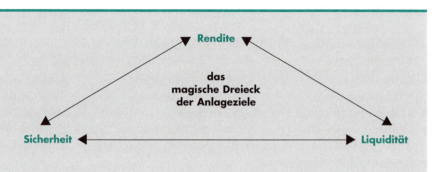

Was bedeutet eigentlich Risiko?
Die moderne Portfolio-Theorie definiert Risiko als jede Abweichung der tatsächlichen von der erwarteten Rendite – das heisst also nicht nur nach unten, sondern auch nach oben. Was allerdings dem Durchschnittsempfinden der Leute widerspricht. Für Anlegerinnen bedeutet Risiko vielmehr, dass sie Geld verlieren könnten, Risiko bedeutet also Gefahr.

Jede höhere Rendite beinhaltet unmittelbar ein grösseres Risiko, welches sich einzig durch einen ausreichenden Zeithorizont und eine disziplinierte Anlagepolitik reduzieren lässt. In der Zwischenzeit ist die Liquidität nicht gewährleistet, es sein denn, ein Verlust werde in Kauf genommen.
Die Sicherheit hat natürlich ihren Preis: je höher wir sie gewichten, desto tiefer fällt die Rendite aus.
Also gilt es, ein optimales Rendite-/Risikoverhältnis zu schaffen. Dabei müssen wir auf zwei verschiedenen Ebenen operieren. Auf der rationalen Ebene finden sich sämtliche objektiven Faktoren, die sich aus Ihrem persönlichen Umfeld, Ihren Bedürfnissen und Ihrem Anlagehorizont ergeben. Nach einer soliden Abklärung ist die daraus resultierende Risikofähigkeit relativ rasch ersichtlich. Demgegenüber ist es weit schwieriger, die massgeblichen Komponenten der zweiten, nämlich der emotionalen Ebene herauszufinden. Hier geht es um all die Bauchgefühle wie Vertrauen, Ängste, Euphorien, Geldgier, Unsicherheit oder Panik. Dahinter verbirgt sich Ihre Risikobereitschaft als Anlegerin.

Die beiden Ebenen sind durchaus mit dem berühmten Eisberg zu vergleichen: Die objektive Spitze, die wir sehen, ist stets der kleinere Teil, der
subjektive Bereich liegt verborgen unter dem Wasser.

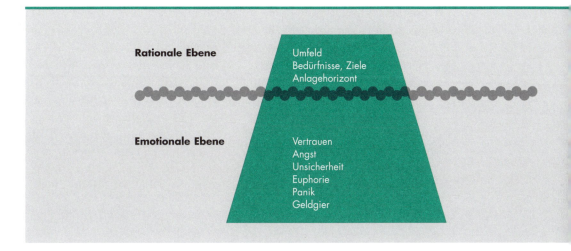

Klara hat von ihrem verstorbenen Vater 300 000 Franken geerbt. Klara
und ihr Mann Christoph sind beide berufstätig – entsprechend hoch ist
ihre Steuerbelastung. Sie besitzen ein Haus, die Pensionskassenleistungen stimmen mit ihren Gehaltsansprüchen überein, sie verfügen über
genügend finanzielle Reserven und im Moment stehen keine besonderen
Pläne an. Somit beschliesst Klara, das geerbte Geld während mindestens
15 Jahren anzulegen, um sich damit die frühzeitige Pensionierung zu finanzieren.

Im Rahmen einer Finanzplanung kommt Klara zum Schluss, dass es für sie
das Beste ist, ihr Kapital in einem Fondsportefeuille anzulegen, welches zu
60 Prozent aus Aktienfonds und zu 40 Prozent aus Obligationen- und
Geldmarktfonds besteht. In Anbetracht der sicheren Lebenssituation und
des langen Anlagehorizontes scheint diese Verteilung passend zu sein. Zudem möchte Klara möglichst wenig steuerbare Erträge erwirtschaften, was
ebenfalls für einen eher hohen Aktienanteil spricht. Klara wird natürlich
über die Risiken informiert, denn Aktien unterliegen gewissen Wertschwankungen. Klara nimmt dies zur Kenntnis und erklärt sich bereit, mit allfälligen Börsenturbulenzen leben zu können. Sie weiss, dass sie mit einer
so genannten «Buy-and-hold-Strategie», also einer «Kaufen-und-halten-
Strategie» das beste Resultat erwarten darf.

Was nicht vorauszusehen war: Klara steigt just in dem Moment ein, als die
Fondskurse zu sinken beginnen. Nach einem halben Jahr ist ihr Portefeuille
gerade noch 255 000 Franken wert. Da beginnt sich in Klara die Angst zu
regen: Was, wenn die Kurse jetzt stetig sinken und ihr Geld plötzlich ver-

schwunden ist? Dann doch lieber jetzt aussteigen, den Verlust in Kauf nehmen und mit einem blauen Auge davonkommen?

Das Gespräch mit ihrer Finanzplanerin beruhigt Klara nur bedingt. Denn im Grunde muss sie sich eingestehen, dass sie sich und ihre Risikotoleranz überschätzt hat. Und die Finanzplanerin muss sich den Vorwurf gefallen lassen, dies nicht rechtzeitig bemerkt zu haben, um trotz aller objektiv passenden Faktoren eine konservativere Strategie vorzuschlagen.

Nach langem Überlegen kommt Klara zum Schluss, dass es eigentlich doch schade ist, zum heutigen Zeitpunkt zu verkaufen, insbesondere, da sie das Geld ja überhaupt nicht braucht. Sie vereinbart mit der Finanzplanerin, dass sie abwarten wird, bis ihr Kapital wieder zur ursprünglichen Summe angewachsen ist, um dann zu entscheiden, ob sie aussteigen will oder nicht. Klara ist sich bewusst, dass dies einige Zeit beanspruchen kann, vielleicht sogar ein oder zwei Jahre. Und wer weiss, möglicherweise wird Klara ihre Strategie auch nachher beibehalten, weil sie sich daran gewöhnt hat, mit dem Risiko zu leben …

Grundsätzlich basieren alle Anlagestrategien erst einmal auf den sichtbaren, objektiven Kriterien, denn diese sind unschwer zu veranschaulichen und umzusetzen. In einem zweiten Schritt ist es jedoch unabdingbar, dass Sie in Ihre unsichtbare Ebene vordringen, um sich über Ihre Bauchgefühle klar zu werden. Denn was nützen Ihnen die schönsten Portfolios, wenn Sie dabei nicht mehr ruhig schlafen können? Tolle Renditeerwartungen und Steuerersparnisse hin oder her, Ihre Strategie muss in erster Linie zu Ihren Gefühlen passen, sonst taugt sie nichts.

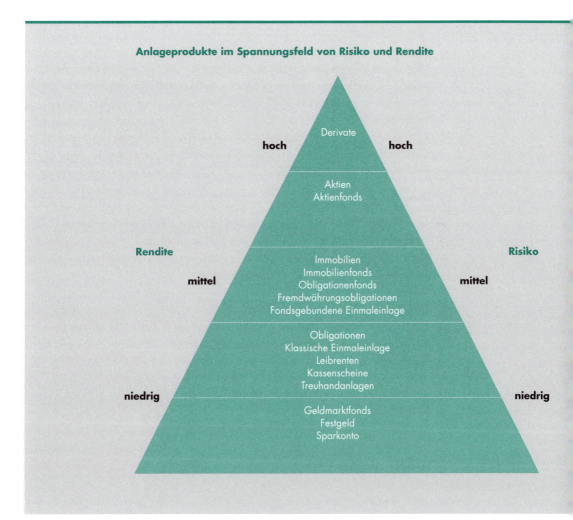

Anlageprodukte im Spannungsfeld von Risiko und Rendite

Derivate

hoch   hoch

Aktien
Aktienfonds

Rendite   Risiko

Immobilien
Immobilienfonds
Obligationenfonds
Fremdwährungsobligationen
Fondsgebundene Einmaleinlage

mittel   mittel

Obligationen
Klassische Einmaleinlage
Leibrenten
Kassenscheine
Treuhandanlagen

niedrig   niedrig

Geldmarktfonds
Festgeld
Sparkonto

Diversifikation der Anlagen

«Never put all eggs into one basket» («Lege nie alle Eier in denselben Korb!») heisst ein englisches Sprichwort. Bestimmt können Sie sich vorstellen, was geschieht, wenn der einzige Korb zu Boden fällt. Sind Ihre Eier jedoch auf mehrere Körbe verteilt, wird sich der Verlust in Grenzen halten. Die verschiedenen Körbe dienen also der Risikostreuung, genannt Diversifikation. Genau das gleiche Rezept sollten Sie bei der Zusammensetzung Ihrer Vermögensstruktur anwenden.

Josiane hat für 50 000 Franken Aktien der Firma Up&down gekauft. Leider sind die Gewinnversprechungen der Firma nicht erfüllt worden, weshalb der Aktienkurs um 25 Prozent eingebrochen ist. Der Wert von Josianes Anlage ist auf 37 500 Franken geschrumpft.

Ihre Freundin Marianne hat gleichzeitig für 50 000 Franken Aktien gekauft, aber nur für 10 000 Franken bei Up&down und für 40 000 Franken bei vier weiteren Firmen, deren Kurse im Durchschnitt um 7 Prozent gestiegen sind. Ihre Up&down-Aktien entsprechen zwar nur noch 7500 Franken, zusammen mit den übrigen Titeln, die auf 42 800 Franken gestiegen sind, hält Marianne jedoch immer noch 50 300 Franken.

Helene ist ein Amerika-Fan, deshalb hat sie ihr gesamtes Geld in den USA investiert. Als sich die Konjunktur in den USA abzuflachen beginnt, sieht es schlecht um Helenes Portfolio aus.

Lotti hat in weltweit gestreute Anlagen investiert. Natürlich trifft sie der amerikanische Konjunkturabschwung auch, aber zum Glück hat sie noch europäische, schweizerische und asiatische Titel, welche sich einigermassen gehalten haben.

An dieser Stelle muss allerdings darauf hingewiesen werden, dass zwischen den verschiedenen Märkten stets eine gewisse Korrelation besteht. Das heisst, dass kein Markt völlig unabhängig vom anderen funktioniert. Ein Abschwung in einem Bereich zieht meist auch die anderen mit sich. Die weltweite Verflechtung der Wirtschaftsräume führt dazu, dass sich die Börsen zunehmend im Gleichschritt bewegen. Dies bedeutet, dass es immer schwieriger wird, ein Portefeuille mit einer wirklich tiefen Korrelation zusammenzustellen.

Risikokomponenten von Aktien

■ **Firmenrisiko (60%)**
Ungewissheit über die finanzielle
Entwicklung der Firma innerhalb der Branche

■ **Länderrisiko (20%)**
Ungewissheit über die Entwicklung der Gesamt-
wirtschaft des entsprechenden Landes

■ **Branchenrisiko (10%)**
Ungewissheit über die Entwicklung der Branchen
im entsprechenden Land

■ **Globalrisiko (10%)**
Ungewissheit über die Entwicklung des entsprechenden Landes gegenüber der Weltwirtschaft und über
die Entwicklung der Währungen

Quelle: R. Dubacher und H. Zimmermann: Risikokomponenten schweizerischer Aktien

Kaufen Sie Aktien einer einzigen Firma, gehen Sie das grösste Risiko ein, denn hier geht es um die Entwicklung der einzelnen Unternehmung, wie sie sich unabhängig von der jeweiligen Branche, der Wirtschaft des jeweiligen Landes oder gar der Weltwirtschaft bewegt. Man nennt dies firmen- oder titelspezifisches Risiko.

Im Jahr 2000 trug sich in Langenthal ein geradezu klassisches Beispiel an titelspezifischem Risiko zu: Aufstieg und Fall der Softwarefirma Miracle.

▶ November 1999: Miracle wird am SWX New Market kotiert. Der Emissionspreis beträgt 240 Franken.
▶ Schon am ersten Börsentag schnellt der Titel auf 390 Franken.
▶ Februar 2000: Der Aktienkurs erreicht mit 1190 Franken seinen Höchststand.
▶ März 2000: Die «Finanz & Wirtschaft» macht ein Rundschreiben publik, in dem zwei Firmen dazu aufrufen, bei Miracle vorstellig zu werden und die Bereinigung von Produktemängeln voranzutreiben.
▶ Die Aktie stürzt an einem Tag um 317 Franken auf 570 Franken (−35,74%).
▶ August 2000: Miracle gibt die Halbjahreszahlen bekannt; bei einem Umsatz von 12 Millionen liegt der Reinverlust bei 36 Millionen.
▶ Oktober 2000: Miracle kündigt auf Ende Monat die Schliessung an.
▶ Der Kurs der Aktie beträgt 5 Franken und 90 Rappen – man spricht hier von einem so genannten «Non-Valeur».

Vermögensplanung

Um eine optimale Risikostreuung zu gewährleisten, sollten Sie nach den folgenden Prinzipien vorgehen:

- ▶ Sie investieren in unterschiedliche Anlageinstrumente, die zu Ihren Zielhorizonten passen.
- ▶ Statt auf wenige Einzelaktien zu setzen, stellen Sie ein Aktienportfolio zusammen.
- ▶ Sie investieren in verschiedene Branchen.
- ▶ Sie berücksichtigen nicht nur einzelne Länder oder Regionen, sondern investieren weltweit.

Was Sie auch mit einer breiten Diversifikation nicht aus dem Weg schaffen können, ist das allgemeine Marktrisiko. Dies bedeutet, dass die gesamten Börsen und Märkte gleichzeitig von Korrekturen erfasst werden. Die Gründe können in einem gebremsten Wirtschaftswachstum oder einer unsicheren Konjunkturlage liegen. Meist versuchen die Staaten das Unheil mit einer geschickten Notenbankpolitik zu verhindern, indem sie die Leitzinsen senken, um so die Konjunktur wieder anzukurbeln.

Über etwas müssen Sie sich im Klaren sein: Je breiter die Diversifikation, desto grösser wird der entsprechende Verwaltungsaufwand, und die Übersichtlichkeit ist oft nicht einfach zu gewährleisten.

Tipp
Für kleinere Vermögen eignen sich Fonds besonders gut, um die gewünschte Risikostreuung zu erhalten. Natürlich müssen Sie vor der Auswahl auch noch andere Kriterien berücksichtigen, wie Ihre grundsätzliche Risikobereitschaft (denn Fonds haben immer ein Schwankungspotenzial), Haltedauer und Kosten.

Anlagestrategie

Da sich die Finanzplanung an Ihren Zielen orientiert, ist es im Grunde logisch, dass sich auch die Vermögensstruktur nach Ihren Plänen und Zielsetzungen richten sollte.

In einem ersten Schritt wird eine Grobunterteilung in zwei Kategorien gemacht: in das reservierte und das freie Vermögen.

Beim reservierten Vermögen handelt es sich um Mittel, die zweckgebunden für bestimmte Ziele verplant sind: für den Hauskauf in fünf Jahren, die

Ausbildung der Kinder, die Frühpensionierung mit 60 Jahren. Oberste Priorität hat also nicht die grösstmögliche Rendite, sondern die Erfüllung der Ziele zum gewünschten Zeitpunkt. Die nötige Summe soll im Rahmen einer realistischen Wertsteigerung problemlos im geplanten Moment zur Verfügung stehen. Entsprechend vorsichtig muss dieses Geld angelegt werden.

Beim freien Vermögen handelt es sich um Kapital, welches nicht bereits verplant ist. Es erlaubt eine freiere Anlage und – je nach persönlichem Wohlbefinden – eine höhere Aktienquote. Dieses Geld ist an keinen Zweck gebunden, somit besteht auch kein bestimmter Anlagehorizont. Wahrscheinlich werden diese freien Mittel auch irgendeinmal in reservierte umfunktioniert und müssen dann strengeren Richtlinien unterworfen werden.

Der Vorteil dieser Methode liegt darin, dass sie sehr individuell anwendbar ist und Ihre objektive Risikofähigkeit in jedem Moment berücksichtigt wird.

Reserviertes und freies Vermögen

Wachstumsorientierte Anlagestrategie

Reserviertes Vermögen

Liquiditätsreserve	3–4 Monatsgehälter
Anlageform	Sparkonto
Ziel	Hauskauf
Horizont	1 Jahr
Anlageform	Festgeld
Ziel	Ausbildung der Kinder
Horizont	10 Jahre
Anlageform	ausgewogener Strategiefonds
Ziel	frühzeitige Pensionierung
Horizont	30 Jahre
Anlageform	Aktien Aktienfonds aktienlastiger Strategiefonds

Konservative Anlagestrategie

Reserviertes Vermögen

Liquiditätsreserve	3–4 Monatsgehälter
Anlageform	Sparkonto
Ziel	Hauskauf
Horizont	1 Jahr
Anlageform	Festgeld
Ziel	Ausbildung der Kinder
Horizont	10 Jahre
Anlageform	obligationenlastiger Strategiefonds Kindersparversicherung
Ziel	frühzeitige Pensionierung
Horizont	30 Jahre
Anlageform	Einmaleinlage aufgeschobene Leibrente ausgewogener Strategiefonds

Freies Vermögen

Ziel	unbekannt
Horizont	unbestimmt
Anlageform	Aktien(fonds) Derivate

Freies Vermögen

Ziel	unbekannt
Horizont	unbestimmt
Anlageform	Obligationen wenig Aktien(fonds)

Nicht vergessen:
Bei jedem Anlageentscheid spielt Ihr persönliches Wohlbefinden eine entscheidende Rolle!

Vermögensplanung

Ein alter Zopf

Es gibt auch andere Ansätze, wie eine Vermögensstruktur zusammengesetzt werden kann, beispielsweise nach der alten Faustregel

100 minus Alter der Anlegerin = Aktienquote im Gesamtvermögen.

Dies bedeutet, dass eine 30-jährige Anlegerin getrost 70 Prozent in Aktien investieren kann, eine 70-jährige hingegen nur noch 30 Prozent Aktien halten sollte. Die Idee, die dieser Rechnung zugrunde liegt, ist einfach: die junge Frau hat einen längeren Anlagehorizont als die alte.

Wir meinen, dass derartige pauschale Regeln ausgedient haben. In der Praxis zeigt sich nämlich, dass gerade die junge Anlegerin, die sich ja noch im Aufbau ihres Vermögens befindet, häufig ganz verschiedene Projekte realisieren will, die mehr oder weniger unvorhergesehen hereingeschneit kommen. Was, wenn die junge Frau plötzlich ein eigenes Geschäft gründen oder ein Haus kaufen will, die Erwerbstätigkeit wegen der Kinder eingeschränkt wird oder eine Scheidung bevorsteht?

Umgekehrt muss eine Rentnerin nicht unbedingt auf sicheren Geldwerten sitzen, wenn ihr Einkommensbedarf bestens gedeckt ist und sich die Vielfalt der Wünsche wohl eher in Grenzen hält. Da liegt unter Umständen ein viel grösseres Aktienengagement drin.

Das Wichtigste in Kürze

▶ Eine Vermögensübersicht schafft Klarheit.

▶ Der Anlagehorizont spielt eine entscheidende Rolle im Verhältnis von Risiko und Rendite.

▶ Nicht jedes Finanzinstrument eignet sich für jeden Anlagehorizont.

▶ Je höher die Rendite, desto höher das Risiko.

▶ Es ist wichtig, sich über seine «Bauchgefühle» im Klaren zu sein.

▶ Durch eine breite Diversifikation lässt sich das Risiko verkleinern.

▶ Reserviertes und freies Vermögen sollen unterschiedlich angelegt werden.

Finanzinstrumente

*Die Beziehung zu einer Hausbank
ist wie eine Sicherheitsbindung –
sie löst sich beim Sturz.*
     Ron Kritzfeld

Geldmarkt und Spareinlagen

Diese Formen der Geldanlage werden oft vergessen. Dabei sind sie wichtige Bestandteile einer umfassenden Finanzplanung. Beide Instrumente gewähren nämlich die Liquidität der Anlegerin und gelten als die sichersten Anlageformen. Sie dienen der Vermögensbildung auf kürzere oder mittlere Frist. Der Nachteil dieser Instrumente, insbesondere der Spareinlagen, ist leider die tiefe Verzinsung. Zum Teil ist sie so gering, dass Sparerinnen, die ihr Geld nur auf einem Sparkonto haben, wegen der Inflation und der Steuern sogar Geld verlieren. Spareinlagen gibt es in den verschiedensten Variationen, zum Beispiel Mitglieder-, Alters- oder Jugendsparkonti. Die Aufzählung könnte beliebig lang fortgesetzt werden. Gemeinsam ist allen, dass sie beim Konkurs einer Bank ein Konkursprivileg haben.

Durch das Konkursprivileg sind alle Gehalts-, Renten-, Spar-, Depositen-, Anlagekonti und -hefte sowie Kassenobligationen bis zu CHF 30 000 pro Gläubiger in einer besonderen Klasse zwischen der zweiten und dritten privilegiert. Wenn eine Kundin mehrere Konti bei einer Bank hat, ist der Betrag auf CHF 30 000 beschränkt.

Wichtig ist bei der Eröffnung eines Sparkontos, dass Sie die allgemeinen Geschäftsbedingungen der Bank durchlesen. Sie sollten sich auch darüber erkundigen, wie hoch die maximalen Bezugsmöglichkeiten sind. Sind sie beispielsweise auf CHF 25 000 beschränkt oder gibt es sogar Kündigungsfristen bei höheren Bezügen und der Auflösung? So verhindern Sie unangenehme Überraschungen.

Auf dem Geldmarkt treffen sich Angebot und Nachfrage nach kurzfristigen Geldern. Die Laufzeiten liegen zwischen einem Tag und einem Jahr. Die Marktteilnehmer am Geldmarkt sind meistens Banken, Industriegesellschaften, Grossanleger und Staaten. Meist werden Beträge in Millionenhöhe ausgeliehen. Der Vertragsabschluss erfolgt telefonisch und wird anschliessend schriftlich bestätigt.

Für die Privatanlegerin ist die Teilnahme am Geldmarkt mit einem hohen Mindestbeitrag verbunden. Noch heute kostet eine Anlage zwischen CHF 50 000 und CHF 100 000.

Die Anlagen in den Geldmarkt sind ideal für Wartegelder. Der Zinsertrag ist zwar bescheiden, aber sie gelten als die sichersten Anlagen und haben eine hohe Liquidität, das heisst man kann schnell kaufen und verkaufen. Die Anlagen sind jeweils so sicher wie die Bank oder der Schuldner, der sie ausgibt. Neben dem Geldmarkt gibt es den Kapitalmarkt. Dort treffen sich Angebot und Nachfrage für mittel- bis langfristige Wertpapiere (Aktien, Obligationen, Derivate) und Kredite. Geld- und Kapitalmarkt zusammen bilden den Finanzmarkt.

In der Schweiz gibt es zwei Geldmarktinstrumente:

1. *Festgeldanlagen bei Banken.* Unter Festgeldanlagen versteht man grössere Guthaben, in der Regel ab CHF 100 000 auf Festgeldkonti bei einer Bank. Die Gelder werden zwischen einem und zwölf Monaten investiert. Der Zins wird jeweils zu Beginn der Laufzeit festgelegt. Das Geld kann nicht vorzeitig zurückgezogen oder gekündigt werden. Es muss eine Verrechnungssteuer entrichtet werden.

2. *Geldmarktbuchforderungen.* Die Laufzeit der Geldmarktbuchforderungen liegt zwischen drei und sechs Monaten. Sie erhalten bei diesen Papieren keine Zinsen, sondern der Ertrag wird bei der Ausgabe der Forderung abgezogen. Die Emission erfolgt unter pari (Nennwert), die Rückzahlung zu pari. Geldmarktbuchforderungen werden von der Eidgenossenschaft, aber auch von einigen Kantonen und grösseren Städten ausgegeben. Im Gegensatz zu den Festgeldern können Geldmarktbuchforderungen nur an Auktionstagen gezeichnet werden. Der Zinssatz ist zum Zeitpunkt der Zeichnung noch nicht bekannt. Der Preis wird aufgrund der eingegangenen Angebote festgelegt (Tenderverfahren). Der Mindestbeitrag liegt bei CHF 50 000.

Als Anlegerin haben Sie auch die Möglichkeit, in ausländische Geldmarktinstrumente zu investieren. Sie sparen dabei die Verrechnungssteuer. Die Anlagen können in Schweizer Franken oder in Fremdwährungen getätigt werden. Dadurch gehen Sie ein Wechselkursrisiko oder auch eine Wechselkurschance ein.

Das wichtigste ausländische Geldmarktinstrument ist die **Treuhandanlage**:

Ihre Hausbank platziert CHF 100 000 (Mindestanlage) oder den entsprechenden Gegenwert aus Ihrem Vermögen in einer Fremdwährung bei einer Korrespondenzbank in Deutschland, Österreich, Spanien oder England. Die Kosten und auch die Risiken dieses Auftrages müssen Sie selber tragen. Die Bank verlangt für die Vermittlung eine Kommission von 0,75 Prozent zuzüglich Mehrwertsteuer. Das Risiko hält sich allerdings in Grenzen, weil nur erstklassige Banken als Korrespondenzbanken ausgewählt werden. Diese Anlage ist interessant, weil die Zinsen im Ausland meist höher sind und keine Verrechnungssteuer fällig wird. Dafür tragen Sie das Wechselkursrisiko.

Weitere ausländische Geldmarktinstrumente:

▶ **Certificates of Deposit** (CD): Eine Bank bestätigt mit dem Certificates of Deposit, dass sie einen bestimmten Dollarbetrag (Mindestbetrag US$ 25 000) erhalten hat und ihn nach Ende der Laufzeit mit einem festgesetzten Zins zurückzahlt. Die Laufzeit liegt zwischen 30 und 360 Tagen. Die CDs sind Wertpapiere und deshalb auch handelbar. Sie können deshalb jederzeit vor Ende der Laufzeit verkauft werden.

▶ **Commercial Papers:** Führende Finanz- oder Industrieunternehmen geben Wechsel heraus, um ihren kurzfristigen meist saisonalen Geldbedarf zu decken. Die Stückelung ist kleiner und liegt bei US$ 10 000. Die Laufzeit liegt zwischen 3 und 270 Tagen.

▶ **Treasury Bills:** Auch der Staat hat kurzfristigen Finanzbedarf. Aus diesem Grund gibt er Treasury Bills oder Schatzscheine heraus. Diese Anlagen gelten als erstklassig und es existiert ein gut ausgebauter Handel. Die Rendite ist wegen der guten Bonität der Schuldner geringer. Die USA, Kanada und Grossbritannien stellen hauptsächlich Treasury Bills aus.

Das Wichtigste in Kürze
▶ Geldmarktpapiere und Spareinlagen sind die idealen Instrumente für den kurz- bis mittelfristigen Vermögensaufbau.
▶ Sie gewähren eine hohe Sicherheit, haben dabei aber eine niedrige Rendite. Ein weiterer Nachteil ist der hohe Preis für Geldmarktanlagen.
▶ Bei der Anlage in ausländische Geldmarktinstrumente sparen Sie zwar die Verrechnungssteuer, nehmen aber ein Wechselkursrisiko in Kauf.
▶ Die wichtigsten Anlageformen sind die Festgeld- und die Treuhandanlagen.

Aktien

Der Reichtum gleicht dem Meerwasser:
Je mehr man davon trinkt, desto durstiger wird man.
     Arthur Schopenhauer

In diesem Kapitel wollen wir der Faszination von Aktien auf den Grund gehen. Für viele ist die Aktie das Anlageinstrument schlechthin, für andere ist sie so riskant, dass man ihr lieber aus dem Weg geht. Kalt lässt sie indessen niemanden. Nicht zuletzt auch, weil die Gewinnmöglichkeiten mit diesem Instrument gerade in den letzten Jahren sehr hoch waren.

Wo liegen die Chancen, aber auch die Risiken der Aktien? Zuerst gehen wir auf die technischen Aspekte einer Aktie ein, danach zeigen wir kurz auf, warum sie für Anlegerinnen so attraktiv ist, und zum Schluss erklären wir die verschiedenen Möglichkeiten für die Bewertung von Aktien. Dabei können wir bereits jetzt verraten, dass Frauen statistisch belegt die besseren Anlegerinnen sind.

Was ist eine Aktie?

Mit dem Erwerb einer Aktie werden Sie Mitinhaberin einer Firma. Sie erhalten Rechte und Pflichten. Die Pflichten sind einfach erklärt. Sie müssen nur den aktuellen Preis für die Aktien einzahlen. Die Rechte lassen sich unterscheiden in *Mitbestimmungsrechte* und *Vermögensrechte*. Zu den Mitbestimmungsrechten gehören das Wahl- und Stimmrecht an den Aktionärsversammlungen nach Massgaben Ihrer Beteiligungen. Grossaktionäre verfügen dementsprechend über mehr Stimmen und grösseren Einfluss als so genannte Kleinaktionäre.

Unter Vermögensrechte fallen die Auszahlung von Dividenden, Bezugsrechte bei Kapitalerhöhungen und der Anspruch auf einen Anteil beim Liquidationserlös. Mit der Auszahlung von Dividenden wird die Aktionärin am Reingewinn der Firma beteiligt. Allerdings muss sie Dividenden als Einkommen versteuern.

Wie entstehen Aktien?

Frau Monika Keller arbeitete einige Jahre als Biologin an einem renommierten Forschungsinstitut im Bereich biologische Schädlingsbekämpfung. Gleichzeitig bildete sie sich in den Sparten Management und Marketing weiter. Sie beschloss, aus der Forschung auszusteigen und eine eigene Firma für biologische Schädlingsbekämpfung zu gründen. Das Institut erlaubte ihr, einige von ihr entwickelte Patente und Produkte mitzunehmen.

Für die erste Phase ihrer Firma konnte sie auf ein beträchtliches Vermögen, das sie von ihrer Tante geerbt hatte, zurückgreifen. Sie hatte bereits zu Beginn beachtlichen Erfolg mit ihren Schädlingsbekämpfungsprodukten und schaffte es, interessante Verträge mit verschiedenen Entwicklungsorganisationen auszuarbeiten.

Frau Keller wusste aber, dass ihre Produkte noch ausbaufähig waren und dass ihre Firma ein grosses Marktpotenzial besass. Das Erbe ihrer Tante hatte sie bereits ganz in die Räumlichkeiten und das Labor ihrer Firma investiert. Wollte sie weiterwachsen und ihre Produkte weiterentwickeln, musste sie noch mehr Geld in ihre Firma stecken.

Sie besass nun zwei Möglichkeiten. Sie konnte für den nächsten Wachstumsschritt ihrer Firma einen Kredit bei ihrer Bank beantragen. Der Kredit, den ihr die Bank gewähren wollte, reichte aber nur für die nächsten zwei Jahre. Würde sie in dieser kurzen Zeit erfolgreich, wäre es kein Problem, den Kredit und die Zinsen zurückzuzahlen. Wenn sie es aber nicht wäre, würde die Bank den Kredit zurückfordern und der Traum von der grossen eigenen Firma würde platzen wie eine Seifenblase.

Sie glaubte zwar an den Erfolg ihrer Firma, und die bisherigen Erfahrungen bestätigten sie, aber ob sie den Durchbruch in den nächsten zwei Jahren schaffen würde, konnte sie nicht mit 100-prozentiger Sicherheit sagen.

Die zweite Möglichkeit boten ihre Eltern an. Sie wollten sich an der Firma als Aktionäre beteiligen. Sie glaubten an die Firma ihrer Tochter und waren auch überzeugt, dass sie ein grosses Wachstumspotenzial besass. Mit dem Kauf von Aktien wären sie mittels Dividenden am Erfolg beteiligt. Zudem bestand die Möglichkeit, dass ihre Tochter mit ihrer Firma an eine Börse ging, und damit hätten sie noch Chancen auf Kursgewinne.

Frau Keller musste das Aktienkapital nicht an ihre Eltern zurückzahlen und hatte so genügend Eigenkapital für die Forschung und den Ausbau ihrer Firma. Allerdings verlangten ihre Eltern Einsitz im Verwaltungsrat und wollten über den Geschäftsverlauf informiert werden.

Frau Keller entschloss sich eine Aktiengesellschaft zu gründen und zahlte das gesetzlich vorgeschriebene Mindestkapital von CHF 100 000 gleich ein. Die Stückelung betrug 1000 Aktien à CHF 100 Nominalwert. Weil ihre Eltern bereit waren, CHF 500 000 zu investieren, konnte sie das Aktienkapital auf CHF 600 000 erhöhen. Die Hälfte der Aktien überliessen die Eltern Frau Keller als Erbvorbezug, den anderen Teil behielten sie. Damit hatte Frau Keller immer noch die Aktienmehrheit in ihrer Firma.

Nun schlugen die neuentwickelten Produkte wie eine Bombe ein und weitere Kreise wollten in die Firma investieren. Frau Keller wandte sich an eine Bank und nach einigen Gesprächen entschloss man sich, die Firma an die Börse zu bringen und sie damit einem weiteren Publikum zu öffnen. Dieses Vorgehen bezeichnet man als «Going Public» oder IPO (Initial Public Offering).

Der Verkauf von Aktien und die Erhöhung von Aktienkapital kann für Firmen eine Möglichkeit der Kapitalbeschaffung sein.

Die grossen Firmen waren am Anfang oft risikoreiche Unternehmen, die allein durch Bankkredite nie in dem Ausmass und in der Geschwindigkeit hätten wachsen können. Es brauchte risikofreudige Investoren, die auf einen schnellen Gewinn hofften. Gerade Internet-Firmen haben in den letzten Jahren vom Geldzufluss über die Börsen profitiert.

Die landläufige Meinung besagt, dass Aktien an Börsen gehandelt werden. Allerdings gilt dies nicht für alle Aktien. Man unterscheidet zwischen kotierten und unkotierten oder nicht kotierten Aktien.

Kotierte Aktien

Diese Aktien werden an einer offiziellen Börse gehandelt. Sie erfüllen die Voraussetzungen, die in einem Kotierungsreglement gestellt werden, um an die Börse zugelassen zu werden. Zu den Voraussetzungen gehören neben anderen die Bestimmung eines Mindestaktienkapitals oder die Berichterstattung ihrer Geschäftsergebnisse.

Unkotierte Aktien

Diese Aktien werden an keiner offiziellen Börse gehandelt. Der Kauf und der Verkauf dieser Aktien sind aus diesem Grund viel schwieriger. Der Verkauf wird direkt zwischen Käufer und Verkäufer abgewickelt und kann manchmal Tage oder Wochen dauern. In der Schweiz hat sich die Regiobank Luzern auf den Handel von nicht kotierten Aktien kleinerer regionaler und überregionaler Unternehmen sowie Bergbahnen spezialisiert.

Manche kleinere und mittlere Unternehmen erfüllen die Anforderungen zur Zulassung an einer Börse nicht oder wollen auch die strengen Auflagen zur Berichterstattung ihrer Geschäfte umgehen.

Für die Käuferinnen von unkotierten Aktien gibt es mehrere Chancen und Gefahren. So kann man wegen der mangelnden Informationspflicht erst spät oder gar nicht auf schlechte Geschäftsergebnisse reagieren. Zudem sind

Foto: Galerie Sevogel

Inhaberaktie: Heute gibt es kaum mehr so schön bedruckte Wertpapiere.

die Aktien schwer zu verkaufen. Dafür reagieren unkotierte Aktien auch weniger stark auf die Nervosität der Börsenplätze. Und junge Firmen profitieren vom Verkauf von unkotierten Aktien, weil sie so ihre Eigenmittel vergrössern können.

Aktien teilt man nach ihrem Rechtsstatut in Namenaktien und Inhaberaktien sowie in die ebenfalls an der Börse gehandelten Partizipations- und Genussscheine ein.

Namenaktien
Sie lauten auf den Namen des entsprechenden Besitzers. Namenaktionäre sind im Aktionärsregister am Sitz der Gesellschaft eingetragen. Dadurch haben die Firmen eine gewisse Kontrolle über ihre Aktionäre.

Inhaberaktien
Die jeweilige Besitzerin gilt als rechtmässige Aktionärin. Der Name der Inhaberin ist weder auf der Aktie aufgeführt, noch ist er der Gesellschaft bekannt. Diese Aktien eignen sich besonders gut für den Börsenhandel.

Bei beiden Formen haben die Aktionärinnen die oben erwähnten Vermögens- und Mitbestimmungsrechte.

Partizipationsscheine

Auch bei den Partizipationsscheinen unterscheidet man zwischen Inhaber- und Namenpapieren. Der Partizipationsschein ist im Wesentlichen eine stimmrechtslose Aktie. Die Inhaberin erhält nur Vermögens- und keine Mitbestimmungsrechte.

Genussscheine

Die Besitzerin eines Genussscheines hält ein Gewinnbeteiligungspapier in den Händen, das ihr Vermögensrechte, aber keine Mitbestimmungsrechte verleiht.

Welchen Einfluss haben Sie als Aktionärin?

Als Aktionärin ist man meistens an den Vermögensrechten interessiert. Aber auch die Mitbestimmungsrechte können ein wichtiges Instrument in den Händen der Aktionäre sein. Sie erlauben nämlich, an den Generalversammlungen kritische Fragen zu stellen und manchmal sogar Einfluss auf die Geschäftspolitik der Unternehmen zu nehmen.
Ein typisches Beispiel für die Einflussnahme von Grossaktionären ist Martin Ebner, der immer wieder versucht, kraft seiner Aktienstimmen Druck auf die Geschäftsleitung und ihre Firmenpolitik auszuüben.

In den USA hat der Einfluss der Aktionäre auf die Firmen bereits eine längere Tradition. Dort wird die Macht der Grossaktionäre gerade auch für ethische Themen genutzt. Bereits 1971 erkämpfte sich der Bischof der «Episcopal Church» in der so genannten «campaign GM» (Kampagne gegen General Motors) für alle Aktionäre und Aktionärinnen das Recht, an den Generalversammlungen auch über soziale Probleme und Fragen zu diskutieren. Von General Motors wurde dieses Recht natürlich heftigst bestritten, weil die Folgen weitreichend sein würden. Und tatsächlich löste der Bischof mit seinem Vorgehen eine richtige Lawine von sozialen, ethischen und ökologischen Resolutionen aus.
Natürlich waren und sind Kleinaktionäre in diesem System chancenlos. Deshalb übertragen viele ihr Stimmrecht Organisationen kritischer Aktionäre. Mit ihrer geballten Kraft vertreten diese ihre Mitglieder bei Generalversammlungen, suchen das Gespräch mit der Geschäftsleitung, machen Öffentlichkeitsarbeit und verfassen ethische und soziale Resolutionen zu Themen wie Atomenergie, Gleichberechtigung, Rüstungsproduktion und Ökologie.

Eine erfolgreiche Aktionärs-Resolution betraf 1989 auch die Imbisskette McDonalds. An der Generalversammlung reichte die «Evangelical Lutheran Church in America» eine Resolution ein, die eine systematische Abfallvermeidung verlangte. Bereits 1990 kompostierte McDonalds Speisereste und Kaffeesatz, schenkte Kaffee in Mehrwegtassen aus und benutzte nur noch Verpackungen aus Altpapier. McDonalds wirtschaftete nicht nur umweltfreundlicher, sondern produzierte billigere Verpackungen und sparte Energie. Ein Gewinn für die Umwelt, die Firma und die Aktionäre.

In Europa und in der Schweiz waren die Konsumentenbewegungen die Vorläuferinnen der «Vereinigungen kritischer Aktionäre und Aktionärinnen». Bewusstes und faires Einkaufen als Instrument zur Förderung von sozialem Verhalten hatte sich schon etabliert. Als typisch schweizerisches Beispiel muss hier der «Migros-Frühling» erwähnt werden, der an den Genossenschaftsversammlungen respektable Erfolge erzielen konnte und nur durch Änderungen der Statuten an Einfluss verlor. Nicht über ihr Konsumverhalten, sondern direkt mit ihrem angelegten Geld wollte der «Verein kritischer Aktionäre und Aktionärinnen der Schweizerischen Bankgesellschaft» (Gründung 1986) Veränderungen bewirken. Dieser Verein forderte die damalige Schweizerische Bankgesellschaft unter anderem an den Generalversammlungen in den Achtzigerjahren auf, nicht mehr in Südafrika zu investieren, ein Gewinnprozent zum Zinserlass für die ärmsten Länder Afrikas auszuschütten und den Zins, den Brasilien der SBG zu zahlen hatte, zu erlassen. Durch seine Resolutionen und kritischen Broschüren machte der Verein auch wichtige Öffentlichkeitsarbeit und sensibilisierte für die Themen der Apartheid. Danach spielten Aktionärsvereinigungen lange Zeit eine untergeordnete Rolle und waren nicht mehr präsent. Erst heute gibt es in der Schweiz wieder zwei Vereinigungen, die die Interessen von Aktionärinnen verantwortungsvoll vertreten wollen:
► der Verein ACTARES und
► die Anlagestiftung «ethos»

Das Ziel des Vereins ACTARES, AktionärInnen für nachhaltiges Wirtschaften, ist die Unterstützung der Tätigkeit verantwortungsbewusster AktionärInnen sowie die Förderung einer Wirtschaft, die mit Menschen und Umwelt achtsam umgeht.
Die Anlagestiftung ethos bietet den Anlegerinnen einen Fonds an, in dem ausdrücklich betont wird, dass mit einem aktiven Ansatz die Unternehmen für die sozialen und ökologischen Aspekte ihrer Tätigkeit durch einen konstruktiven Dialog sensibilisiert werden. Dies führt zur verantwortungsbewussten Ausübung der Aktionärsstimmrechte. Aber auch Publikumsgesellschaften und deren Verwaltungsräte legen vermehrt Wert auf die Pflege ihrer Privataktionäre. Eine breite zufriedene Aktionärsbasis erschwert feindliche Übernahmen.

Die wichtigsten Börsenplätze und -indizes der Welt

Ein Index wird genutzt, um die allgemeinen Entwicklungen eines Börsenmarktes zu messen. Dank der Indizes können auch die verschiedenen Börsenplätze untereinander verglichen werden. Sie dienen vielen Anlegerinnen auch als Grundlage für Ihre Kaufentscheide oder Fondsmanagern als Referenzgrösse (Benchmark) für ihre Fonds. Damit kann der Erfolg ihres Fonds mit dem Gesamtmarkt verglichen werden.

New York

Die wichtigsten und bekanntesten Indizes
der Welt:

Dow Jones Industrial Average
Der Index besteht nur aus 30 Titeln.
Sein Schwergewicht liegt auf Industrietiteln.

Standard & Poor's 500
Der Index besteht aus 500 Titeln. Er ist
der gebräuchlichste Index für Portfolio-
Manager.

Nasdaq Composite
Der Index misst ca. 5000 kleinere
Unternehmen, darunter auch die «kleine»
Microsoft und ausländische Firmen wie
Volvo. Meist sind es kleine Wachstumsgesellschaften, die so Zugang zum
Kapitalmarkt finden.

Frankfurt

Deutscher Aktienindex (DAX)

Der Index umfasst die 30 umsatz-
stärksten deutschen Aktien (Daimler-
Chrysler, Deutsche Bank).

Zürich

Nach Transaktionsvolumen belegt die
Schweiz den achten Platz.

Swiss Performance Index (SPI)

Der Index besteht aus beinahe allen
kotierten schweizerischen Titeln der SWX
ohne Investmentgesellschaften.

Swiss Market Index (SMI)

Der Index umfasst nur 27 Blue-Chips-Titel
und kann deshalb leicht nachgebildet
werden. (Index-Optionen)

London

Financial Times Stock Exchange Index (Footsie)

Der Index besteht aus den 102 grössten britischen
Publikumsgesellschaften
(BP Amoco, Glaxo Wellcome, Unilever).

virt-x

Mitbegründet von der Schweizer Börse – soll eine
Plattform für europäische Blue Chips werden.

Tokio

Nikkei 225

Der Index besteht aus
225 Titeln und wird von der
Wirtschaftszeitung «Nihon
Keizai» herausgegeben.

Wirtschaft und Börse – eine einheitliche Entwicklung?

Die Wirtschaft und die Börse gehen in die gleiche Richtung. Wenn sich die Wirtschaft abschwächt, fallen auch die Börsenkurse und erreichen ihren Tiefstand in der Rezession. Erlebt die Wirtschaft einen Aufschwung, steigen gleichzeitig auch die Börsenkurse. Die Entwicklung ist aber nicht parallel, sie kann zwischendurch in entgegengesetzte Richtungen gehen. André Kostolany nimmt als Vergleich einen Hund (Börse) und sein Herrchen (Wirtschaft) beim Spaziergang. Sie gehen zwar den gleichen Weg, aber manchmal bleibt der Hund zurück und rennt dann wieder zu seinem Herrchen. Ein andermal rennt der Hund nach vorn und merkt, dass er zu weit gelaufen ist, und läuft wieder zurück.

Warum sind Aktien so attraktiv?

Bis vor kurzem galten die Schweizerinnen und Schweizer als Aktienmuffel. Noch zu Beginn der Neunzigerjahre investierte man in der Schweiz in Festgelder, Obligationen oder in Sparhefte. Die Idee von Venture Capital (Risikokapital) fand in Europa wenig Gegenliebe, und eine Untersuchung der Bankiersvereinigung kam sogar zum Schluss, dass Venture Capital für die Schweiz schlicht nicht notwendig sei.

Dies hat sich aber in den letzten Jahren so grundlegend geändert, dass Schweizerinnen und Schweizer bereits mehr Aktien besitzen als US-Amerikaner, für die das Investieren in Aktien so selbstverständlich ist wie der Einkauf im Supermarkt. Allerdings muss bei dieser Aussage berücksichtigt werden, dass viele Schweizer und Schweizerinnen nur durch ihre Pensionskassen am Aktienmarkt beteiligt sind. Eine Studie im Auftrag der Wirtschaftszeitung «Finanz und Wirtschaft» kommt zum Ergebnis, dass ungefähr 30 Prozent der Schweizer Bevölkerung in Aktien anlegen. Leider ging aus der Untersuchung nicht hervor, wie hoch der Frauenanteil ist.

Es würden sicher nicht so viele «risikoscheue» Schweizer und Schweizerinnen in Aktien anlegen, wenn sie nicht sicher wären, dass sie einen Gewinn mit ihrer Anlage erzielen können. Sie spekulieren auf steigende Aktienkurse, damit sie die gekauften Aktien mit Gewinn, der steuerfrei ist, verkaufen können. Die Statistiken geben den Anlegerinnen Recht.

Die Research-Abteilung des US-Discountbrokers Charles Schwab machte folgende Untersuchung: Sie investierte jährlich US$ 2000 in Aktien oder Obligationen während eines Zeitraumes von zwanzig Jahren – insgesamt also US$ 40 000. Die Aktien wurden nach der Zufallsstrategie gekauft, ungeachtet der momentanen Marktlage. Nach zwanzig Jahren hatten die Depots folgende Werte: Obligationen-Depot: US$ 76 558, Aktien-Depot: US$ 362 185. (Quelle: «Finanz und Wirtschaft»)

Wie investieren Sie in Aktien?

«Wenn Sie Aktien gekauft haben, sollten Sie gleich in die nächste Apotheke gehen, sich Schlaftabletten für die nächsten sechs Jahre kaufen und durchschlafen.» Dieser Tipp stammt von André Kostolany, einem Börsenguru, der sich ein Leben lang mit Geld beschäftigt hat. Er war ein grosser Verfechter der Buy-and-hold-Strategie (Kaufen-und-Halten-Strategie): das heisst Aktien, vor allem Blue Chips, kaufen und einige Zeit im Depot liegen lassen.

Blue-Chips: Damit werden Aktien von führenden, börsenkotierten Unternehmen bezeichnet mit erstklassiger Bonität, hoher Ertragskraft und solider Finanzstruktur. Der Begriff stammt vom Poker-Spiel, bei dem die blauen Chips (Blue-Chips) den grössten Wert haben.

Grundsätzlich gibt es für Sie zwei Strategien, um in Aktien zu investieren: Die oben erwähnte *Buy-and-hold-Strategie* und das *Market Timing*. Im Folgenden werden beide Strategien kurz erklärt und die Möglichkeiten und Grenzen aufgezeigt.

Wenn Sie in Aktien investieren, möchten Sie natürlich zum richtigen Zeitpunkt die Aktien kaufen. Was bedeutet aber «richtiger Zeitpunkt»? Er ist dann, wenn die Aktie ihren tiefsten Punkt erreicht hat und kurz vor einem neuen Aufwärtstrend oder sogar einem neuen Höhenflug steht. Der richtige Zeitpunkt zum Verkaufen ist damit der Höchststand der Aktie, kurz bevor sie zum Sinkflug ansetzt. Diese Strategie nennt man Market Timing. Die Gewinnmöglichkeiten sind mit dem Market Timing natürlich riesig.

Die Frage bleibt aber, wie Sie den richtigen Zeitpunkt erkennen. Sogar Profis, die mehr Informationen besitzen als Sie als Anlegerin, irren sich immer wieder im Market Timing.

«Fidelity Investment», die weltweit führende Anlagegruppe, untersuchte die Gefahren des Market Timings. Sie betrachtete deshalb die Entwicklung des S&P 500-Index über zehn Jahre (1983–1992) mit 2526 Börsentagen. Dabei wurde Folgendes festgestellt:

▶ Hätten Sie als Anlegerin die ganze Zeitdauer Ihr Geld in die Aktien dieses Indexes investiert, hätten Sie eine Rendite von 16,2 Prozent erzielt.

▶ Hätten Sie allerdings nur die zehn besten Tage verpasst, wäre Ihre Rendite auf 11,6 Prozent gesunken. (30 Prozent Verlust)

▶ Hätten Sie die zwanzig besten Tage verpasst, läge Ihre Rendite noch bei 8,6 Prozent.

▶ Hätten Sie die dreissig besten Tage verpasst, wäre Ihre Rendite 6,0 Prozent.

▶ Hätten Sie die vierzig besten Tage verpasst, betrüge Ihre Rendite noch 3,6 Prozent.

Auch wenn Sie eine sehr fähige Anlegerin sind, glauben Sie wirklich, dass Sie nach einem Ausstieg immer wieder den richtigen Zeitpunkt für den Neueinstieg erwischen? Und nicht vielleicht doch, über zehn Jahre gesehen, die zehn besten Tage verpassen?

Ein weiterer Nachteil des Market Timings ist, dass beim Kauf und Verkauf jeweils Gebühren fällig werden, die vor allem bei kleinen Anlagevolumen ein bis zwei Prozent der Rendite wegnehmen. Nach Meinung von Spezialisten kann sich in den kommenden Jahren, wenn die Börse nicht mehr die gleichen Sprünge macht wie in den Neunzigerjahren, die alte Regel «Hin und Her macht Taschen leer» für kleinere Anlagevermögen wieder bewahrheiten.

Natürlich hat auch die Buy-and-hold-Taktik ihre Grenzen. Wenn Sie diese Strategie anwenden, müssen Sie Aktien aussuchen, die auch in den nächsten fünf bis zehn Jahren noch existieren und deren Gewinnaussichten gleich hoch bleiben. Die bereits erwähnte Untersuchung des US-Discountbrokers Charles Schwab zeigte auf: Auch bei einer «Pechvogel-Strategie» (also immer bei Höchst zu kaufen) erzielt man stattliche Gewinne, wenn die Titel lange genug im Depot bleiben.

Die Genfer Privatbank Pictet hat ein Portefeuille aus Schweizer Aktien gemäss Buy-and-hold-Strategie zusammengestellt.

Buy-and-hold-Auswahl mit stattlicher Rendite von 1998 bis 2000

Titel	Kurs 30.09.98	Kurs 4.12.00	Dividende 1999	Dividende 1998	Performance absolut
Zurich N	687.00	915.00	17.20	13.50	37,7
Valora N	312.50	357.00	8.00	7.00	9,0
Schindler PS	1575.00	2405.00	45.00	45.00	58,4
SIG N	760.00	1071.00	12.50	17.50	44,9
Novartis N	2219.00	2860.00	32.00	29.00	31,6
Roche GS	14 900.00	17 400.00	100.00	87.00	18,0
Clariant N	634.00	509.00	10.00	9.00	−16,7
ABB N	85.70	159.50	3.00	4.30	94,7
Unaxis N	161.50	361.50	0.00	0.00	123,8
Alusuisse N	674.00	1000.00 (verkauft)	25.00	25.00	55,8

Einzelne Titel haben bereits grosse Gewinne gebracht und damit der Strategie Recht gegeben. Wobei eingeschränkt werden muss, dass der SPI in dieser Zeitdauer einen Höhenflug hatte und klarere Aussagen erst in fünf Jahren gemacht werden können.

In der Praxis existieren beide, die Buy-and-hold- und die Market-Timing-Strategie, nebeneinander. Bisher hat sich keine eindeutig durchgesetzt, weil beide ihre Vor- und Nachteile haben.

Als Einsteigerin empfehlen wir Ihnen zu Beginn die Buy-and-hold-Taktik. Das bewahrt Sie aber nicht davor, Ihr Aktienportefeuille von Zeit zu Zeit zu überprüfen. Wenn Sie genügend Erfahrungen gesammelt haben, können Sie auch das Market Timing anwenden.

Amerikanische Forscher der Ohio-State-University und der Universität von Michigan haben eine weitere Anlagetaktik wissenschaftlich eruiert. Sie haben während 15 Jahren den Börsengang von 26 Ländern mit den jeweiligen Wetterverhältnissen verglichen. Dabei kamen sie zum Schluss, dass an sonnigen Tagen die Gewinne an den Börsen höher waren als an verregneten. Wenn an der Wall-Street das ganze Jahr die Sonne schiene, wären die dortigen Gewinne an der Börse dreimal höher, als wenn es immer regnete. Trotzdem sei Laien davon abzuraten, an heiteren Tagen verwegener zu spekulieren als an wolkigen.   *(Aus: «Tages Anzeiger» vom 22. Juni 2001)*

Wichtige Voraussetzungen für Aktienanlagen

Wenn Sie Ihr Geld in Aktien anlegen und damit von einer besseren Rendite profitieren wollen, muss dieses Geld für Sie entbehrlich sein. Das heisst, Sie sollten bereits für alle Notfälle vorgesorgt haben und nicht auf das Geld Ihrer Aktien angewiesen sein. So laufen Sie nicht Gefahr, zum unpassendsten Zeitpunkt mit Verlust verkaufen zu müssen. Sie ertragen auch die Schwankungen der Aktienkurse besser.

Gleichzeitig müssen Sie sich überlegen, wie lange Sie dieses Geld investieren können. Brauchen Sie es in weniger als fünf Jahren für eine Weiterbildung oder einen längeren Auslandaufenthalt, sollten Sie nicht in Aktien anlegen. Studien beweisen: nur langfristig spart es sich mit Aktien am besten.

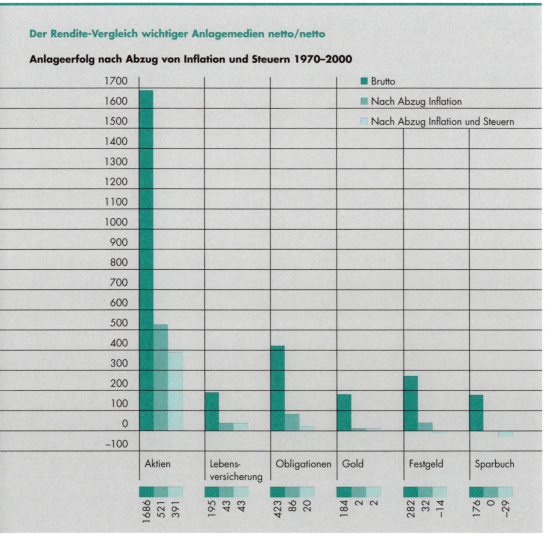

Der Rendite-Vergleich wichtiger Anlagemedien netto/netto

Anlageerfolg nach Abzug von Inflation und Steuern 1970–2000

Legende:
- Brutto
- Nach Abzug Inflation
- Nach Abzug Inflation und Steuern

	Aktien	Lebensversicherung	Obligationen	Gold	Festgeld	Sparbuch
Brutto	1686	195	423	184	282	176
Nach Abzug Inflation	521	43	86	2	32	0
Nach Abzug Inflation und Steuern	391	43	20	2	–14	–29

Quelle: Jürg Lattmann AG, Zug

Je nach Temperament können Sie, wenn diese Voraussetzungen erfüllt sind, ins kalte Wasser springen und investieren oder Sie machen erst noch einige Trockenübungen. Empfehlenswert ist es, sich mit dem Wirtschaftsteil Ihrer Tageszeitung zu beschäftigen und sich eine Wirtschaftszeitung zu abonnieren. Kaufen Sie verschiedene Exemplare und entscheiden Sie selbst, welche Ihnen am meisten entspricht.

Eine andere Möglichkeit besteht darin, im Internet zu surfen. Es gibt bereits einige interessante Websites, die Informationen zu Aktien und weiteren Anlageinstrumenten liefern (siehe auch Anhang).

Aufgrund dieser Informationen können Sie sich fiktiv einige Aktien kaufen und den Kurs über einen gewissen Zeitraum verfolgen. Dabei können Sie bereits testen, ob Sie die nötige Geduld haben und auch Monate mit schlechter Rendite aushalten. Dies ist eine wichtige Voraussetzung, um in Aktien anzulegen.

Wie kaufen oder verkaufen Sie Aktien?

Sie können Aktien telefonisch oder über Internet bei Ihrer Hausbank oder einem Discountbroker kaufen. Der Vorteil, einen Börsenauftrag über Ihre Bank abzuschliessen, liegt in der Beratung. Diese fehlt beim Discountbroker, dafür sind die Kosten massiv günstiger. Die Courtage kann bei einem Discountbroker um die Hälfte billiger sein als bei einer Bank. Darum lohnt es sich immer zu vergleichen.

Für einen Börsenauftrag müssen Sie die folgenden Gebühren und Abgaben zahlen:
▶ die Courtage (Gebühr der Bank für die Ausführung des Börsenauftrags)
▶ Eidgenössische Umsatzabgabe
▶ Börsenabgabe (beispielsweise Börsengebühr SWX)

Welche Möglichkeiten haben Sie, einen Kaufauftrag auszuführen?
▶ *«Bestens-Auftrag»:* Dieser Auftrag hat keine Kurslimite und wird sobald als möglich ausgeführt. Der Händler nimmt an, dass die Käuferin die Aktie ungeachtet des Preises sofort haben will. Das kann gefährlich sein, wenn die Kurse schnell steigen. Börsenaufträge sind generell nur am entsprechenden Börsentag gültig, wenn keine anderen Vereinbarungen getroffen werden.
▶ *Auftrag mit Limite:* Sie möchten Zurich-Aktien kaufen, aber nicht zu jedem Preis. Dann geben Sie der Kundenberaterin Ihrer Bank den Auftrag, zehn Zurich-Aktien zu kaufen, Limite 650, gültig bis Ende September. Wenn der Preis der Aktie innerhalb dieser Laufzeit bei 650 liegt, wird der Kauf ausgelöst.

Welche Möglichkeiten haben Sie, einen Verkaufsauftrag auszuführen?

▶ *Stop Loss:* Ihre Aktien geraten ins Trudeln und Sie möchten sie nicht unter einem bestimmten Preis verkaufen. Sie geben den Auftrag: zehn Zürich-Aktien zu 640 Stop Loss verkaufen. Wenn dieser Preis erreicht oder auch unterschritten wird, muss der Verkauf auf alle Fälle ausgeführt werden.

▶ *Stop Limit:* Mit diesem Verkaufsauftrag wollen Sie die zehn Zürich-Aktien für 640 verkaufen. Ihre Aktien werden nur verkauft, wenn der Preis genau bei 640 liegt. Sonst wird der Auftrag nicht ausgeführt.

Wie entscheiden Sie jetzt, welches die richtige Aktie ist? Die Kursschwankungen oder die Chancen und Risiken von Aktien sind abhängig

▶ vom Geschäftserfolg der Gesellschaft,

▶ von der Zahlungsfähigkeit,

▶ von den Zukunftsaussichten der Gesellschaft, der Branche und des Marktes,

▶ von der Stimmung der Investorinnen und Konsumentinnen (Angebot und Nachfrage/Gerüchte, Angst, Euphorie usw.),

▶ von der Konjunkturlage,

▶ von der allgemeinen Zinslage usw.

Einige Punkte können genau definiert und bestimmt werden, andere hingegen, wie die Stimmung der Investorinnen, sind sehr schwammig und können nicht quantifiziert werden. Deshalb bewahrheitet sich die Aussage, dass man eine Sonnenfinsternis in 1000 Jahren zum Voraus genau berechnen kann, nicht aber den Börsenkurs einer Aktie in einer Woche.

Es gibt trotzdem einige Methoden, die Anlageberater und -beraterinnen bei der Auswahl von Aktien anwenden.

Instrumente zur Analyse von Aktien

P/E-Ratio oder Kurs-Gewinn-Verhältnis

Diese Kennzahl ist ein wichtiges Instrument für die Aktienanlegerin. Mit dem P/E-Ratio (Price/Earning-Ratio)wird der Aktienkurs im Verhältnis zum erwirtschafteten oder erwarteten Gewinn pro dividendenberechtigte Aktie ausgedrückt.

Aktueller Aktienkurs: CHF 1000.–

	Gewinn pro Aktie	P/E-Ratio
2000	CHF 100.–	10,0
2001	CHF 140.–	7,1
2002	CHF 150.–	6,7

Es werden zukünftige Zahlen verwendet, weil die vergangenen nicht mehr aussagekräftig sind.

Die Firmen geben frühzeitig ihre erwarteten Gewinnaussichten bekannt und publizieren sie in den Wirtschaftszeitungen. Auch Experten veröffentlichen ihre Meinungen zu den Zahlen. So können Sie sich ein Bild machen und das P/E-Ratio berechnen. Es handelt sich aber immer um geschätzte Zahlen und keine absoluten Werte, was eine gewisse Gefahr in sich birgt.
Was bringt Ihnen nun diese Kennzahl? Als Faustregel gilt, je tiefer das P/E, desto vorteilhafter ist die Aktie. Wichtig ist, dass Sie das P/E der gleichen Branchen vergleichen. Nur so erhalten Sie sinnvolle Werte. Trotzdem werden Sie auch auf Titel mit einem hohen P/E-Ratio stossen, von denen Sie aber persönlich überzeugt sind, weil Sie glauben, dass die grossen Gewinne erst in drei bis vier Jahren eintreffen. Das P/E-Ratio ist eine gute Unterstützung beim Anlageentscheid, aber nicht das Mass aller Dinge. Kaufen Sie deshalb auch «teurere» Aktien, wenn Sie an die Firmen glauben.

Fundamentalanalyse

Ein Analyst, der nach dieser Methode vorgeht, muss sich ständig darüber informieren, wie sich der innere Wert einer Aktie und der aktuelle Aktienkurs entwickeln. Dazu gehört auch die Analyse der gesamtwirtschaftlichen Gegebenheiten.

Im Einzelnen geht er nach folgendem Schema vor:

Globalanalyse	Politische Analyse (Machtverhältnisse, Stabilität der Regierung usw.)	
	Volkswirtschaftliche Analyse:	
	Realwirtschaftlich	– Innovationskraft – Wachstumsaussichten – Preis-, Lohnpolitik – Export-, Importstruktur
	Monetäre Einflussfaktoren	– Politik der Nationalbank – Geldmenge/Liquidität
	Markttechnische Einflussfaktoren (gegenseitige Abhängigkeit von Börsenplätzen: Deutschland, Niederlande, Belgien und Schweiz haben einen hohen Abhängigkeitsgrad). Wenn eine Börse zur Talfahrt ansetzt, folgen meistens auch die anderen.	
Branchenanalyse	Stabilität der Branche, Stellung im Konjunkturzyklus, Konkurrenzdruck, Abhängigkeit von anderen Ländern Ziel jedes Analysten ist es, **die** Wachstumsbranche zu erkennen.	
Einzelwertanalyse	Ziel ist es, die Kaufwürdigkeit einzelner Aktien festzustellen. Dazu macht man quantitative und qualitative Untersuchungen.	
	quantitative	Geschäftsbericht; untersucht wird die Ertragskraft der zentralen Aufgabe des Unternehmens anhand der Kapital- und Finanzstruktur, der Liquidität, des Ertrags und der Rentabilität sowie der Vermögensstruktur.
	qualitative	Management, Ruf des Unternehmens, Produktebesonderheiten, Wachstumsperspektiven
	Aufgrund dieser Untersuchungsergebnisse wird das P/E-Ratio berechnet.	

Es ist ganz klar, dass Sie für diese Analyse viel Zeit und Wissen brauchen. Aus diesem Grund können sie die Arbeit getrost den Analysten und Analystinnen der Banken überlassen.

Über die Entwicklung der Märkte, die Geldpolitik der Nationalbank und andere für Sie relevante wirtschaftliche Entwicklungen berichten die Zeitungen. Zudem geben verschiedene Banken Informationsblätter zu Wirtschaftsdaten an ihre Kundinnen ab sowie direkte Kaufempfehlungen aufgrund der Fundamentalanalyse.

Technische Analyse

Die technische Analyse befasst sich nur mit dem Studium der Preis- und der Volumenentwicklung sowie mit dem Verhalten der Marktteilnehmer. Sie geht dabei von folgender Grundidee aus: Alle börsenrelevanten Einflüsse wie politische oder volkswirtschaftliche kommen bereits in den Aktienkursen zum Ausdruck. Zudem verhalten sich Anleger in weitgehend gleichen Situationen immer ähnlich.

Die Vorgehensweise ist folgende: Zuerst wird der Gesamtmarkt analysiert. Die Dow-Theorie (vom Mitbegründer des Dow-Jones) als eine der Analysemöglichkeiten besagt, dass der gemittelte Kursverlauf ausgewählter Titel Aussagen über den Gesamtmarkt erlaubt (z. B. Dow-Jones Industrials). Gibt es bei diesem Index eine Trendänderung, ändert sich der ganze Markt. Danach wird die einzelne Aktie bewertet.

Eine Methode, die auch in vielen Banken angewendet wird, ist das Chartlesen. Die «Chartisten» (Anwender von Charts = Kurs-und Umsatzbilder) glauben, dass anhand von Formationen und dem Handelsvolumen eine Charakterisierung des Kursverlaufes möglich ist. Darüber hinaus können sie auch eine Prognose für die weitere Kursentwicklung stellen.

André Kostolany meinte dazu lakonisch: «Chartlesen ist eine Wissenschaft, die vergebens sucht, was Wissen schafft.» Die Börse oder die einzelne Aktie kann nämlich nur eins – steigen oder fallen. Aus diesem Grund haben die Chartisten immerhin eine 50-Prozent-Chance, das Richtige zu erkennen. Die Charts sagen genau aus, was gestern war und heute ist. Prognosen für die Zukunft können eintreffen, aber die Trefferquoten sind nicht immer hoch. Die Chartanalyse gehört deshalb zum umstrittensten und auch meist belächelten Teil der technischen Analyse.

Fazit: Aktien sind schwierig zu bewerten und die genauen Angaben beziehen sich nur auf die Vergangenheit. Prognosen für die Zukunft sind ungenau, weil sie meist mit Schätzungen und Annahmen operieren. Wenn Sie aber Aktien kaufen, wollen Sie heute wissen, was die Aktien in der Zukunft für Gewinne bringen. Ein Teufelskreis! Vielleicht kommt der Tipp von Mark Twain da gerade richtig:

Der Oktober ist ein besonders gefährlicher Monat für Aktienspekulationen. Die anderen gefährlichen Monate sind November, Dezember, Januar, Februar, März, April, Mai, Juni, Juli, August und September.

Die Analyse von Aktien, nach welcher Methode auch immer, kann Ihnen einen Weg zeigen, wohin der Kursverlauf oder der Wert der Aktie gehen könnte. Wie weit der Weg sein wird, wie viele hohe Berge und tiefe Seen auf dem Weg liegen oder wann der Weg plötzlich abbricht, weiss niemand.

Finanzinstrumente

Bevor Sie jetzt aber beschliessen, von Aktienkäufen Abstand zu nehmen, noch einige wichtige Fakten:

Frauen sind bereits heute erfolgreicher an der Börse als Männer.

▶ Wissenschafter der University of California in Davis untersuchten das Anlageverhalten von 35 000 Kunden eines Discountbrokers über sechs Jahre. Weibliche Anleger erzielten im Schnitt ein um 1,4 Prozent besseres Ergebnis als die Männer.

▶ Eine Stichprobe der Direkt Anlage Bank bei je 150 Depots von Frauen und Männern ergab seit Bestehen der Depots eine um 5 Prozent bessere Performance. (aus: «Finanz und Wirtschaft», 22. 11.2000)

Es sind nicht alles Fachfrauen, die solch gute Ergebnisse erzielen, was gerade auch die Geschichte der Beardstown-Ladys beweist.

Geschichte der Beardstown-Ladies

Angefangen hatte das Ganze wie in einem schönen Roman. Einige ältere Damen gründeten einen Investment-Club und hatten in den Neunzigerjahren riesige Anlageerfolge, bei denen sogar Börsenhändler aus New York vor Neid erblassten. Sie hielten Vorträge auf der ganzen Welt und verfassten Bücher. Ihre Anlagestrategie war typisch weiblich im positiven Sinn. Diese Damen hatten viel Geduld und konnten auch einmal kurzfristige Kursverluste aushalten (Buy-and-hold-Strategie). Sie legten traditionell an. Das heisst, sie vertrauten in Werte, die eine gesunde Struktur hatten und bereits Unternehmensgewinne auswiesen. Und sie kauften Aktien von Unternehmen, die sie kannten.

Barbra Streisand wendet übrigens die gleiche Taktik an. Wenn sie vom Produkt eines Unternehmens, das sie benutzt, überzeugt ist, recherchiert sie weiter und kauft Aktien («gesunder Menschenverstand»). Sie gilt auch in Fachkreisen als erfolgreiche Anlegerin.

Leider machten die Beardstown-Ladys in ihrer Buchhaltung einen Fehler und verfälschten dadurch ihre Rendite. Anstelle von sagenhaften 23,4 Prozent lag ihre durchschnittliche Rendite gerade bei 9,1 Prozent. Sie legten aber den Grundstein dafür, dass Frauen auf der ganzen Welt Investment-Clubs gründeten und die Anlagestrategien der Beardstown-Ladys übernahmen.

Warum Frauen also oftmals die besseren Anlegerinnen sind:

▶ Sie denken längerfristig.
▶ Sie bevorzugen Blue-Chips.
▶ Sie wissen besser, wenn es Zeit zum Aussteigen ist.
▶ Sie haben ein sicheres Gefühl für Risiko und Ertrag.
▶ Sie sind eher gewillt, Verluste hinzunehmen und dabei nicht noch zuzukaufen.

Wichtig dürfte insbesondere der letzte Punkt sein. Frauen haben ein sicheres Gefühl. Viele Frauen schliessen bei ihren Anlageentscheidungen ihre Gefühle nicht aus, sondern vertrauen auf ihre Intuition. Sie verbinden das Wissen, das sie aus Zeitungen, Gesprächen mit Anlageberatern oder aus dem Internet haben, mit ihren Gefühlen.

Dass Gefühle beim Anlegen in Aktien mit im Spiel sind, beweisen die vielen Massenverkäufe bei Kurseinbrüchen. Obwohl die Fakten vielleicht für weitere Börsenhöhenflüge sprechen, verkaufen doch viele Anleger ihre Aktien bei einem Kurseinbruch aus Angst, alles zu verlieren.

Es ist nicht empfehlenswert, «aus dem Bauch heraus» Anlageentscheidungen zu treffen. Aber wenn Sie Trockenübungen machen, wählen Sie doch einige Aktien einfach nach Ihren Gefühlen und schauen Sie, wie die Aktien sich entwickeln.

Es braucht Informationen für Anlageentscheidungen. Im Zeitalter des Internets und der übrigen Medien ist es kein Problem mehr, sich diese Informationen zu beschaffen. Nutzen Sie aber zusätzlich Ihren gesunden Menschenverstand und Ihre Intuition.

Was haben Tiere mit dem Aktienmarkt zu tun?

Bulle und Bär sind zwei Tiere, die häufig an der Börse anzutreffen sind. Gebräuchlicher sind natürlich die englischen Ausdrücke «bull and bear».

Diese beiden Tiere geben die Stimmung des Aktienmarktes wieder. Der Bulle ist das Zeichen für steigende Börsenkurse. Mit seinen Hörnern treibt er die Kurse in die Höhe. Personen, die einen steigenden Markt erwarten, werden auch als «bullish» bezeichnet.

Der Bär dagegen ist das Zeichen für einen negativen Börsentrend. Mit seinen Tatzen drückt er die Kurse hinunter. Wenn jemand also einen sinkenden Börsenkurs erwartet, wird er als «bearish» bezeichnet.

Das Wichtigste in Kürze
▶ Aktien sind langfristig die Anlagen mit der grössten Renditemöglichkeit. Sie sind aber grossen Schwankungen unterworfen.
▶ Aktien sollten Sie nur kaufen, wenn Sie Ihr Geld für mindestens zehn Jahre nicht benötigen.
▶ Gefühle spielen beim Handel mit Aktien eine grosse Rolle. Schliessen Sie Ihre nicht aus.
▶ Frauen sind statistisch gesehen die besseren Anlegerinnen. Nutzen Sie diesen Vorteil!

Obligationen

Kennen Sie floaters, convertibles oder straight bonds ? Hinter diesen Begriffen versteckt sich die traditionelle Obligation in ihren verschiedenen Ausführungen. Wie interessant diese oft als konservativ verschriene Anlage im Weiteren sein kann und welche Möglichkeiten sie den Investorinnen eröffnet, soll im Folgenden aufgezeigt werden.

Hinter einer Obligation, Anleihe oder einem Bond verbirgt sich immer das Gleiche: es sind langfristige Schuldverschreibungen.
Staaten, Banken oder bedeutende Industrieunternehmen nehmen bei einer grossen Zahl von Investorinnen gleichzeitig Kredit auf. Sie stückeln den Geldbetrag, den sie ausleihen wollen, verbriefen ihn auf Urkunden und verkaufen diese an die Anlegerinnen.

Die Zürcher Kantonalbank beispielsweise gibt eine Anleihe von CHF 100 000 000.– heraus. Der Wert einer Obligation beträgt CHF 5000.–. Die Laufzeit ist von 2001 bis 2009, also acht Jahre. Danach wird die Obligation zum gleichen Preis zurückbezahlt. Der Zins, der alljährlich gezahlt wird, beträgt 3 Prozent. Die jährliche Auszahlung erfolgt gegen Coupons.

Die Ausgabe einer Anleihe nennt man Emission oder Neuemission. In speziellen Kotierungsinseraten werden die Anlegerinnen über die Emissionsbedingungen und die Art der Obligation informiert.
In den Emissionsbedingungen wird neben der Laufzeit, Verzinsung und Stückelung der Anleihe auch festgehalten, ob die Anleihe bei reger Nachfrage aufgestockt werden kann. Diese *Erhöhung* muss allerdings zu den gleichen Bedingungen erfolgen wie die ursprüngliche Emission. Eine weitere

Aufstockungsmöglichkeit ist das *Reopening*. Es gibt der emittierenden Bank die Möglichkeit, von der gleichen Anleihe zu einem späteren Zeitpunkt, wenn die Emission bereits abgeschlossen wurde, weitere Tranchen herauszugeben. Auch in diesem Fall müssen die Bedingungen die gleichen bleiben. In früheren Jahren erhielt die Anlegerin eine schöne Urkunde, auf der ihr Rückzahlungsanspruch und ihre Zinsansprüche (Zinscoupons) dokumentiert waren. Heute sind diese Urkunden nur noch Sammelstücke. Die Rechte werden in den meisten Fällen auf so genannten Globalurkunden auf Dauer verbrieft.

Das Durchlesen der Emissionsbedingungen ist für Sie als Anlegerin sehr empfehlenswert. Es kann Sie vor bösen Überraschungen schützen. In den Bedingungen wird nämlich auch aufgeführt, ob eine frühzeitige Kündigung seitens der emittierenden Institution vorgesehen ist. Welche Folgen hat diese Klausel?

Nehmen wir einmal an, Sie besitzen eine Obligation von einer Bank mit der hohen Verzinsung von sieben Prozent. Im Moment sind die durchschnittlichen Zinsen der Neuemissionen aber nur noch bei drei Prozent. Die Bank muss Ihnen hohe Zinsen zahlen, bekäme aber im Moment günstigeres Geld auf dem Markt. Ist in einer Klausel frühzeitige Kündigung der Obligation vorgesehen, wird die Bank natürlich diese Gelegenheit nutzen. Ganz nach dem Motto von Richard Levin:

Das Geheimnis des finanziellen Erfolgs:
billig kaufen, teuer verkaufen, rasch kassieren und spät zahlen.

Sie haben sich vielleicht schon über die gute Verzinsung gefreut und müssen nun mit Schrecken feststellen, dass Ihre Obligation zurückgekauft wird. Wehren können Sie sich gegen die Rückkaufsmöglichkeit nicht, aber sich darauf vorbereiten oder nur Obligationen zeichnen, die diese Möglichkeit nicht vorsehen.

Die Artenvielfalt der Obligationen

Wie bereits angedeutet, eröffnen Obligationen Ihnen ein breites Spektrum an Anlagemöglichkeiten. Im Gegensatz zu den Aktien ist die Artenvielfalt bei den Obligationen gross.

Die Hauptsprache im Finanzmarkt ist Englisch, und gerade bei den Obligationen kommt dies verstärkt zum Tragen. Hinter einem kompliziert aussehenden Begriff wie «straight bond» verbirgt sich beispielsweise die einfachste Form einer Obligation.

Grundsätzlich hat die Obligation eine feste Laufzeit, einen festen Zinssatz, der jährlich ausbezahlt wird, und eine feste Tilgung oder Rückzahlung der Schuld. Die Variationen der Obligation unterscheiden sich genau in diesen drei Punkten.

Straight-Bond

Bei dieser Obligation sind der Zins und die Laufzeit im Voraus festgesetzt. Am Ende der Laufzeit wird die vollständige Schuld zurückbezahlt. *Geläufigste Form.*

Kassenobligation

Sie wird als mittelfristiges Wertpapier bezeichnet, weil die Laufzeit meistens zwischen drei und sieben Jahren liegt. Die Kassenobligationen werden nur von Banken herausgegeben. Im Gegensatz zu den anderen Anleihen sind sie nicht handelbar, gelten aber als *sehr sichere Anlagen.* Einen ähnlichen Aufbau haben Kassenscheine, die aber von der Eidgenossenschaft und den Kantonen herausgegeben werden (Laufzeit 1 bis 8 Jahre).

Veränderung der Laufzeit

Ewige Anleihe

Dabei handelt es sich um eine Obligation *ohne festen Verfall,* aber mit Kündigungsmöglichkeiten der Anlegerin. Die Obligation hat keinen festen Rückzahlungszeitpunkt. Es gibt nur eine Auflösung oder Liquidation. Sie unterliegt grossen Kursschwankungen, auch weil sie zum Teil variabel verzinst ist. Dafür gewährt sie hohe langfristige Zinsen. Ewige Anleihen werden oft von Fluggesellschaften herausgegeben.

Veränderung der Zinsen oder Auszahlung der Zinsen

Zerobond

Hier handelt es sich um eine Abzinsungsanleihe. Es werden vom Emittenten *keine laufenden Zinszahlungen* ausgeschüttet, sondern er leistet nur eine einzige Zahlung am Ende der Laufzeit. Der Ausgabepreis ist der Endpreis der Obligation abzüglich aller Zinszahlungen während der Laufzeit. Man versuchte mit dieser Anleihe die Steuern zu umgehen. Zinszahlungen sind grundsätzlich als Einkommen zu versteuern. Bei dieser Obligation entfallen die Zinszahlungen. Die Obligation hat am Ende der Laufzeit einen höheren Wert, was als Kapitalgewinn bezeichnet wurde, der grundsätzlich steuerfrei ist. Die Kantone und der Bund haben den Trick durchschaut und verlangen trotzdem eine Einkommenssteuer.

Floater
Auch Floating-Rate-Bond genannt. Hier handelt es sich um Obligationen *mit variablem Zinssatz*. Der Emittent bestimmt zu Beginn der Laufzeit einen Referenzzinssatz wie den Libor (London interbank offered rate) und einen festen Prozentsatz (spread), der dem Referenzzinssatz auf- oder abgeschlagen wird. Der Libor ist der Zinssatz, den sich die Banken gegenseitig für kurzfristige Geldanlagen belasten. In den Emissionsbedingungen wird festgelegt, wann die Zinszahlungen erfolgen und welcher Libor (ein Monat, drei Monate, sechs oder zwölf Monate) der Referenzzinssatz ist. Wenn noch eine Zinsobergrenze (cap) und eine Zinsuntergrenze (floor) festgelegt wird, handelt es sich um einen Collared-Floater. Die Zinsuntergrenze wird beispielsweise bei fünf Prozent festgelegt und die Obergrenze bei zehn Prozent. Die Anlegerin weiss, dass ihre Verzinsung nie unter fünf Prozent sinkt, aber auch nie über zehn Prozent ansteigt. In der Schweiz wird als Referenzzinssatz oft die Durchschnittsrendite der Bundesobligationen gewählt.

Sonderformen

Convertible
Wandelanleihe. Diese Obligation kann man auch als «Flirt mit dem Aktienmarkt» bezeichnen. Die Obligation kann zu einem vorausbestimmten Verhältnis in einem vorbestimmten Zeitrahmen in eine Aktie gewandelt werden. Die Verzinsung ist wegen des Wandelrechts tiefer als bei herkömmlichen Obligationen.
Ein grosses Industrieunternehmen gibt eine Wandelobligation im Wert von CHF 5000.– heraus. In den Emissionsbedingungen wird der Wandelpreis festgelegt: CHF 416.67. Die Anlegerin bekommt also zwölf Aktien. Wenn nun der Börsenkurs über diese CHF 416.67 steigt, lohnt es sich, die Aktie zu wandeln und zu verkaufen. Man macht einen Kapitalgewinn, der nicht versteuert werden muss. Die Obligation wird vollständig aufgelöst und es erfolgen keine Zinszahlungen mehr. Die Wandelanleihe ist eine Kombination zwischen der Sicherheit einer festverzinslichen Anleihe und einer Kapitalgewinnchance.

Optionsanleihe
Warrant Bond. Diese Anleihe berechtigt die Eigentümerin innerhalb einer bestimmten Frist zu einem im Voraus festgesetzten Preis Aktien zu erwerben. Im Gegensatz zur Wandelanleihe ist das Bezugsrecht im Optionsschein verbrieft und wird unabhängig von der Anleihe verwendet. Der Optionspreis für die Aktie wird zum Beispiel bei CHF 600.– festgesetzt. Wenn der Preis während der ganzen Laufzeit der Obligation darunter liegt, wird die Option nicht eingelöst. Steigt der Börsenkurs aber markant an, wird die Anlegerin die Aktien für CHF 600.– erwerben und teurer wieder verkaufen.

Die Anleihe wird bis zum Ende der Laufzeit weiterhin verzinst und dann getilgt. Der Optionsschein und die Anleihe sind getrennt voneinander handelbar. Wenn die Option noch nicht eingelöst wurde, wird die Anleihe im Kursblatt mit «cum» (lat. «mit») bezeichnet. Der Begriff Optionsanleihe «ex» (lat. «aus») bedeutet dagegen Optionsanleihe ohne Optionsschein.

Doppelwährungsanleihe

Bei dieser Form werden *zwei verschiedene Währungen* verwendet. Grundsätzlich gibt es zwei Möglichkeiten:

1. Die Ausgabe der Anleihe und die Zinszahlungen erfolgen zum Beispiel in Schweizer Franken, die Tilgung oder der Rückkauf in Euro.
2. Die Ausgabe der Anleihe erfolgt in Schweizer Franken, die Zinsen und die Tilgung in Euro.

Mit dieser Anleihe nimmt man ein Währungsrisiko in Kauf, das aber auch eine Währungschance sein kann.

Nachrangige Obligation

In den Emissionsbedingungen wird oft auch eine Negativklausel aufgeführt. Damit verpflichtet sich der Herausgeber der Anleihe, diese allen früheren oder später folgenden Anleihen gleichzustellen. Man bezeichnet diese auch als erstrangige Anleihen.

Mit einer nachrangigen Obligation verzichtet man auf dieses Recht. Bei einem allfälligen Konkurs kommen nachrangige Anleihen erst zum Zug, wenn die erstrangigen bedient sind. Meistens ist bei einem Konkurs für niemanden mehr etwas übrig. Nachrangige Obligationen sind also *risikoreicher* und haben deshalb *höhere Zinssätze*.

Wie investieren Sie in Obligationen?

Als Erstes müssen Sie sich entscheiden, ob Sie eine Obligation kaufen wollen, um mit den Zinsen regelmässige Aufwendungen wie Zusatzrenten im Alter oder Steuern zu zahlen. Oder wollen Sie einfach ein sicheres Wertpapier, bei dem Sie darauf zählen können, dass Sie nach einer bestimmten Zeit Ihr Geld wieder erhalten? Vielleicht möchten Sie wirklich mit dem Aktienmarkt flirten, aber die Sicherheit, die Ihnen eine Obligation bietet, nicht missen. Sie könnten aber auch mit den Schwankungen des Obligationenmarktes spekulieren und Kapitalgewinne erzielen, die steuerfrei sind. Anlegen oder spekulieren – das ist die Frage!

Egal, wofür Sie sich entscheiden, Sie brauchen Beurteilungsgrundlagen für den Kauf von Anleihen. Dabei müssen Sie mehrere Kriterien beachten:

▶ Bonität des Schuldners
▶ Laufzeit
▶ Zinssatz
▶ Rendite
▶ Marktgängigkeit

Die Bonität des Schuldners

Obligationen gelten als sichere Anlagen, weil das eingesetzte Kapital nach einer bestimmten Laufzeit zurückgezahlt wird. Wie gross diese Sicherheit ist, wird aber durch die Qualität des Schuldners oder seine Bonität (Fähigkeit zur Schuldenrückzahlung) bestimmt. Die Aufgabe von Analysten ist es, die Fähigkeit des Schuldners, die Zinsen und die Rückzahlung termingerecht zu leisten, zu beurteilen. Dazu unterziehen die Analysten den Schuldner einer qualitativen und einer quantitativen Beurteilung.

Quantitative Analyse:
Beurteilung der finanziellen Verhältnisse, wie Liquidität, Finanzierungs- und Ertragskraft sowie Kapital- und Vermögensstruktur.

Qualitative Analyse:
Beurteilung der Managementqualitäten, Produkte und Marktstellung.

Spezialisierte Agenturen haben Ratingsysteme (Klassifizierungen) geschaffen, die eine Beurteilung des Schuldners erlauben. Die beiden amerikanischen Unternehmungen Standard & Poor's und Moody's Investor Service sind hier die wichtigsten Anbieter.

Finanzinstrumente

Standard & Poor's	Bedeutung des Ratings	Moody's
AAA	Bestnote. Zinszahlung und Rückzahlung sind sicher.	Aaa
AA	Starke Zins- und Rückzahlungsfähigkeit. Nur geringfügig riskanter als AAA.	Aa
A	Obere Mittelklasse. Starke Zahlungsfähigkeit, aber anfälliger auf äussere Veränderungen des Umfeldes, der Konjunktur und Branche.	A
BBB	Die Sicherheit gilt im Allgemeinen und bei normaler Wirtschaftsentwicklung als ausreichend.	Baa
BB	Anfällige untere Mittelklasse. Auf längere Frist ist die Zukunft nicht gesichert und die Rückzahlung ungewiss.	Ba
B	Schuldner ist noch zahlungsfähig. Längerfristig ist Zahlung des Zinses und der Schuld aber ungewiss.	B
CCC	Akute Gefahr, dass die Zahlungen eingestellt werden.	Caa
CC	Hochspekulativ, weil der Schuldner häufig zahlungsunfähig ist.	Ca
C	Ausfallrisiko ist extrem hoch, selbst wenn der Schuldner im Moment noch zahlt.	C
D	Extrem hoher Spekulationsgrad, teilweise zahlungsunfähig.	

Bei einer Anleihe, die ein schlechteres Rating als BBB aufweist, sollten Sie nicht einsteigen, weil die Gefahr besteht, dass nicht mehr die volle Schuld zurückgezahlt wird.

Es ist zwar ein neuer Trend zu Obligationen mit schlechterem Rating festzustellen, den so genannten High-Yield-Bonds. Junge Firmen oder auch Schwellenländer geben solche Obligationen heraus. Sie sind für Anlegerinnen Nervenkitzel und nur in diesem Sinne zu empfehlen. Vorsichtig sollten Sie auch bei Anleihen ohne Rating sein. Sie sind oft spekulativ und riskant. Sie erhalten zwar höhere Zinsen, doch was nützen diese, wenn Sie Ihr Kapital verlieren?

Laufzeit

Wenn Sie in Obligationen investieren wollen, müssen Sie sich überlegen, wie lange Ihr Geld gebunden sein soll. Brauchen Sie das Geld in vier Jahren für eine Ausbildung, macht es wenig Sinn, eine zehnjährige Anleihe zu kaufen.

Längere Laufzeiten bedeuten meist auch höhere Zinsen. Allerdings sollten Sie sich hüten, bei allgemein niedrigem Zinsniveau in langfristige Anleihen zu investieren. Wenn die Zinsen wieder steigen, bleiben Sie auf Ihren niedrig verzinslichen Anleihen sitzen und können nicht vom Anstieg profitieren.

Zinsen

Von den Zinsen, die Anleihen ausschütten, war schon öfter die Rede. Die Höhe der Zinsen wird von verschiedenen Faktoren beeinflusst. Die Bonität der Schuldner, die Laufzeit der Anleihe und das allgemeine Zinsniveau, das von der Konjunktur oder besser der Inflation beeinflusst wird, sind die massgebenden Faktoren.

Was haben Anleihenszinsen und Inflation miteinander zu tun?
Die Wirtschaft unterliegt konjunkturellen Schwankungen. Nachfrage und Angebot sind selten im Gleichgewicht. Wir kennen eher die konjunkturelle Überhitzung: Auf dem Markt gibt es einen Nachfrageüberhang, den Anbietern werden die Güter aus den Händen gerissen. Dies führt zu Preiserhöhungen, das Geld verliert an Wert und wir haben eine *Inflation*.

In einer *Rezession* ist die Nachfrage kleiner als das Angebot. Die Lager werden grösser, es kommt zu Entlassungen, grosser Arbeitslosigkeit und einem Preiszerfall. Das Geld gewinnt an Wert *(Deflation)*.

Hier kommen nun die Zentral- oder Nationalbanken ins Spiel. Sie sind die Hüterinnen der Währungen, versuchen aber auch mit dem Zu- oder Aufdrehen des Geldhahnes die Konjunktur zu stabilisieren.

Besteht die Gefahr, dass die Wirtschaft in eine Krise stürzt, wird die Nationalbank den Banken und damit der ganzen Wirtschaft billigeres Geld geben, um die Wirtschaft wieder anzukurbeln. Droht aber die Gefahr, dass die Preise zu stark steigen, wird die Nationalbank bremsen und teureres Geld an die Banken abgeben. Billigeres Geld bedeutet tiefere Zinsen und teures Geld höhere Zinsen.

Es ist natürlich sehr schwierig, den Verlauf der Wirtschaft und damit die Zinspolitik der Nationalbank vorauszusagen. Und selbst den Spezialisten

Finanzinstrumente

gelingt es nicht immer, die richtigen Prognosen zu stellen. Wenn Sie mit Obligationen handeln wollen, ist es unerlässlich, sich mit den Zinsen zu beschäftigen.

Es gibt eine gute Methode zur Beurteilung der aktuellen Zinsen: die Beziehung zwischen den kurzfristigen und den langfristigen Zinsen.

Die kurzfristigen Zinsen werden durch die Notenbanken bestimmt, die langfristigen durch Angebot und Nachfrage auf dem Obligationenmarkt.

Fall 1:

Die langfristigen Zinsen steigen und die Differenz zu den kurzfristigen vergrössert sich: Der Markt befürchtet eine Überhitzung der Wirtschaft und eine Inflation.

Die Anlegerin fürchtet den Wertverlust ihres Geldes durch die Inflation und legt ihr Geld im kurzfristigen Bereich an, speziell wenn die alten Obligationen keine hohe Verzinsung haben.

Die Schuldner, die langfristiges Kapital brauchen, müssen die Zinsen erhöhen, damit sie ihre Anleihen verkaufen können. Dadurch wird die Differenz zwischen den kurz- und langfristigen Zinsen noch grösser. Erst wenn die Notenbanken den Geldhahn wieder zudrehen, wird die Differenz kleiner.

Fall 2:

Die langfristigen und kurzfristigen Zinsen liegen nahe beieinander. Die Wirtschaft ist in einer Rezessionsphase.

Die Anlegerin legt ihr Geld vorteilhafter in kurzfristige Anleihen an. Es macht keinen Sinn, sein Geld langfristig zu binden, wenn man kurzfristig gleich gute Zinsen bekommt.

Schuldner werden langfristige Anleihen emittieren, wenn sie sich so gleich billig verschulden können.

Fall 3:

Die kurzfristigen Zinsen übersteigen die langfristigen.

Werden aufgrund einer konjunkturellen Abkühlung allgemeine Zinssenkungen der Nationalbank erwartet, nimmt der Markt diese Senkungen schon vorweg.

Die Anlegerin wird versuchen, ihr Geld bei noch hohen Zinsen in langfristige Obligationen zu investieren. Dadurch steigen die kurzfristigen Zinsen. Der Schuldner wird, wenn er kann, weitere Zinssenkungen abwarten. Er nimmt sein Geld auf dem kurzfristigen Markt auf, wodurch die Zinsen nochmals steigen.

Wie bereits erwähnt, nimmt der Markt die erwarteten wirtschaftlichen Entwicklungen vorweg, wodurch das richtige Timing für die Anlegerin natürlich noch schwieriger wird.

Rendite und Wert einer Anleihe

Die Rendite oder der Ertrag einer Obligation beschränkt sich in den meisten Fällen nicht auf die Zinserträge aus den Coupons. Weit interessanter kann der Handel mit Obligationen sein.

Pari
Der Börsenkurs oder Emissionspreis, der dem Nennwert einer Obligation entspricht. Er wird immer in Prozenten ausgedrückt. Der Wert einer Obligation beträgt zum Beispiel CHF 5000.–. Wenn die Obligation zu 100 Prozent, also zu pari, an der Börse gehandelt wird, zahlt die Anlegerin genau CHF 5000.– für die Obligation.
Wenn der Kurs bei 105 Prozent liegt, nennt man dies *über pari*. Für diese Obligation zahlt die Anlegerin CHF 5250.–.
Liegt der Kurs einer Obligation an der Börse bei 95 Prozent, sagt man *unter pari*. Für diese Obligation zahlt die Anlegerin CHF 4750.–.
Auch Neuemissionen können beispielsweise zu 101,5 Prozent herausgegeben werden. Die Anlegerin zahlt mehr als den Nennwert und erhält am Ende der Laufzeit nur 100 Prozent zurück.

Der Ertrag einer Obligation setzt sich also aus dem Gewinn durch eine allfällige Kurssteigerung und den Zinsen zusammen. Wird eine Obligation über pari ausgegeben, muss der Kursverlust erst durch die Zinsen wettgemacht werden. Deshalb ist es unter Umständen sinnvoll, eine Obligation zu verkaufen, wenn sie zu einem hohen Kurs gehandelt wird. Ausserdem muss der entstehende Kapitalgewinn nicht versteuert werden.

Wie reagieren die Kurse der Obligationen auf die Zinsschwankungen?
Steigt das allgemeine Zinsniveau, dann sinken die Obligationenkurse, weil zukünftige Zahlungsströme stärker abdiskontiert werden. Die Rendite ist gegenüber dem aktuellen Markt tief.
Sinkt das allgemeine Zinsniveau, dann werden die gehandelten Obligationen aufgewertet, weil die zukünftigen Zahlungen geringer abgezinst werden. Ihre Rendite ist höher als der aktuelle Markt.

Finanzinstrumente

Um die Rendite zu berechnen, verwenden die Profis eine Methode, die allfällige Kapitalgewinne oder -verluste berücksichtigt und auch die Wiederanlage der Coupons miteinbezieht. Diese Berechnungsmethode heisst *Rendite auf Verfall*. Die Berechnung dieser Rendite ist kompliziert, wird aber von den Banken für Obligationen, die Sie interessieren, durchgeführt.

Eine weitere Hilfe zur Bewertung von Obligationen ist die *Duration*.
Die Kurse der Obligationen reagieren verschieden stark auf die Zinsschwankungen. Sie reagieren stärker, wenn
▶ die Restlaufzeit der Obligation gross ist und
▶ der Coupon tief ist.
Mit der Duration – der mittleren Bindungsdauer des Kapitals in Jahren – wird nicht die Restlaufzeit der Obligation ausgedrückt, sondern wie lange es dauert, bis die Hälfte aller Barwerte zurückgeflossen ist. Die Duration ist eine Kennzahl, die das Zinsänderungsrisiko einer festverzinslichen Anleihe angibt. Sie berücksichtigt sowohl die Restlaufzeit als auch die Verzinsung (Höhe und Häufigkeit der Auszahlung).
Je höher die Duration ist, desto stärker reagiert die Obligation auf Zinsveränderungen. Eine Duration ist hoch oder lang bei tiefer Verzinsung und langer Restlaufzeit. Sie ist kurz bei hohem Zins und kurzer Restlaufzeit.
Wie können Sie als Anlegerin die Duration einsetzen? Glauben Sie, dass Zinserhöhungen zu erwarten sind, sollten Sie Titel mit einer kurzen Duration kaufen. Vermuten Sie eher, dass die Zinsen fallen, kaufen Sie besser Titel mit langer Duration.

Marktgängigkeit

Falls Sie beschlossen haben, Obligationen zu kaufen um zu spekulieren, dann müssen Sie noch auf folgenden Punkt achten: Kaufen Sie nur Obligationen, die marktgängig sind. Obligationen also, für die Sie auf dem Markt auch wirklich wieder Käufer finden. Nichts ist unangenehmer, als auf Obligationen sitzen zu bleiben, weil sie niemand will. An der Börse gehandelte Obligationen bieten eine gewisse Sicherheit.
Sie sehen, Obligationen sind nicht immer konservative oder sichere Anlagen, sondern bieten eine breite und spannende Palette von Anlagemöglichkeiten.
Die Wahl der richtigen Obligation kann sogar ein schwieriges Unterfangen werden und der Handel recht risikoreich. Die Gründe sind vielschichtig. Die Zinsentwicklung auf dem Obligationenmarkt hängt stark mit der Inflation zusammen. Die Wirtschaftssignale richtig zu deuten und die Anfänge einer Inflation zu erkennen, fällt selbst Profis schwer. In den einschlägigen Zeitungen heisst es dann immer: «Überraschend und vom Markt überhaupt nicht erwartet, hat die Europäische Zentralbank die Leitzinsen erhöht.»

> **Das Wichtigste in Kürze**
> ▶ Als Anlegerin müssen Sie beim Kauf von Obligationen auf folgende Punkte achten:
>   – Wie ist das allgemeine Zinsniveau? Die Informationen erhalten Sie aus Zeitungen oder auch von Ihrer Bank.
>   – Wie lange möchten Sie Ihr Geld investieren?
>   – Welche Qualität hat der Schuldner? Diese Auskunft gibt Ihnen Ihre Bank.
> ▶ Grundsätzlich empfehlen wir Ihnen, Obligationen zu kaufen und zu halten. Wenn Sie aber vom Handel und auch von Obligationen in fremden Währungen und anderen Kontinenten profitieren wollen, ohne allzu grossen Zeitaufwand und nächtelanges Studium zu betreiben, kaufen Sie am besten Obligationenfonds.

Fonds

Seit einiger Zeit grassiert in der Schweiz eine neue Epidemie: das Fondsfieber. Diese Anlageform ist heute bereits verbreiteter als Aktien und Obligationen. Dies erstaunt, weil Fonds vor zehn Jahren beinahe noch unbekannte Anlagevehikel waren.

Was macht diese Anlage so begehrenswert, dass sie zur beliebtesten Anlageform der Schweizer und Schweizerinnen wurde? Wo liegen die Gefahren und wie findet man unter den etwa dreitausend in der Schweiz zum Vertrieb zugelassenen Fonds den richtigen?

Ein Stück vom Fondskuchen

Man nehme eine Prise Geldmarkt, zwei Esslöffel Obligationen und vier Esslöffel Aktien. Alles gut mischen, backen, garnieren und in Einzelstücken verkaufen.

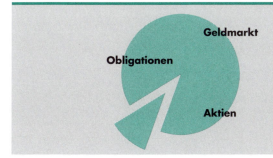

Geldmarkt

Obligationen

Aktien

Finanzinstrumente

So lautet das Rezept für einen möglichen Fonds. Wie bei feinen Kuchen können Sie auch bei Fonds den auswählen, der Ihnen am besten schmeckt. Die Auswahl ist riesig.

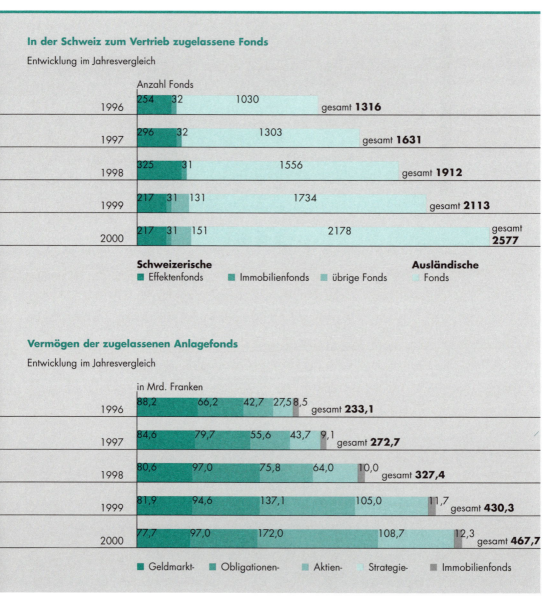

In der Schweiz zum Vertrieb zugelassene Fonds

Entwicklung im Jahresvergleich

Anzahl Fonds

Jahr					
1996	254	32	1030		gesamt **1316**
1997	296	32	1303		gesamt **1631**
1998	325	31	1556		gesamt **1912**
1999	217	31	131	1734	gesamt **2113**
2000	217	31	151	2178	gesamt **2577**

Schweizerische
■ Effektenfonds   ■ Immobilienfonds   ■ übrige Fonds

Ausländische
□ Fonds

Vermögen der zugelassenen Anlagefonds

Entwicklung im Jahresvergleich

in Mrd. Franken

Jahr					
1996	88,2	66,2	42,7	27,5	8,5 gesamt **233,1**
1997	84,6	79,7	55,6	43,7	9,1 gesamt **272,7**
1998	80,6	97,0	75,8	64,0	10,0 gesamt **327,4**
1999	81,9	94,6	137,1	105,0	11,7 gesamt **430,3**
2000	77,7	97,0	172,0	108,7	12,3 gesamt **467,7**

■ Geldmarkt-   ■ Obligationen-   ■ Aktien-   Strategie-   ■ Immobilienfonds

TA-Grafik KMH / Quelle:
BK/BOPP ISB AG / Lipper
Stand Dezember 2000

Die Banken förderten in den letzten Jahren das Fondsgeschäft, nicht zuletzt auch deshalb, weil sie dadurch Kosten sparen konnten. Die Informationen über Märkte und Firmen, die sie im Rahmen ihrer Vermögensverwaltungen erworben haben, sind auch für die Verwaltung von Fonds von Nutzen.

Bei der Definition eines Anlagefonds nehmen wir am besten das seit 1995 geltende Bundesgesetz über die Anlagefonds AFG zu Hilfe:

Der Anlagefonds ist ein (Sonder-)Vermögen, das aufgrund öffentlicher Werbung von den Anlegern zur gemeinschaftlichen Kapitalanlage aufgebracht und von der Fondsleitung in der Regel nach dem Grundsatz der Risikoverteilung für Rechnung der Anleger verwaltet wird.

Was bedeuten diese Punkte?

▶ Sondervermögen	Damit ist gemeint, dass es sich um ein eigenständiges, von der Fondsleitung getrenntes Vermögen handelt. Der Fonds wird deshalb von einem Konkurs der Fondsleitung nicht betroffen.
▶ gemeinschaftliche Kapitalanlage	Der Fonds ist ein Sammeltopf (Kuchen) von Geldern, die vielen verschiedenen Anlegern gehören.
▶ von der Fondsleitung verwaltet	Alle Anlageentscheidungen werden von der Fondsleitung getroffen. Die Anlegerin hat kein Mitspracherecht.
▶ Grundsatz der Risikoverteilung	Je breiter die Diversifikation, desto geringer das Risiko. (Lege nicht alle Eier in den gleichen Korb.)

Harry Markowitz, Nobelpreisträger (*1927 in Chicago) machte in den Fünfzigerjahren eine Entdeckung, die ihn zu einem der Begründer der Modernen Portfolio-Theorie werden liess. Er konnte anhand mathematischer Berechnungen und Statistiken nachweisen, dass die Rendite oder der Ertrag von Anlagen gleich bleibt, wenn man in verschiedene Titel anlegt, das Risiko sich aber stark vermindert.

Risiko in Prozenten

Anzahl Wertschriften

Mit dieser Theorie werden nicht alle Risiken vermindert, sondern nur die Titelrisiken. Wenn ein Unternehmen hohe Verluste erleidet, können diese durch die Titel anderer Unternehmen aufgefangen werden. Wenn aber der ganze Markt einbricht, sind alle Titel betroffen und die Diversifikation hilft in diesem Fall nicht.

Mark Twain hatte übrigens seine eigene Eier-Theorie: Lege alle Eier in den gleichen Korb und beobachte ihn gut.

Das Bundesgesetz über die Anlagefonds schreibt eine klare Trennung zwischen der Fondsleitung und der Depotbank vor. Die Depotbank ist für den Zahlungsverkehr zuständig und kümmert sich um die Ausgabe und Rücknahme von Anteilscheinen. Ihre wichtigste Funktion ist die Überwachung der Fondsleitung, um sicherzustellen, dass diese Gesetz und Fondsreglement einhält. Die Fondsleitung darf allerdings eine Tochtergesellschaft der Bank sein.

Die Aufsicht über die Anlagefonds liegt bei der Eidgenössischen Bankenkommission EBK. Sie überwacht die Einhaltung des Anlagefondsgesetzes (AFG) und ergreift Massnahmen, wenn Verletzungen vorliegen. Sie erteilt die Bewilligungen zu Leitung und Vertrieb von Anlagefonds und prüft das Fondsreglement, bevor ein neuer Fonds überhaupt in der Schweiz zum Vertrieb zugelassen wird.

Nicht jeder ist befugt, Fonds zu vertreiben. Während Banken und Fonds-leitungen, die ohnehin der laufenden Aufsicht der EBK unterworfen sind, keine besondere Genehmigung zum Fondsvertrieb benötigen, müssen freie Finanzberater eine Fondsvertriebsbewilligung einholen. Diese erteilt die EBK erst nach genauer Überprüfung von Leumund, Ausbildung und Ver-triebsorganisation der Antragsteller.

Sie können also von einem gewissen Gütesiegel ausgehen, erkundigen Sie sich nach der Fondsvertriebsbewilligung, wenn Ihnen Fonds zum Kauf an-geboten werden. Wer ohne sie Fonds verkauft, macht sich strafbar.

Die Vorteile der Anlagefonds

Die breite Risikostreuung

Der markanteste Vorteil eines Anlagefonds ist seine Diversifikation auf viele verschiedene Titel. Damit kann das Titelrisiko, nicht aber das Marktrisiko verringert werden.

Die breite Streuung von Anlagen ist allerdings nur möglich, wenn sie mit einem ansehnlichen Vermögen realisiert werden kann. Dies ist ein weiterer Vorteil von Anlagefonds, weil in ihnen das Sparpotenzial vieler kleiner An-leger gebündelt wird – viele kleine Kuchenstücke ergeben auch einen gros-sen Kuchen. Das grosse Anlagevolumen ermöglicht es, für Transaktionen bessere Konditionen zu vereinbaren.

Das professionelle Management

Der professionelle Fondsmanager hat Ressourcen im Hintergrund, die eine private Anlegerin nicht hat. Er ist an ein weltweites Informationsnetz über Markt- und Firmeninformationen gekoppelt, durch das er innert Sekunden alle wichtigen und relevanten Daten erhält. Er kann auf das Wissen hoch-spezialisierter Analysten zurückgreifen. Zu deren täglichen Aufgaben gehört es, Zinsentwicklung, Währungskurse und Wirtschaftszyklen zu beobachten; Zeit, die eine Anlegerin mit ihrer Mehrfachbelastung oft nicht aufbringen kann. Wir bewegen uns in einer schnelllebigen Zeit, in der manchmal nur noch Spezialisten mitkommen. Das bedeutet jedoch nicht, dass Fonds-manager mit ihren Prognosen immer richtig liegen. Aber die Voraussetzun-gen für gute Entscheide sind besser.

Finanzinstrumente

Wir sprechen bewusst von Fondsmanagern, weil der Grossteil der in der Schweiz zugelassenen Fonds immer noch von Männern verwaltet wird. Die Frauen sind aber auf dem Vormarsch. Interessant ist, dass Fondsmanagerinnen grossen Wert auf die «soft skills» legen. Dies sind immaterielle Faktoren eines Unternehmens wie interne Kommunikation, die sich nur auf der emotionalen Ebene erfassen lassen. Die Zeitschrift «Finanz und Wirtschaft» interviewte fünf Fondsmanagerinnen, die bestätigten, dass Frauen ein grösseres Einfühlungsvermögen besitzen. Sie sind überzeugt, dass ihnen diese weiblichen Eigenschaften Vorzüge bieten, ihren Job gut zu machen. Natürlich bildet die technische Analyse auch bei ihnen die Grundlage zur Beurteilung der Firmen.

Einstiegsmöglichkeit mit tiefem Einsatz

Dank der kleinen Stückelung können Sie bereits mit sehr tiefen Beträgen Fondsanteile kaufen. Dieser Vorteil kommt ganz besonders beim Sparen mit Anlageplänen zum Tragen, bei denen bereits mit einer monatlichen Einlage von 100 bis 150 Franken der Einstieg in einen Fonds möglich ist. Problemlos können auch nur Bruchteile von Fondsanteilen erworben werden.

Die Kosten

Sämtliche Kosten müssen im Fondsreglement aufgeführt sein. Wenn Sie sich zum Kauf eines Fondsanteils entschieden haben, zahlen Sie nicht nur den in der Zeitung veröffentlichten Kurs, sondern auch eine Ausgabekommission. In der Schweiz ist sie selten höher als drei Prozent. Ist sie höher, sollten Sie auf den Kauf dieses Fonds verzichten. Sie starten gleich mit einer hohen «Minus-Performance», die zuerst wieder aufgeholt werden muss. Die Ausgabekommission entschädigt die Bank oder den Fondsvertreiber für Beratung und Informationen.

Dagegen erhalten Sie bei der Rücknahme des Fonds in der Schweiz den ganzen Inventarwert, weil eine Rücknahmekommission hier unüblich ist. Informieren Sie sich aber vor dem Kauf bei Ihrer Bank, damit Sie keine bösen Überraschungen erleben.

Ausgabe- und Rücknahmekommission werden als einmalige Kosten bezeichnet, daneben gibt es noch die wiederkehrenden oder laufenden Kosten:

▶ Verwaltungsgebühr (Management Fee),
▶ administrative Kosten (Buchführung, Kurspublikationen, Jahresberichte),
▶ Depotbankgebühr.

Die ausgewiesenen laufenden Kosten werden in der Erfolgsrechnung des Fonds aufgeführt. Damit haben Sie als Kundin eine gewisse Kostentransparenz und können vergleichen.

Neben den laufenden fallen auch verdeckte Kosten an. Dazu gehören sämtliche Transaktionskosten wie Courtagen, Abgaben und Gebühren, welche direkt dem Fonds belastet werden. Leider herrscht darüber wenig Transparenz.
Obschon sie nach wie vor der Mythos einer kostengünstigen Anlageform umschwebt, sind Fonds im Grunde gar nicht so billig.

Transparenz des Inventarwerts

Sie wissen immer, wie viel Ihr Fonds wert ist. Täglich wird, wie bei den Aktien oder Obligationen, in den wichtigsten Zeitungen der momentane Wert Ihres Fondsanteils publiziert. Diesen Wert nennt man Inventarwert (Net Asset Value = NAV). Der Inventarwert wird auf folgende Weise ermittelt: Der Gesamtwert aller Fondsaktiven wird durch die Anzahl der umlaufenden Anteile geteilt.

Flexibilität bei Kauf und Verkauf

Wenn Sie sich zum Kauf entschlossen haben, müssen Sie nur zur entsprechenden Bank gehen, ein Depot eröffnen und die Fondsanteile kaufen. Die Kurse der Fonds können Sie in den Zeitungen, auf Teletext oder im Internet verfolgen. Käufe und Verkäufe können an jedem Bankwerktag abgewickelt werden. Bei Verkäufen ist Ihr Geld innerhalb von drei Tagen verfügbar.
Besonders wichtig ist das jederzeitige Rückgaberecht. Dies bedeutet, dass Sie Ihre Fondsanteile jederzeit an den Fonds zurückgeben können. Aus diesem Grund sind in der Schweiz nur so genannte offene Fonds zugelassen.

Finanzinstrumente

Offene Fonds oder Open-end Funds

Sie müssen jederzeit Anteile des Fondsvermögens zum jeweiligen Inventarwert zurücknehmen oder neue Anteile herausgeben.

Diese Ausstiegsmöglichkeit bietet der Anlegerin den grössten Schutz, da sie kein Mitspracherecht besitzt und somit keinen Einfluss auf das Fondsmanagement ausüben kann.

Geschlossene Fonds oder Closed-end Funds

Hier wird eine zum Voraus festgesetzte Anzahl Anteilscheine herausgegeben, die nicht nach Belieben erhöht werden kann wie bei den offenen Fonds.

Solche Anteile können nur noch an der Börse verkauft oder, wenn die Emission abgeschlossen ist, gekauft werden.

Steuervorteile

Schweizerische Anlagefonds sind keine eigenständigen Steuersubjekte. Dies hat zur Folge, dass ihr Vermögensertrag nicht durch den Fonds zu versteuern ist, was sich letztlich positiv auf die Performance auswirkt.

Nachteile der Anlagefonds

Die Vorteile der Fonds sind wirklich beeindruckend. Trotzdem gilt auch hier das Sprichwort: «*Wo Licht ist, ist auch Schatten*».

▶ Als Anlegerin haben Sie keinen Einfluss auf die Anlagepolitik. Sie können nur bei der Auswahl des Fonds entscheiden, welche Strategie Sie wählen möchten.
▶ Sie verzichten bei Aktienfonds auf Ihre Mitgliedschaftsrechte. Die Fondsleitung übt die Stimmrechte an der Generalversammlung aus. Dadurch erhalten institutionelle Anleger wie Pensionskassen oder Fondsverwaltungen noch mehr wirtschaftliche Macht.
▶Anlagefonds sind relativ teuer.

Die verschiedenen Fondskategorien

In der Schweiz werden über 3 000 Fonds vertrieben. Damit Sie als Anlegerin überhaupt einen gewissen Überblick behalten, werden die Fonds gemäss Anlagefondsgesetz in verschiedene Kategorien unterteilt.

Effektenfonds	Anlagefonds, welche ihre Anlagen in massenweise ausgegebenen Wertrechten und Wertpapieren (= Effekten) tätigen, die an einer Börse oder an einem anderen geregelten, dem Publikum offen stehenden Markt gehandelt werden. Diese Fondsentsprechen der EU-Richtlinie.	▶ Geldmarktfonds ▶ Obligationen- fonds ▶ Aktienfonds ▶ Gemischte Fonds (Anlageziel-, Portfolio- oder Strategiefonds)	
Immobilienfonds	Anlagefonds, welche ihre Mittel unter Wahrung des Grundsatzes der Risikoverteilung in Immobilienwerten anlegen.		
Übrige Fonds	Anlagefonds, welche weder Effekten- noch Immobilienfonds sind. Sie werden unterteilt in Fonds ▶ ohne besonderes Risiko, ▶ mit besonderem Risiko. Diese Fonds entsprechen nicht der EU-Richtlinie.	Ohne besonderes Risiko: Effektenfonds-ähnlich, sie legen z. B. in Aktien oder Obligationen von Firmen an, die nicht kotiert sind oder ausserbörslich gehandelt werden (Small Cup Funds)	Mit besonderem Risiko: Schweizer Hedge funds

In der Praxis werden aber nicht diese Begriffe verwendet, sondern es wird eine anlagepolitische Einteilung gemacht. Das vom Fonds verfolgte Anlageziel steht im Vordergrund und ordnet die Kategorien in:
▶ Geldmarktfonds
▶ Obligationenfonds
▶ Aktienfonds
▶ Strategiefonds (auch gemischter Fonds, Portfolio- oder Anlagezielfonds genannt)
▶ Immobilienfonds
▶ Alternativen: Indexfonds, Hedge funds, Absicherungsfonds.

Geldmarktfonds

Geldmarktfonds investieren ihre Mittel nur in kurzfristige, festverzinsliche Geldmarktpapiere mit guter Schuldnerqualität wie Festgelder, Commercial Papers oder Treasury Bills. Die Restlaufzeiten dieser Papiere müssen unter einem Jahr liegen. Geldmarktfonds dürfen immer nur in einer Währung geführt werden. Damit vermindert sich das Wechselkursrisiko.

Im Gegensatz zum Festgeld, wo die Mindesteinlage CHF 100 000 beträgt, eignen sich Geldmarktfonds für Kleinanlegerinnen, die ihr Geld kurzfristig parkieren, dabei aber jederzeit über das Geld verfügen wollen. Dies im Gegensatz zum Sparheft oder -konto, welches oft eine spezielle Kündigungsfrist kennt.

Geldmarktfonds werden immer nur in einer Währung geführt, decken aber alle wichtigen Währungen (CHF, EURO, US-Dollar usw.) ab. Alle Geldmarktfonds sind typische Thesaurierungsfonds.

Man unterscheidet bei der Gliederung der Anlagefonds nach Ertragsverwendung zwischen *Ausschüttungsfonds* und *Thesaurierungsfonds.*

Bei den Ausschüttungsfonds werden die Erträge aus Zinsen (Obligationen) und Dividenden (Aktien) periodisch an die Anlegerin ausgeschüttet Für die in der Schweiz domizilierten Fonds ist dies der Normalfall.

Bei Thesaurierungsfonds werden die Erträge fortlaufend wieder in den Fonds investiert, wodurch der Kurswert entsprechend ansteigt.

Wenn Sie in einen Fonds investieren wollen, aber auf regelmässige Erträge angewiesen sind, ist ein Ausschüttungsfonds sinnvoll.

Vorteile des Geldmarktfonds

1. Mit einem kleinen Betrag können Sie im Geldmarkt investieren.
2. Sie können Ihren Fondsanteil jederzeit verkaufen.
3. Das Risiko ist dank dem grossen Fondsvermögen kleiner.
4. Der Geldmarktfonds ist ein idealer Kurzzeitparkplatz für bald wieder benötigtes Geld.

Obligationenfonds

Ein Obligationenfonds ist die kollektive Geldanlage in Obligationen. Die Diversifikation oder die Verteilung auf verschiedene Schuldner erhöht auch hier die Sicherheit. Und durch die ständige Überwachung der Anlagen durch das Fondsmanagement wird die Bonität der Schuldner stetig überprüft, was wiederum die Sicherheit verstärkt.

Obligationenfonds werden nach folgenden Kriterien unterteilt:
▶ Währung
▶ Schuldnerqualität
▶ Restlaufzeit

Obligationenfonds können sich auf eine Währung konzentrieren oder zwischen verschiedenen Währungen streuen. Als Anlegerin haben Sie die Wahl zwischen allen wichtigen Währungen.
Grundsätzlich können Sie höhere Renditen erwarten, wenn Sie Obligationenfonds in fremden Währungen kaufen. Die Zinssätze in den anderen Industriestaaten liegen meist höher als die in der Schweiz. Die Wechselkursschwankungen können aber den gesamten Anlageerfolg erheblich beeinflussen. Laut Untersuchungen gibt es Unterschiede bis zu 25 Prozent!
Obligationenfonds konzentrieren sich auf die besten Schuldner oder spezialisieren sich auf die schlechten Schuldner (Junk-Bonds). Aus den verschiedensten Ländern werden dann Obligationen eines bestimmten Schuldnersegmentes anvisiert.
Es empfiehlt sich, die Angaben über die *Schuldnerqualität* der einzelnen Obligationen im Fonds genau zu überprüfen, vor allem wenn Sie Obligationenfonds wegen ihrer Sicherheit wählen. Wertvolle Hinweise liefert Ihnen dazu der Prospekt oder das Inventar im Jahresbericht.
Immer beliebter werden Obligationenfonds, die bewusst auf schlechtere Schuldner setzen (Bereich BB und B, aber noch keine Junk-Bonds). Bei diesen High-Yield-Obligationenfonds profitieren Sie von den höheren Zinsen, müssen aber anderseits ein höheres Risiko in Kauf nehmen.
Die *Laufzeit* ist eine weitere Kategorie bei den Obligationenfonds. Es gibt Fonds, die nur in Obligationen mit langen Laufzeiten investieren oder nur in solche mit kurzen Laufzeiten. Der Vorteil der langfristigen Obligationen ist, dass sie höhere Zinserträge auszahlen. Sie sind aber einem höheren Risiko unterworfen und damit auch grösseren Kursschwankungen. Gerade dieser Umstand wird indessen von den Fondsmanagern ausgenutzt, die aktiv einen langfristigen Obligationenfonds verwalten. Durch die Kursschwankungen können sie beim Verkauf von Obligationen an der Börse Kapitalgewinne erzielen, was sich sehr positiv auf die Rendite des Fonds auswirkt. Die Anlage in kurzfristige Obligationen verringert sowohl die Kursschwankungen als auch die Rendite.
Viele Anlegerinnen kaufen Obligationen, weil sie durch die Zinszahlungen ein regelmässiges Einkommen erhalten. Um diesen Vorteil auch bei einem Fonds zu haben, müssen Sie einen ausschüttenden Fonds wählen. Die meisten Fonds werden mit einer ausschüttenden und einer thesaurierenden Tranche angeboten.

Finanzinstrumente

Achtung: Wenn Sie einen Obligationenfonds kaufen, haben Sie zwar ein relativ sicheres Anlageinstrument. Aber im Gegensatz zum direkten Kauf einer Obligation wird ihnen der Nominalwert der Einlage nicht garantiert. Fonds haben keine festen Laufzeiten und ihr Kursverlauf unterliegt Schwankungen. Deshalb kann es passieren, dass Sie beim Verkauf der Fondsanteile nicht Ihre ganze Investition zurückerhalten. Vermeiden können Sie dies, indem Sie den Kursverlauf des Fonds beobachten und sich frühzeitig überlegen, wann Sie Ihr Geld wieder brauchen.

Ein weiterer Nachteil liegt im Bereich der Steuern. Wenn Sie direkt in ausländische Obligationen investieren, müssen Sie keine Einkommenssteuern auf den Zinsen zahlen. Investieren Sie in Fonds, zahlen Sie auch Einkommenssteuern auf den Zinsen von ausländischen Obligationen.

Vorteile des Obligationenfonds

1. Sie können in den internationalen Obligationenmarkt investieren, ohne sich über Wechselkurse oder Zinssatzänderungen Gedanken zu machen.
2. Durch das aktive Verwalten eines Obligationen-Portefeuilles sollte die Rendite höher liegen, als wenn Sie Obligationen kaufen und liegen lassen bis zur Rückzahlung.

Aktienfonds

Die Palette der Aktienfonds ist sehr gross und in den letzten Jahren waren sie **die** Spitzenreiter unter den Fonds dank ihren oft hohen zweistelligen Performance-Zahlen. Sobald aber die Aktienmärkte einbrechen wie im letzten Jahr, geht auch der Ertrag der Aktienfonds zurück und die Verluste sind allenfalls zweistellig. Mit den Fonds können Sie bekanntlich dank Diversifikation das Titelrisiko umgehen, aber nicht das Marktrisiko.

Aktienfonds sind ideal für Anlegerinnen, die den Schritt in den Aktienmarkt wagen wollen. Sie können bereits mit einem kleinen Betrag (weniger als CHF 1000.–) einsteigen und profitieren von der Diversifikation. Sie müssen aber grosse Kursschwankungen und in schlechten Jahren auch hohe Verluste aushalten können.

Aktienfonds werden nach folgenden Kriterien eingeteilt:

Geografisch

▶ **Länder:** Der Länderfonds investiert in die wichtigsten Unternehmen eines bestimmten Landes. Er kann eine Alternative zu Direktanlagen sein, vor allem in schwer zugänglichen Märkten.

▶ **Regionen:** Regionenfonds decken zusammenhängende Wirtschaftsräume ab wie Europa oder den Pazifikraum. In Regionenfonds kann die Anlegerin investieren, wenn
– einzelne Länder dieser Region langfristig zu wenig interessant sind,
– der Markt zu wenig liquid ist,
– eine sinnvolle Risikoverteilung nicht möglich ist.
Erstaunlich: Mit nur drei Regionenfonds (USA, Europa, Japan) kann die Anlegerin über 90 Prozent der weltweiten Börsenkapitalisierung einkaufen! Eine besondere Form der Regionenfonds sind die *aufstrebenden Märkte* (Emerging Markets). Wie der Name besagt, durchlaufen diese Regionen oder Wirtschaftsräume eine starke Wachstumsphase. Dies kann zu hohen Renditen führen, birgt aber auch ein hohes Risiko, denn nicht jedes Wachstum verläuft geradlinig. Für Anlegerinnen ist ein Regionenfonds meist die einzige Möglichkeit, mit kalkuliertem Risiko in exotische Märkte zu investieren. Bereits für den Kauf von einzelnen Aktien im Heimmarkt braucht es Sachkenntnisse und Zeit. Will man seinen Anlageraum ausweiten, stösst man an die Grenzen seiner Kapazität, weil Informationen zur Wirtschaftslage ferner Länder und einzelner Unternehmen dieser Länder schwierig zu bekommen sind.

▶ **Global:** Es gibt auch Aktienfonds, die weltweit in die wichtigsten Märkte investieren. Hier kommt der Effekt der internationalen Diversifikation zum Tragen.

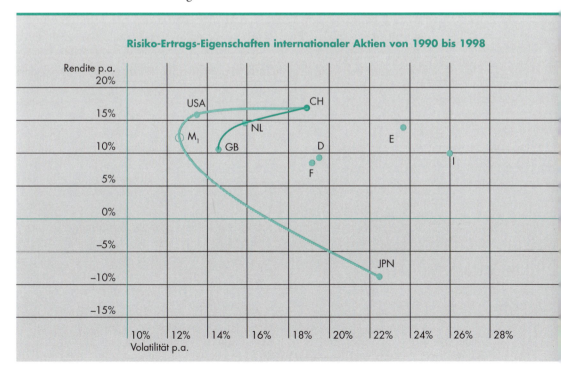

Risiko-Ertrags-Eigenschaften internationaler Aktien von 1990 bis 1998

Rendite p.a.

Volatilität p.a.

Quelle: Erwin W. Heri: «Die acht Gebote der Geldanlage», Helbling und Lichtenhahn 2000

Finanzinstrumente

Das Risiko kann durch Anlagen in ausländische Titel stark vermindert werden, ohne dass die Rendite im gleichen Mass zurückgeht. Allerdings braucht man für eine gute Diversifikation ein Anlagevolumen von CHF 10 Millionen. Auf solch hohe Vermögen kommen Privatanlegerinnen leider selten, dafür aber Fonds. Im Zuge der Globalisierung, in der immer mehr Firmen weltweit tätig sind, verliert diese Anlagestrategie jedoch immer mehr an Bedeutung.

Branchen oder Wirtschaftssektoren

Branchenfonds investieren weltweit gezielt in Unternehmen, die in bestimmten Wirtschaftssektoren oder Branchen tätig sind. In aller Munde war und ist als Beispiel die Biotechnologie, aber auch Chemie-, Pharma-, Telekommunikations- und Software-Titel werden in Branchenfonds zusammengefasst. Weil bereits viele Unternehmen weltweit tätig sind und Wirtschaftsräume enger zusammenrücken (EU oder die USA, Kanada und Mexiko), glaubt man, dass die Zukunft dieser Fondskategorie gehören wird.

Grösse der Unternehmen und Anlagestile

Oft wird die Diversifikation aufgegeben, um in Teilbereiche zu investieren. So legen Fonds bewusst in Kleinunternehmen (Small Caps) an, die für Anlegerinnen kaum zugänglich sind. Natürlich wird anderseits auch nur in grosse Firmen angelegt.

Andere Fonds kaufen Aktien von Firmen, von denen man ein überdurchschnittliches Wachstum (Growth) erwartet (eigentlich das Ziel jeder Anlegerin, diesen Top-Shot zu landen) oder investieren in Titel, die das Vertrauen der Anlegergemeinde verloren haben (Contrarian – gegen den Strom schwimmen). Hier spricht man von der Umsetzung eines bestimmten «Investment Style» oder Anlagestils.

Vorteile des Aktienfonds

1. Sie haben die Möglichkeit, mit kleinen Beträgen an einem grossen Wachstumsmarkt teilzunehmen.
2. Sie können in Regionen investieren, über die Sie als Kleinanlegerin kaum Informationen erhalten.

Strategiefonds (Anlagezielfonds, gemischter Fonds oder Portfolio-Fonds)

Sie sehen bereits im Titel, dass sich für diese Form der Fonds keine einheitliche Bezeichnung durchgesetzt hat. Auch bei den Namen vereinzelter Anlagezielfonds erkennt man kaum, welche Strategie dahinter steckt.

Strategiefonds bieten der Kleinanlegerin die Möglichkeit, mit Fondsanteilen die professionelle Vermögensverwaltung einer Bank beziehungsweise eines Fondsanbieters zu kaufen. Dank grosser Anlagevermögen kann eine optimale Risikostreuung gewährleistet werden. Anlagezielfonds sind also die Vermögensverwaltung für das kleinere Portemonnaie.

Die Anlegerin muss nur noch eine Anlagestrategie wählen und den Rest der Fondsleitung überlassen. Die Bank profitiert auch stark, kann sie doch ihr Wissen, das sie für die Vermögensverwaltung aufgebaut hat, gleich doppelt anwenden.

Zuerst muss die Anlegerin aber ihr Risikoprofil mit einer Anlageberaterin ausarbeiten. Für jedes Risikoprofil steht eine Anlagerichtung zur Verfügung. Dabei wird nicht nur ihre Risikoneigung (konservativ oder risikofreudig), sondern auch ihre Risikofähigkeit anhand ihres Anlagehorizonts ausgearbeitet.

Lassen Sie sich dabei von den englischen Ausdrücken nicht in die Irre führen, sondern prüfen Sie bei Ihrer Bank immer genau, welche Strategie hinter dem Fonds steckt.

Wo liegen die Vorteile von Strategiefonds?

Obligationen

Geldmarkt

Income (Ertrag):
Investiert in Obligationen und Geldmarktanlagen. Konservativer Fonds, der sich für Anlegerinnen eignet, die grossen Wert auf Sicherheit und kleine Kursschwankungen legen.

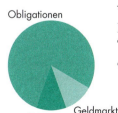

Obligationen

Aktien Geldmarkt

Yield (Einkommen):
Diesem Fonds wird neben Obligationen und Geldmarktanlagen ein kleiner Teil Aktien (20 Prozent) beigemischt. Der hohe Obligationenteil schränkt das Risiko aber ein.

Finanzinstrumente

Balanced (Ausgewogen):
Der Aktienanteil wächst. Das Verhältnis zwischen Aktien (max. 50 Prozent) und festverzinslichen Anlagen ist ausgewogen. Die Rendite liegt dadurch höher.

Growth (Wachstum):
Der Aktienanteil (60 Prozent) ist höher als der Anteil der Festverzinslichen. Dadurch wächst die Rendite, aber auch das Risiko. Die Anlegerin muss bereit sein, grössere Kursschwankungen auszuhalten.

Equity:
Hohes Risiko, weil alles in Aktien angelegt wird, aber auch hohe Rendite-möglichkeiten. Die Anlegerin muss sehr hohe Kursschwankungen in Kauf nehmen.

> **Vorteile des Strategiefonds**
> 1. Sie kaufen die professionelle Vermögensverwaltung einer Bank.
> 2. Sie finden das zu Ihrem Risikoprofil passende Produkt.
> Tipp: Wählen Sie nur Anlagefonds, bei denen Sie auch ruhig schlafen können. Überprüfen Sie, ob die Anlagestrategie Ihren Vorstellungen entspricht.

Immobilienfonds

Immobilienfonds investieren in grössere Wohnsiedlungen und in gewerblich genutzte Liegenschaften oder in Aktien von Immobiliengesellschaften. Die Fondsleitung kauft entweder bestehende Objekte oder plant neue Bauten. Natürlich ist die Fondsleitung auch für die Verwaltung und Werterhaltung der Immobilien zuständig.

Für Kleinanlegerinnen sind Immobilienfonds die einzige Möglichkeit, mit einer guten Diversifikation am Immobilienmarkt teilzunehmen. Direktanlagen benötigen ein viel grösseres Kapital.

Immobilienfonds fristen in der Schweiz ein Mauerblümchen-Dasein. Nur gerade 1,2 Prozent aller in der Schweiz angebotenen Fonds gehören in diese Kategorie, und 2,6 Prozent aller Fondsvermögen sind in Immobilienfonds investiert. Dies, obwohl der Immobilienmarkt sehr attraktiv ist. Er bot über die letzten 25 Jahre (1971–1995) das beste Rendite-Risiko-Verhältnis.

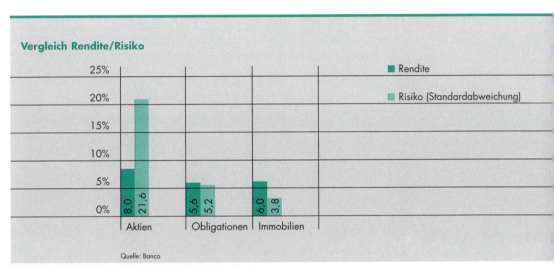

Vergleich Rendite/Risiko

- Rendite
- Risiko (Standardabweichung)

Aktien: 8,0 / 21,6
Obligationen: 5,6 / 5,2
Immobilien: 6,0 / 3,8

Quelle: Banco

Die Rendite von Immobilienfonds ist beinahe so gut wie die der Aktien, das Risiko aber noch geringer als bei Obligationen.

Die Investorin kann mit einem Immobilienfonds zusätzlich zu anderen Anlagen ihre Rendite beibehalten, das Risiko aber verringern.
Anteile von Immobilienfonds sind nicht so liquide wie die anderer offener Fonds. Die Anteile kann man nur nach einer 12-Monats-Frist auf Ende des Geschäftsjahres zurückgeben. Depotbanken müssen aber über den Verkauf an der Börse eine Ausstiegsmöglichkeit offen halten. Auch hier gilt: Zuerst einen Käufer finden. Der Kauf von Anteilen erfolgt meist über die Börse. Ein wichtiges Kriterium bei der Auswahl der Immobilienfondsanteile ist das *Agio*. Damit bezeichnet man die Differenz zwischen dem aktuellen Börsenkurs und dem Nettoinventarwert. Je höher das Agio ist, desto grösser ist die Wahrscheinlichkeit eines Kurssturzes. Sie wollen ja nicht gleich zu Beginn einen Teil Ihres Geldes verlieren. Ein Agio von 10 bis 15 Prozent wird als geeignete Einstiegsmöglichkeit betrachtet.
Wodurch wird der Kursverlauf der Immobilienfonds bestimmt? Einen starken Einfluss üben auch bei dieser Anlageform die Zinsen aus. Steigen die Zinsen, sinkt der Börsenkurs. Anlegerinnen erhalten mehr Zinsen bei den Obligationen und wandern ab. Sinken die Zinsen, steigt der Kurs, wie es in den letzten Jahren geschehen ist.

Finanzinstrumente

Vorteile des Immobilienfonds

1. Anteile von Immobilienfonds sind ideal zur Beimischung in ein bestehendes Portefeuille, weil sie das Risiko vermindern, ohne die Rendite zu verkleinern.
2. Sie können mit einem kleinen Kapital am Immobilienmarkt teilnehmen. Direktinvestitionen sind teurer.
3. Kapitalgewinne auf Fondsanteilen sind steuerfrei, während bei Direktanlagen in Immobilien Grundstückgewinnsteuern zu entrichten sind.

Alternativen

Index-Fonds

Diese Fonds bilden die Struktur eines Index wie beispielsweise den SMI (Swiss Market Index) nach. Dabei wählen sie nicht nur die gleichen Titel aus, sondern gewichten sie auch gerade nach der Struktur des Indexes. Man nennt dies eine passive Anlagestrategie. Die Performance Ihres Fonds ist also immer identisch mit der Entwicklung des Indexes. Wenn man nun auch noch bedenkt, dass es vielen aktiv gemanagten Fonds nicht gelingt, den jeweiligen Index zu schlagen, ist der Indexfonds ein praktikables Produkt.

Hedge funds

Der Name dieses Fonds ist irreführend. Hedge (englisch «Hecke») bedeutet, dass man das Risiko einzäunen und eine Absicherung erzielen will. Hedge funds sind aber überhaupt keine Absicherungsfonds, sondern Alternativen zu herkömmlichen Fonds. Ihr Ziel ist die stets absolut positive Rendite, weshalb sie vor allem dann gut abschneiden wollen, wenn die Börse rückläufig ist. Dabei sind sie hochspekulativ und haben ein grosses Risiko, versprechen aber höhere Renditen. Dazu investieren sie in Anlagen, die «gegen den Markt schwimmen» und wählen Derivate, Rohwaren, nicht kotierte Aktien und andere nichttraditionelle Anlagen. Gleichzeitig tätigen sie so genannte Leerverkäufe – also Verkäufe von Titeln, die sie gar nicht besitzen –, um damit zusätzlich bessere Resultate zu erzielen.

Hedge funds werden in erster Linie als Gegengewicht zu anderen Fonds gewählt, die sich brav parallel zum Verlauf bestimmter Märkte bewegen.

Wie risikoreich Hedge funds sind, mussten 1998 auch die UBS und andere Grossbanken beim Zusammenbruch des weltweit renommiertesten Hedge funds LTCM erfahren. Der Verlust betrug 950 Millionen Franken und beschleunigte zusätzlich den Kurseinbruch der UBS-Aktien.

Absicherungsfonds

Viele Anlegerinnen und Anleger wünschen eine hohe Rendite mit einem geringen Risiko. Leider wird dies ein Traum bleiben, aber es gibt Fonds, die das Verlustrisiko verkleinern: die Protected-Floor-funds (Absicherungsfonds). Die Kehrseite der Medaille ist aber eine geringere Rendite, weil nur ein Teil des Vermögens in riskante und damit rentable Anlagen investiert wird. Der andere, abgesicherte Teil wird in sichere Werte mit geringer Rendite investiert.

Wie funktioniert nun dieser Fonds? Die Fondsleitung bestimmt eine Untergrenze (Floor), unter die das Vermögen des Fonds nicht fallen soll, beispielsweise 95 Prozent. Bei einer sinkenden Börse wird so ein weitgehender Kapitalschutz gewährt. Steigt die Börse, sind die Gewinnchancen uneingeschränkt.

Während 90 Prozent des Fondsvermögens in festverzinsliche Anlagen investiert werden, erfolgt mit den restlichen 10 Prozent eine Absicherung durch den Einsatz von Derivaten. Geraten die Märkte unter Druck und die riskanten Anlagen verlieren an Wert, schützen die sicheren Anlagen das Vermögen. Teilweise werden auch Optionen zum Kapitalschutz verwendet. Festzuhalten ist, dass kein Absicherungsfonds einen vollständigen Kapitalschutz gewährt, sondern nur durch die beschriebenen Techniken den Fall bremst.

Wichtig zu wissen: je nach Fondsreglement kann in bestimmten Abständen – beispielsweise vierteljährlich – der Floor nach unten angepasst werden. Dies kann bei einer lange anhaltenden Baisse zu bösen Überraschungen führen, weil sich Ihr Fonds langsam, aber sicher selber «auffrisst».

Investment- und Beteiligungsgesellschaften

Zwischen diesen beiden Gesellschaften bestehen einige massgebliche Unterschiede, wobei wir zuerst die Gemeinsamkeiten unter die Lupe nehmen wollen: Bei beiden handelt es sich um normale Aktiengesellschaften. Dies bedeutet, dass sie ein fixes Aktienkapital besitzen und Sie als Anlegerin im Gegensatz zum Fonds kein Rückgaberecht haben. Dafür können Sie die Aktien über die Börse verkaufen. Investment- wie Beteiligungsgesellschaften sind in ihrer Anlagepolitik bedeutend freier als Anlagefonds, denn sie unterstehen nicht den Richtlinien des Anlagefondsgesetzes.

Von den Anlagefonds unterscheiden sie sich auch wesentlich in der Preisbildung: Die Fonds können zum täglichen NAV gekauft oder verkauft werden. Der Börsenkurs von Investment- und Beteiligungsgesellschaften richtet sich hingegen nach Angebot und Nachfrage. Er kann sich daher auch massiv vom inneren Wert der Titel entfernen, die Volatilität ist dadurch viel grösser. Die Börsenkommission ist dagegen tiefer als die gängige Ausgabekommission eines Fonds.

Nun zu den grossen Unterschieden zwischen den beiden Gesellschaftsformen: Während eine Investmentgesellschaft eine diversifizierte Anlagepolitik verfolgt, konzentriert sich die Beteiligungsgesellschaft auf ganz wenige, handverlesene, möglichst zukunftsträchtige Titel, um damit mittelfristig eine hohe Wertsteigerung zu erreichen. Ein weiterer Unterschied liegt in der Interessensvertretung der Aktionäre: Beteiligungsgesellschaften sind bestrebt, einen aktiven Einfluss auf die einzelne Unternehmung und ihr Management zu nehmen.

Wie finden Sie den passenden Anlagefonds?

Das Angebot an Anlagefonds ist riesig, und für die Anlegerin wird es immer schwieriger, sich in diesem Dschungel zurechtzufinden. Zuerst müssen Sie sich für eine oder mehrere Fondskategorien entscheiden und danach unter den Hunderten von Fonds den besten finden.

Drei wichtige Überlegungen sollten Sie sich auch bei Fonds machen, bevor Sie Ihr Geld investieren:

1. Welchen Anlagehorizont habe ich? Wie lange möchte ich mein Geld investieren?
2. Welches Risiko bin ich bereit einzugehen? (Anhand des Testes im Buch auf Seite 199ff. können Sie Ihre Risikofähigkeit und -bereitschaft testen.)
3. Welches ist meine Referenzwährung?

Folgende Übersicht kann eine Entscheidungshilfe für die Wahl der Fondskategorie sein.

Fondskategorie	Geldmarkt-fonds	Obligatio-nenfonds	Immobilien-fonds	Aktienfonds	Strategie-fonds
Anlagehorizont	kurzfristig 1–3 Jahre wenige Monate	mittel- bis langfristig mindestens 3 Jahre	mittel- bis langfristig mindestens 5 Jahre	langfristig 10 Jahre und mehr	mittel- bis langfristig mindestens 3 Jahre, je nach Mix
Risiko	sehr tief	tief bis mittel	mittel	mittel bis hoch	mittel bis hoch
Rendite	tief bis mittel	mittel	mittel	mittel bis hoch	mittel bis hoch

Wenn Sie sich für eine oder mehrere Kategorien entschieden haben, müssen Sie als Nächstes den besten Fonds aussuchen. Dabei haben Sie wieder verschiedene Entscheidungshilfen oder -grundlagen, die Ihnen die Wahl erleichtern.

1. **Performance:** Anhand der Performance können Sie beurteilen, wie gut die Fondsverwaltung gearbeitet hat. Dabei sollten Sie aber nicht nur das Wachstum (oder auch den Rückgang) des NAV über ein Jahr vergleichen, sondern über eine längere Periode, am besten über fünf Jahre. Jedes Jahr geben verschiedene Finanzzeitschriften («Finanz und Wirtschaft», «Bilanz», «Cash» u. a.) Fondsranglisten heraus. Diese helfen Ihnen Vergleiche anzustellen. Alljährlich werden übrigens auch der beste Fonds und das beste Fondsmanagment ausgezeichnet. Dies geschieht anlässlich der Fondsmesse in Zürich, die jeweils im Februar stattfindet.

   Allerdings bedeutet eine gute Performance in der Vergangenheit noch lange keine Garantie für die Zukunft. Kommt es beispielsweise zu personellen Wechseln im Fondsmanagement, kann sich dies sowohl positiv als auch negativ auf die Rendite auswirken. Beobachten Sie Ihre Fonds also genau.

2. **Grösse:** Die Grösse des Fonds hat einen direkten Zusammenhang mit den Kosten. Je grösser der Fonds ist, desto kleiner sind die Kosten pro Anteil. Die Kosten eines Fonds steigen nicht proportional zu seiner Grösse, deshalb ist die Verwaltung grosser Fonds kostengünstiger. Leider profitiert die Anlegerin nicht immer von diesen Einsparungen. Oft wird stattdessen das Honorar des Fondsmanagers, dem es ja gelang, den Fonds zum Wachsen zu bringen, vergrössert.

3. **Volatilität:** Mit der Volatilität wird das Ausmass der möglichen Kursschwankungen bezeichnet. (Mathematisch nennt man dies Standardabweichung.) Als Anlegerin können Sie anhand der Volatilität beurteilen, wie gross die Kursschwankungen Ihrer Anlage sein können. Dabei sind die Schwankungen bei Aktien wesentlich grösser als bei Obligationen, die Gewinnmöglichkeiten allerdings auch.

Volatilität einer Schweizer Obligation

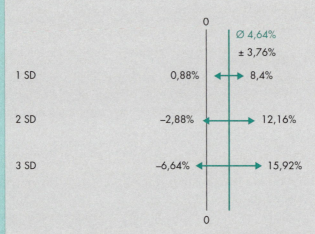

1 SD = eine Standardabweichung — In rund ²/₃ aller Fälle liegt die Streuung zwischen 0,88 und 8,4 Prozent Rendite.

2 SD = zwei Standardabweichungen — In rund 95 Prozent aller Fälle liegt die Streuung zwischen –2,88 und 12,16 Prozent Rendite.

3 SD = drei Standardabweichungen — In rund 99 Prozent aller Fälle liegt die Streuung zwischen –6.64 und 15,92 Prozent.

Volatilität einer Schweizer Aktie

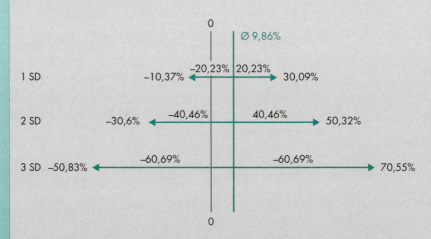

1 SD = eine Standardabweichung — In rund ²/₃ aller Fälle liegt die Streuung zwischen –10,37 und 30,09 Prozent Rendite.

2 SD = zwei Standardabweichungen — In rund 95 Prozent aller Fälle liegt die Streuung zwischen –30,6 und 50,32 Prozent Rendite.

3 SD = drei Standardabweichungen — In rund 99 Prozent aller Fälle liegt die Streuung zwischen –50,83 und 70,55 Prozent.

Wenn Sie einen Fonds mit hoher Rendite auswählen, müssen Sie also auch in Kauf nehmen, dass die Kursschwankungen gross sein werden. Die Rendite darf nicht unabhängig von der Volatilität betrachtet werden. Wichtig ist, dass Sie nicht Äpfel mit Birnen vergleichen, also keinen Obligationenfonds mit einem Strategiefonds Income.

William Sharpe, wie Markowitz Nobelpreisträger, entdeckte durch eine Formel eine Kennziffer, die die Performance und die Volatilität eines Fonds oder eines Portefeuilles in einer Zahl zusammenfasst: die *Sharpe ratio*. Eine hohe Sharpe ratio (grösser als eins) bedeutet, dass mit einer geringen Volatilität oder geringem Risiko eine gute Performance erzielt wurde. Sie können sich bei Ihrer Bank nach der Sharpe ratio erkundigen.

Das Wichtigste in Kürze

Fonds sind als Anlageinstrument in der Schweiz sehr beliebt, nicht nur bei Kleinanlegern, sondern auch bei Stiftungen von Pensionskassen. Dank ihrer grossen Vermögen ist eine optimale Diversifikation, das Hauptargument für Anlagefonds, möglich. Die Auswahl ist riesig, und als Anlegerin müssen Sie bis zum Entscheid, welchen Fonds Sie kaufen wollen, folgende Überlegungen anstellen und entsprechende Schritte unternehmen:

1. Anlagehorizont bestimmen.
2. Risikobereitschaft abklären.
3. Referenzwährung wählen.
4. Performance vergleichen anhand von Fondsranglisten.
5. Grösse der Fonds vergleichen.
6. Sharpe ratio vergleichen.
7. Depot eröffnen und Fondsanteile kaufen.

Index- und Branchenzertifikate

Hierbei handelt es sich um einfache und transparente Produkte, die sich einer steigenden Beliebtheit erfreuen. Sie werden von der emittierenden Bank als Wertpapiere ausgegeben und sind wie Aktien täglich handelbar. Bei grösseren Emissionen wird der Kurs täglich publiziert, beispielsweise in der «Neuen Zürcher Zeitung».

Finanzinstrumente

> Priscilla erwirbt ein Zertifikat auf den Swiss Market Index SMI zum Preis von 1 Franken pro Indexpunkt. Nehmen wir an, der SMI stehe auf 7300 Punkten. Von der emittierenden Bank erhält sie die Zusage, dass sie nach Ablauf von zwei Jahren einen Betrag zurückerhält, der genau dem Indexstand zu diesem Zeitpunkt entspricht. Dieser ist in der Zwischenzeit auf 9850 Punkte angewachsen. Priscilla macht also einen Gewinn von 2550 Franken und hat somit an der Marktentwicklung des SMI partizipiert.

Daneben gibt es auch Zertifikate mit einer genau festgesetzten Titelzusammensetzung, die einer bestimmten Branche angehören. Hier spricht man von einem *Basket*.

Da die Zertifikate zeitlich befristet sind, müssen sie nach ihrem Ablauf wieder erneuert werden. Bei den geläufigsten Produkten ermöglichen die Banken jedoch häufig einen so genannten Roll-over, das heisst einen – meistens kostenlosen – Wechsel in das Zertifikat einer neuen Serie.

Zwischen einem Indexfonds und einem Indexzertifikat besteht allerdings ein beträchtlicher Unterschied: Beim Fonds erwerben Sie einen Anteil an einem kollektiven Sondervermögen, welches von einem Konkurs der Fondsleitung oder der Depotbank nicht tangiert wird. Beim Index- oder Branchenzertifikat erhalten Sie eine Forderung gegenüber der emittierenden Bank. Sollte diese während der Laufzeit in Konkurs gehen, fällt Ihr Zertifikat in die Konkursmasse. Der Anlegerschutz ist also geringer als beim Fonds.

Derivate

Die Idee hinter den derivativen Produkten ist die Absicherung – die Absicherung der Börsenrisiken. Bekannt sind sie aber, weil sie grosse Gewinn- und Verlustmöglichkeiten bieten. Der Ruf dieser Instrumente ist nicht der beste, und dies nicht erst, seit die Barings Bank wegen Spekulationen mit derivativen Instrumenten Konkurs machte.

Wenn Sie in derivative Produkte anlegen wollen, müssen Sie sich überlegen, wozu die Anlage dient. Soll sie ein bestehendes Portefeuille absichern oder wollen Sie spekulieren?

Wenn Ihr Interesse bei der Absicherung liegt, sollten Sie mit Spezialisten zusammenarbeiten, weil die Sache sehr kompliziert werden kann. Aber auch für die Spekulation ist es wichtig, dass Sie die Instrumente genau kennen. Vergessen Sie beim Spekulieren nie, dass Sie Ihren ganzen Einsatz wie bei einer Wette verlieren können und dass Sie immer gegen eine Bank antreten, die mit ihrem ganzen Know-how gegen sie «spielt». Roulette spielen ist einfacher, aber dort haben Sie die gleichen Gewinnchancen oder Verlustmöglichkeiten!

Was sind Derivate?

Derivate (vom lat. derivare = ableiten) sind Finanzkontrakte, deren Wert vom Preis eines Basiswertes abgeleitet wird. Basiswerte können Rohstoffe wie Orangen, Getreide, Kaffeebohnen sein oder aber Edelmetalle oder Finanzprodukte wie Aktien und Obligationen. Mit dem Kauf eines Derivates sichern Sie sich das Recht oder die Pflicht auf den zukünftigen Bezug oder die zukünftige Lieferung von Basisanlagen zu heute festgesetzten Konditionen.

Grundsätzlich gibt es zwei Gruppen von Derivaten:

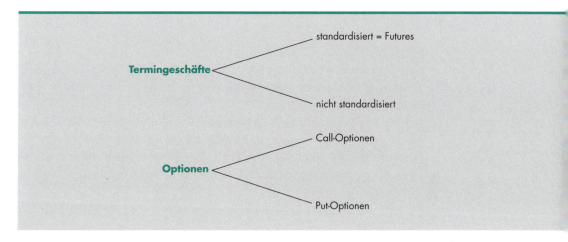

Termingeschäfte
- standardisiert = Futures
- nicht standardisiert

Optionen
- Call-Optionen
- Put-Optionen

Wie funktionieren Termingeschäfte?

Die Funktion von Derivaten lässt sich am einfachsten anhand von Beispielen erklären.
Termingeschäfte lassen sich bis ins Altertum zurückverfolgen. Geschäftstüchtige römische Bauern oder Bäuerinnen verkauften ihre Ernten bereits im Voraus zu festgesetzten Preisen.

Die Bäuerin Drusilla aus der Provinz Etrurien verkaufte ihre Weizenernte immer dem Händler Lucius. Der Preis für den Weizen richtete sich nach der Qualität und dem Gesamtangebot. Die Bäuerin Drusilla hatte eines Tages genug von den schwankenden Preisen. Sie wollte bereits vor der Ernte wissen, wie viel Geld sie dafür erhalten würde.
Der Händler Lucius war mit ihrem Vorschlag einverstanden. Er hoffte natürlich auch, ein gutes Geschäft zu machen.

Finanzinstrumente

Die Abmachung zwischen den beiden sah Folgendes vor:

Der Händler Lucius verpflichtete sich:
100 Modii (Kontraktgrösse) Weizen (Basiswert)
für 300 Sesterzen (Ausübungspreis)
am 1. Oktober 23 v. Chr. (Verfalltermin) zu kaufen. (Im Fachjargon nennt man dies Long-Position.)

Die Bäuerin Drusilla verpflichtete sich zur Lieferung. (Short-Position)
Wenn der Weizenpreis pro Modius (alte römische Masseinheit = 8.733 l) am 1. Oktober über drei Sesterzen liegt, macht die Bäuerin Verlust und der Händler gewinnt. Liegt er unter drei Sesterzen, ist es umgekehrt.

Wenn der Händler Lucius auch mit anderen Bäuerinnen immer die gleichen Verträge abgeschlossen und sich dieser Handel im ganzen römischen Reich ausgebreitet hätte, hätte man bereits in dieser Zeit von *Futures* sprechen können.

Futures sind standardisierte Termingeschäfte. Das heisst, sie haben genau fixierte, zum Voraus festgelegte, vereinheitlichte Bedingungen.

Historiker haben Futures aber «erst» 1650 in Osaka, Japan, gefunden. Damals diente – wie könnte es anders sein – der Reis als Basiswert.

Futures sind also standardisierte Termingeschäfte und umfassen folgende feste Grössen:

Eine einheitliche Menge	➤	Kontraktgrösse oder Bezugsverhältnis
eines bestimmten Produktes	➤	Basiswert
zu einem späteren Zeitpunkt	➤	Verfalltermin
zu einem vereinbarten Preis	➤	Ausübungspreis oder strike
zu kaufen oder zu verkaufen.	➤	Kontrakt

Futures können in zwei Kategorien unterteilt werden:

1. Commodity Futures (Waren): Es gibt Futures auf pflanzliche Produkte (Kaffee, Orangen, Weizen, Reis, Mais), tierische Produkte (Schweinebäuche) und Rohstoffe (Öl, Flüssiggas)

2. Financial Futures (Finanzinstrumente): Hier wird zwischen Devisen-Futures, Zins-Futures, Index-Futures und Edelmetall-Futures unterschieden.

Die meisten, die Futures kaufen, wollen am Ende keine Ware geliefert bekommen. Sie spekulieren auf die Schwankungen der Kurse und sind meistens nur kurzfristig engagiert (zwei bis drei Tage). Gefährlich wird es, wenn diese Spekulanten Leerverkäufe tätigen oder mit Krediten handeln. Futures sind hochspekulativ und enthalten unkalkulierbare Risiken. Deshalb betrachtet man Futures nebst den hohen Anfangsinvestitionen eher als Instrumente für die institutionellen Marktteilnehmer wie Banken, Versicherungen oder Warenhändler.

Von der Grundidee der Futures ausgehend ist nicht nachvollziehbar, warum diese Instrumente so gefährlich sein können. Das folgende Beispiel soll Ihnen die Gefahren aufzeigen.

Immer wieder wird in vielen Zeitungen von der Unterbewertung des EURO gesprochen. Der Kurs des EURO sollte gegenüber dem Schweizer Franken höher liegen. Dies will nun ein holländischer Spekulant ausnützen. Er verkauft CHF 500 000 zum Kurs von EURO 0.70 auf den 31. März 2002. Er besitzt die Schweizer Franken noch nicht, was man Leerverkauf nennt. Der Gegenwert in EURO beträgt EURO 350 000, davon muss er 10 Prozent, also EURO 35 000 als Marge bei der Bank hinterlegen. Der Spekulant muss nicht den ganzen Betrag hinterlegen, sondern erst einige Prozente des ganzen Betrages.

Der Spekulant rechnet damit, dass der Kurs des Schweizer Frankens gegenüber dem EURO stark nachgibt. Fällt er beispielsweise auf EURO 0.50, muss der Spekulant für die CHF 500 000 nur EURO 250 000 zahlen und macht einen Gewinn von EURO 100 000.

Leider bewahrheiten sich die Prognosen der Währungsauguren nicht. Der EURO erlebt gegenüber dem Schweizer Franken einen massiven Kurssturz. Plötzlich liegt der Kurs bei EURO 0.80, das heisst für die CHF 500 000 muss er nun EURO 400 000 zahlen. Der Einschuss von 35 000 genügt auch nicht mehr, weil er nun 10 Prozent von 400 000 hinterlegen muss (= EURO 40 000). Er ist verpflichtet, einen Nachschuss von EURO 5 000 zu zahlen, oder seine Position wird liquidiert und sein Verlust läge bei EURO 35 000. Sobald die Margendeckung nicht mehr vorhanden ist, hat die Bank das Recht, den Nachschuss zu verlangen. Die Banken kontrollieren und aktualisieren die Konten ihrer Kunden täglich.

Unser Spekulant ist nach wie vor überzeugt von seinem Future und leistet den Nachschuss. Er hat bis jetzt also EURO 40 000 investiert.

Es kommt, wie es kommen muss: der EURO erleidet eine erneute Schwäche und der Kurs steigt auf EURO 1. Für die CHF 500 000 muss er jetzt EURO 500 000 zahlen. Die Bank fordert wieder einen Nachschuss, weil die Marge von 10 Prozent (nun EURO 50 000) nicht mehr gedeckt ist. Der Spekulant hat nun die Wahl, nochmals EURO 10 000 einzuzahlen oder EURO 40 000

Finanzinstrumente

zu verlieren. Wenn der Kurs des EURO gegenüber dem Schweizer Franken wieder fällt, geht das Spielchen munter weiter. Und die Verluste werden immer höher, wie es die Barings Bank oder auch der Hedge Fund LTCM bitter erfahren mussten. Natürlich sieht unser Spekulant immer die grossen Gewinnmöglichkeiten und kann darum nicht aufhören. Das Spielfieber hat ihn erfasst.

Das Risiko ist unkalkulierbar. Und wenn man einmal auf der Verluststrasse ist, hofft man natürlich immer noch, dass sich das Blatt wendet und schiesst weiteres Geld ein. Deshalb kann im Gegensatz zu den Aktien nicht gesagt werden, wie hoch der Verlust ausfallen wird. Somit gehören die Futures zu den spekulativsten und auch gefährlichsten Anlagen.

In Futures investieren sollten Sie nur, wenn Sie sich der Gefahren voll bewusst sind. Bestimmen Sie eine klare finanzielle Limite und seien Sie bereit, einen Verlust einzustecken und mit dem Spiel aufzuhören. Ansonsten ist der finanzielle Ruin vorprogrammiert.

Wie funktionieren Call-Optionen?

Kommen wir noch einmal auf das Beispiel unserer römischen Bäuerin und unseres Händlers zurück.

Der Händler Lucius kommt im Frühsommer zufällig bei der Bäuerin Drusilla vorbei. Er hat bei den Auguren (Wahrsagern) erfahren, dass in diesem Jahr die Weizenernte zwar gut, aber nicht sehr gross ausfallen wird. Auch soll es in den anderen Kornkammern des römischen Reiches zu schweren Naturkatastrophen kommen, sodass Weizen zu einer begehrten Ware wird. Er hofft deshalb, dass die Weizenpreise steigen werden. Die Bäuerin Drusilla ist bodenständiger als der Händler und geht nicht zu den Wahrsagern. Sie sieht nur, dass ihr Weizen gut wächst und dass sie wieder eine gleich gute Ernte wie im letzten Jahr haben wird.

Der Händler Lucius bietet der Bäuerin Drusilla nun folgendes Geschäft an: Er möchte von ihr heute das Recht, im Herbst 300 Modii Weizen für 300 Sesterzen zu kaufen. Wenn die Ernten im Reich wirklich so schlecht ausfallen wird, wie Lucius glaubt, würde Drusilla einen höheren Preis für ihre Ernte erhalten. Sie verpflichtet sich aber mit diesem Vertrag, nur ihm die gewünschte Menge zum festgesetzten Preis zu liefern. Wenn die Wahrsager aber Unrecht bekommen und es eine Weizenschwemme gibt, ist Lucius nicht verpflichtet, die Ernte zum festgesetzten Preis zu übernehmen.

Natürlich ist Lucius bereit, für dieses Recht eine Prämie von drei Sesterzen zu bezahlen.

Lucius kann sich durch diesen Vertrag absichern. Er kann sein Risiko, einen hohen Preis für die Ernte zu zahlen, einschränken (Hedging). Dafür bezahlt er eine Prämie.

Wenn der Weizenpreis wirklich über die dreihundert Sesterzen steigt, macht Lucius einen Gewinn, weil er günstig einkaufen kann. Drusilla erleidet einen Verlust, weil sie ihm billiger verkaufen muss als sonst auf dem Markt. Dafür erhält sie aber die Prämie.

Das Recht zu kaufen nennt man heute Call-Option.

Die Käuferin einer Call-Option erwirbt also das Recht, aber nicht die Pflicht,

eine bestimmte Menge (300 Modii)	Kontraktgrösse oder Bezugsverhältnis
eines bestimmten Produktes (Weizen)	Basiswert
am Ende oder während einer Laufzeit	Verfalltermin
zu einem vereinbarten Preis (300 Sesterzen)	Ausübungspreis oder strike
zu kaufen.	
Dafür bezahlt sie einen Preis.	Prämie

Wie funktionieren Put-Optionen?

Die Bäuerin Drusilla befürchtet, dass der Weizenpreis im Herbst zusammenbrechen wird, weil die römischen Heere eine neue Kornkammer erobert haben. Der Händler Lucius ist überzeugt, dass frühestens im nächsten Jahr Weizen aus diesen Gebieten auf den Markt kommt. Deshalb schlägt er Drusilla folgendes Geschäft vor: Drusilla kann, muss aber nicht, im Herbst 300 Modii Weizen für 300 Sesterzen an ihn verkaufen. Lucius verpflichtet sich, den Weizen zum festgesetzten Preis zu kaufen, wenn Drusilla es im Herbst wirklich will. Dafür verlangt aber auch er eine Prämie von drei Sesterzen. Im Herbst haben sich Drusillas Befürchtungen bewahrheitet und die Weizenpreise fallen. Sie ist sehr froh, dass Lucius ihr die Ernte zu einem guten Preis abkaufen muss. Den Preis für die Prämie zahlte sie gerne dafür. Lucius muss nun zähneknirschend den teuren Weizen kaufen und den grossen Verlust hinnehmen. Das Recht zu verkaufen nennt man heute Put-Option.

Die Käuferin eines Puts erwirbt also das Recht, aber nicht die Pflicht,

eine bestimmte Menge (300 Modii)	Kontraktgrösse oder Bezugsverhältnis
eines bestimmten Produktes (Weizen)	Basiswert
am Ende oder während einer Laufzeit	Verfalltermin
zu einem vereinbarten Preis (300 Sesterzen)	Ausübungspreis oder strike
zu verkaufen.	
Dafür bezahlt sie einen Preis.	Prämie

Bei jeder Option gibt es eine Gegenpartei mit Pflichten. Fassen wir die Rechte und Pflichten einmal zusammen:

Der Käufer eines Call (in der Fachsprache: long call)
hat das Recht, aber nicht die Pflicht, den Basiswert zum voraus festgesetzten Preis bis zum Ende der Laufzeit zu kaufen.

CALL

Der Verkäufer eines Calls (short call)
hat die Pflicht, den Basiswert zum voraus festgesetzten Preis zu verkaufen, wenn die Option ausgeübt wird.

Der Käufer eines Puts (long put)
hat das Recht, aber nicht die Pflicht, den Basiswert zum voraus festgesetzten Preis bis zum Ende der Laufzeit zu verkaufen.

PUT

Der Verkäufer eines Puts (short put)
hat die Pflicht, den Basiswert zum voraus festgesetzten Preis zu kaufen, wenn die Option ausgeübt wird.

Der Verkäufer eines Puts oder Calls wird auch «Stillhalter» oder «Schreiber» genannt.

Natürlich gibt es heute für Privatanleger keine Calls oder Puts mehr auf Weizenlieferungen, sondern auf Finanzinstrumente wie Aktien und Anleihen, auf Währungen oder Indices.

Dabei unterscheiden wir folgende Optionskategorien:

▶ **Eurex-Optionen**: An der Eurex (Schweizerische Terminbörse, die zusammen mit der Deutschen Börse gegründet wurde) werden standardisierte Optionen auf Aktien und Indices sowie Financial Futures gehandelt. Für die Einsteigerin sind diese Optionen besonders geeignet, weil sie übersichtlich, verständlich und leicht anwendbar sind.

▶ **Warrants:** Hier handelt es sich um Optionsscheine, die von Finanzinstituten, meistens Banken, ausgegeben werden. Sie werden nicht an der Eurex gehandelt. Die Anlegerin kann den Verfall abwarten oder sie wie eine Aktie an der Börse wieder verkaufen. Die Produktepalette ist viel grösser als die der Eurex. Zusammen mit den Eurex-Optionen wird es für die Anlegerin schwer, das richtige Produkt auszuwählen. Auch wenn sie weiss, dass sie beispielsweise einen Call auf Novartis-Aktien will, ist es schwierig, in der grossen Menge den richtigen zu finden.

> Bei einem Call hoffen Sie auf steigende Kurse des Basistitels. Bei einem Put befürchten Sie hingegen fallende Kurse.
>
> Im Gegensatz zum Future kann man das Risiko als Käuferin eines Puts oder Calls genau abschätzen. Der Verlust beschränkt sich auf die Prämie.

Die Beurteilung des Risikos von Calls

Anhand von so genannten Pay-off-Diagrammen wird das Rendite-/Risiko-Profil einer Option dargestellt:

Gehen wir bei unserem Beispiel von folgenden Zahlen aus:

Sie haben sich schon längere Zeit mit der Drusilla AG beschäftigt, die in der Kosmetikbranche tätig ist und Weizenkeime in ihren Produkten verwendet, was Sie überzeugt. Die Namenaktien der Drusilla AG werden im Moment zu CHF 500 gehandelt, was Sie als sehr günstig beurteilen. Sie erwarten, dass der Kurs bis Ende Jahr markant ansteigen wird und beschliessen deshalb, Call-Optionen der Drusilla AG zu einem Ausübungspreis von CHF 500 per Dezember zu erwerben. Der Preis oder die Prämie für diese Option beträgt CHF 30 pro Aktie. Mit diesem Kauf haben sie folgende Gewinn- und Verlustchancen:

Gewinn- und Verlustchancen bei Call-Optionen

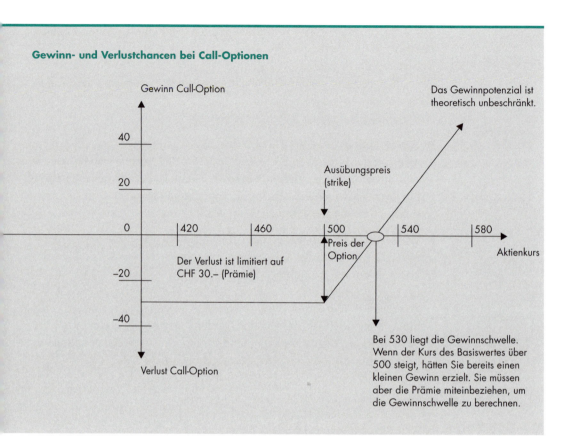

Wie das Diagramm zeigt, sind die Verluste limitiert auf die Prämie, die Gewinne dagegen unbeschränkt. Dies bedeutet natürlich trotz allem, dass Sie mit ihrem eingesetzten Kapital – der Prämie – einen Totalverlust erleiden können.

Der Schreiber oder Verkäufer eines Calls geht ein wesentlich höheres Risiko ein. Steigen die Kurse wirklich, ist er verpflichtet, die Titel zu einem günstigeren Preis als dem aktuellen Börsenwert zu verkaufen. Viele Schreiber bieten ungedeckte (sie haben den Basiswert noch nicht erworben) Calls an. Kommt es zur Ausübung, müssen sie die teuren Aktien am Markt kaufen und günstiger verkaufen.

Die Beurteilung des Risikos von Puts

Sie besitzen bereits 10 Aktien der Drusilla AG, deren momentaner Wert CHF 500 beträgt. Sie haben sie seit sieben Jahre gehalten und sind sehr zufrieden mit dem bisherigen Gewinn. In zwei Monaten wollen Sie eine Ausbildung beginnen und müssen deshalb die Aktien verkaufen. Sie hoffen natürlich, dass die Kurse weiter steigen. Allerdings macht Ihnen die momentan schlechte Börsenstimmung etwas Kummer. Aus diesem Grund beschliessen Sie Put-Optionen zu kaufen. Dadurch erhalten Sie das Recht, Ihre Titel in den nächsten zwei Monaten zum festgelegten Ausübungspreis von CHF 500 zu verkaufen. Für dieses Recht zahlen Sie wieder eine Prämie von CHF 30.

Sinkt nun der Kurs Ihrer Aktien unter die CHF 500, werden Sie die Option ausüben und die Aktien dem Put-Schreiber (-Verkäufer) verkaufen. Falls die Aktien weiter steigen, werden Sie die Put-Option verfallen lassen und verlieren lediglich Ihre Prämie.

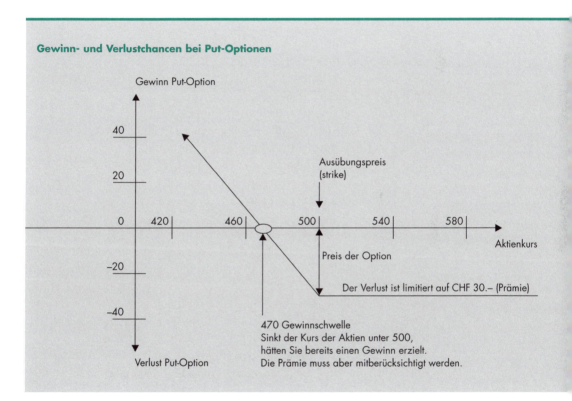

Gewinn- und Verlustchancen bei Put-Optionen

Gewinn Put-Option

Ausübungspreis (strike)

Preis der Option

Der Verlust ist limitiert auf CHF 30.– (Prämie)

Aktienkurs

470 Gewinnschwelle
Sinkt der Kurs der Aktien unter 500,
hätten Sie bereits einen Gewinn erzielt.
Die Prämie muss aber mitberücksichtigt werden.

Verlust Put-Option

Auch hier trägt der Schreiber des Puts das grössere Risiko als der Käufer. Er muss, wenn die Kurse fallen, für die Aktien mehr bezahlen, als sie momentan wert sind.

Natürlich haben nicht alle, die Puts oder Calls kaufen, die Absicht, Aktien zu verkaufen oder zu kaufen. Die meisten wollen mit einem kleineren Einsatz als beim direkten Aktienkauf von den Schwankungen des Aktienmarktes profitieren. Bei Gewinnen verkaufen sie die Option weiter oder lösen sie ein und kaufen oder verkaufen den Basiswert.

Wie Sie anhand der Diagramme sehen, können Sie mit einem relativ kleinen Kapitaleinsatz hohe Gewinne erzielen. Diese sind grösser als bei einer

Direktinvestition in Aktien. Die Kurse der Optionen an der Börse reagieren stärker als ihre Basiswerte. Diesen Effekt nennt man Hebelwirkung (Leverage).

Wie ist der Optionspreis zusammengesetzt?

Der Optionspreis setzt sich aus dem inneren Wert und dem Zeitwert zusammen.

Der *innere Wert* einer Option ist die Differenz zwischen dem aktuellen Kurs des Basiswertes und dem Ausübungspreis. Nehmen wir unser Call-Beispiel von oben. Der Ausübungspreis der Drusilla-Aktien liegt bei CHF 500. Der Kurs liegt im Moment bei CHF 524. Der innere Wert beträgt also CHF 24 (CHF 524–CHF 500).
Die Option liegt somit «in the money» (im Geld).
Beträgt der Kurs der Drusilla-Aktie genau CHF 500, ist der Optionstitel «at the money» (am Geld) und der innere Wert null.
Liegt der aktuelle Kurs der Drusilla-Aktie bei CHF 495, ist der Optionstitel «out of the money» (ausser Geld) und der innere Wert immer noch null. Optionen können nie negativ sein.

Der *Zeitwert* einer Option: Läge unsere Option der Drusilla AG «out of the money», würde dies noch lange nicht bedeuten, dass die Option wertlos wäre. Wenn nämlich die Restlaufzeit, die verbleibende Zeit bis zum Verfalltermin der Option, noch lang ist, besteht die Chance, dass sich der Kurs der Basisaktie erholt und die Option wieder «in the money» ist. Diese Chance oder Wahrscheinlichkeit, dass sich der Kurs erholt, nennt man Zeitwert.
Je höher der Zeitwert ist, desto höher wird auch der Optionspreis.
Die Berechnung des Zeitwertes ist kompliziert, weil neben der Restlaufzeit noch die Volatilität des Basiswertes und andere Kennzahlen verwendet werden.

Warum hat die Volatilität indirekt auch einen Einfluss auf den Optionspreis? Wenn der Basistitel starken Kursschwankungen unterworfen ist, wird die Chance, dass die Option ihre Gewinnerwartung erreicht, für die Anlegerin grösser. Für den Schreiber einer Option wird dagegen das Risiko grösser und er wird einen höheren Preis für die Option verlangen.

Die Höhe des Optionspreises richtet sich nach dem inneren Wert, dem Zeitwert und der Volatilität des Basistitels.

Das Wichtigste in Kürze

▶ Derivate sind hochspekulative Instrumente, die zwar zu hohen Gewinnen, aber auch zu enormen Verlusten führen können. Anderseits sind sie auch Absicherungsinstrumente, wie bei den Puts klar ersichtlich wird.

▶ Unter derivativen Produkten sind Termingeschäfte und Optionen zusammengefasst.

▶ Bei den Termingeschäften gehen Sie die Verpflichtung ein, eine bestimmte Menge eines Gutes zu einem späteren Zeitpunkt zu kaufen. Standardisierte Termingeschäfte nennt man Futures. Der Handel mit Futures kann sehr gefährlich sein und verlangt hohe Investitionen.

▶ Mit Optionen können sie mit kleineren Beträgen von den Ausschlägen des Börsenmarktes profitieren.

▶ Wenn Sie Calls kaufen, spekulieren Sie auf steigende Kurse, bei Puts auf sinkende.

▶ Optionen werden zur Absicherung, vor allem aber zum Spekulieren gezeichnet. Der Verlust ist zwar auf die eingesetzte Prämie beschränkt, aber trotzdem bedeutet dies den Totalverlust Ihres Einsatzes. Dafür können Sie dank der Hebelwirkung mit einem relativ kleinen Einsatz grosse Gewinne erzielen.

▶ Wenn Sie Derivative kaufen, müssen sie die Kurse genau beobachten, damit Sie den günstigsten Zeitpunkt zum Verkauf nicht verpassen.

Immobilien

Wie die Aktien gehören die Immobilien zu den Sachwerten. Diese gewinnen insbesondere in Zeiten des wirtschaftlichen Aufschwungs an Bedeutung für die Renditeerzielung. Neben der Werterhaltung wird auch eine Verzinsung der eingesetzten Mittel erwartet.

Nun kommt es sehr darauf an, ob Sie eine Immobilie aus der Sicht der Nutzerin oder der Anlegerin kaufen. In erster Linie trifft die Nutzerin ihre Entscheidungen aus ihren Nutzungsbedürfnissen heraus, auch wenn sie dabei Gefahr läuft, eine etwas schlechtere Rendite zu erwirtschaften. Sie orientiert sich also zunächst an ihren Wohnbedürfnissen oder im gewerblichen Bereich an Ansprüchen wie Repräsentativität, Verkehrsanbindung oder Personalbeschaffung.

Auch als Anlegerin in Geschäftsliegenschaften sollten Sie diese Aspekte genau prüfen, damit Sie nicht früher oder später Gefahr laufen, dass Ihre Immobilie immer weniger Rendite abwirft. Als Anlegerin sind Sie nämlich auf eine finanzstarke, zufriedene Mieterschaft angewiesen, die auch andere gute Mieter anzieht.

Finanzinstrumente

Haben Sie das Glück, bedeutende Mieter in Ihrer Liegenschaft zu beherbergen, wie etwa eine renommierte Bank, werden Sie es leichter haben, mit anderen interessanten Mietern gute und langfristige Verträge abzuschliessen.

Von grosser Bedeutung für eine gute Anlagerendite ist natürlich auch die Qualität der Immobilie, was die Konstruktion und die logistische Seite betrifft. Sie muss vielseitig verwendbar und anpassungsfähig sein sowie möglichst kostengünstig betrieben werden können.

Bei Anlagen in Mehrfamilienhäusern bietet die Lage in den Grossregionen Zürich, Basel, Bern oder Genf sowie in der Nähe von Ortszentren die beste Vermietungssicherheit. Auch hier spielen Aspekte wie Verkehrserschliessung, Nähe zu Arbeitsplätzen, Schulen und Einkaufsmöglichkeiten eine grosse Rolle, wenn Sie eine gute Mieterschaft anziehen wollen.

Bei der selbstbewohnten Immobilie stehen meist emotionale Aspekte im Vordergrund. Es ist ja auch ein ganz besonderes Vergnügen, in seinen eigenen vier Wänden zu hausen. Es lohnt sich aber immer, vor dem Kauf auf wichtige Punkte zu achten, die bei der Werterhaltung und Wiederverkäuflichkeit eine Rolle spielen können: die Region und der Ort, das Quartier, die Nachbarn, die Aussicht und die Abstände zwischen den Häusern. Die Grösse und der Wert des Hauses müssen in einem ausgewogenen Verhältnis zur Grösse und zum Preis der Parzelle stehen, weil sonst das eine durch das andere entwertet werden kann.

Falls Sie vorläufig zu wenig Eigenkapital auf der hohen Kante haben, müssen Sie trotzdem nicht gänzlich auf Immobilienbesitz verzichten. Kaufen Sie sich Anteile an einem Immobilienfonds, und schon sind Sie an diesem interessanten Markt beteiligt.

Ethik und Ökologie – weitere Bewertungsfaktoren

*Zweifle nie daran, dass eine kleine
Gruppe von nachdenkenden,
engagierten BürgerInnen die Welt
verändern kann.*
    Margaret Mead

Bisher war immer die Rede von Rendite, Risiko und Liquidität als Bewertungskriterien für Finanzanlagen. Vermehrt werden aber auch andere Kriterien wie Ethik und Ökologie wichtig. Ein Trend zum sauberen Geld ist feststellbar.

In der Schweiz sind bereits 5,5 Milliarden Franken in ethische oder ökologische Anlagen investiert. In der USA wird schon jeder zehnte Dollar nach Ethik- oder Ökorichtlinien verwaltet. Und dies ohne Renditeverzicht: Der bekannteste Ethik-Index, der Domini-400, schlug im Zeitraum von 1995 bis 2000 sogar den vergleichbaren Standard & Poor's 500.

Ethische Anlagen haben eine lange Tradition. Bereits im 19. Jahrhundert waren es religiöse Kreise, die ihr Geld sozial verantwortlich anlegten. Englische Philanthropen gaben einen Prozentsatz ihres Gewinnes bei Vermögensanlagen an die Armen ab. In den USA waren die Anleger vom tiefen Wunsch beseelt, Sünden zu verhindern. Deshalb vermieden sie, Geld in Firmen zu investieren, die «Teufelszeug» wie Alkohol und Tabak herstellten. Das erklärte Ziel dieser Anlagen war es, eine Einheit mit Gott zu bilden und nicht, soziale Veränderungen zu erreichen.

Erst in den Sechzigerjahren des zwanzigsten Jahrhunderts entstand in den USA die moderne Bewegung des sozial verantwortlichen Investierens. Wichtig wurde nun der Wille nach sozialer Veränderung und Einflussnahme. Die amerikanische Bevölkerung befand sich im Umbruch. Der Vietnamkrieg, die Apartheids-Debatte und das Aufbegehren von Minderheiten waren Ereignisse, die zu gesellschaftlichen Veränderungen führten und neue Wertbegriffe entstehen liessen.

Konsumentenbewegungen entstanden und auch Anleger waren nicht länger bereit, ihr Geld in Firmen zu investieren, die gegen ihre persönliche Ethik handelten. So verkauften viele Aktionäre und Aktionärinnen ihre Anteile am Chemiemulti Dow Chemical, der Nervengifte und die Brandchemikalie Napalm produzierte.

Der Druck der Öffentlichkeit hatte Erfolg. In den Siebzigerjahren entstanden die meisten ethisch orientierten Fonds.

Einer Frau, Alice Tepper Marlin, gelang es, den ersten Ethikfonds zu etablieren, an den sich im Laufe der Zeit über 600 gemeinnützige Stiftungen und kirchliche Organisationen anschlossen. Eine jüdische Gemeinde wollte ihr Geld nicht länger in waffenproduzierende Firmen investieren. Sie beauftragte deshalb die Bank, in der Alice Tepper Marlin als erste weibliche Finanzanalystin tätig war, ein entsprechendes Portefeuille zusammenzustellen. Die Aufgabe wurde an Alice Tepper Marlin delegiert und der Rest ist Geschichte. Als sie weitere Firmen auf ihre «Friedenstauglichkeit» prüfen wollte, lehnte ihr Arbeitgeber ab. Darauf gründete sie ihr eigenes Forschungsinstitut.

In den Siebziger- und Achtzigerjahren war die Apartheid in Südafrika *das* Thema, und die Firmen wurden mit Aktionärsresolutionen überflutet. In den Neunzigerjahren wurde die Umwelt zum wichtigsten Thema der kritischen Aktionäre. Die Öko-Katastrophen Harrisburg, Seveso und Tschernobyl und die Ölkrise, die das Bewusstsein der Endlichkeit fossiler Brennstoffe aufzeigte, rückten die Umwelt wieder in den Mittelpunkt des Interesses. Der wirkliche Wendepunkt und die Triebfeder für die Aktionärsresolutionen war das Tankerunglück der Exxon Valdez 1989 vor Alaska. Einige Millionen Liter Öl verschmutzten eine wertvolle Naturlandschaft.

Darauf schlossen sich amerikanische Finanz- und Umweltorganisationen zur Vereinigung CERES (Coalition for Environmentally Responsible Economies) zusammen. Diese Organisation wollte die Verantwortlichkeit gegenüber der Umwelt und zukünftiger Generationen stärker in die Philosophie von Unternehmen einbinden. Sie verfasste auch einen Kriterien-Katalog, die CERES-Prinzipien, die ein Leitfaden für Firmen im Bereich Umwelt darstellen. Die CERES-Prinzipien verlangen unter anderem den Schutz der Biosphäre, nachhaltige Nutzung natürlicher Ressourcen, Verminderung von Abfällen und sinnvoller Verbrauch von Energien. Bereits haben namhafte Firmen wie General Motors, Timberland oder Body-Shop die Prinzipien unterschrieben.

Der erste Ökologie-Fonds wurde 1988 wiederum durch eine Frau errichtet. Die Engländerin Tessa Tennant stellte einen Fonds nach ökologischen Kriterien zusammen, den «Merlin Ecology Fund». Auch sie war mit ihrem Fonds sehr erfolgreich. In der Schweiz war es die damalige Schweizerische Kreditanstalt, die 1990 den ersten Ökofonds lancierte.

Welche Anlagemöglichkeiten gibt es heute?

In der Zwischenzeit ist der Markt für ethisch-ökologische Anlagen stark gewachsen, vor allem im Bereich der Anlagefonds. Es gibt bereits gegen zwanzig Fonds- oder Beteiligungsgesellschaften. Als Anlegerin haben Sie noch weitere Möglichkeiten für ethisch-ökologische Anlagen:

▶ die Umweltkonten bei den Kantonalbanken
▶ Konten bei der ABS (Alternative Bank Schweiz), deren statutarisch festgeschriebener Zweck «die gemeinschaftliche Selbsthilfe zur Förderung wirtschaftlicher, ökologischer, sozialpolitischer und kultureller Alternativen durch Vermittlung und Betreuung von Geld und Kapital» ist.
▶ Konten bei der «Freien Gemeinschaftsbank» in Dornach.

Die beliebteste Anlageform im ethisch-ökologischen Bereich sind aber Fonds. Grundsätzlich werden drei Arten unterschieden:
1. Ökologische Fonds
2. Ethikfonds
3. Nachhaltige Fonds (Sustainability)

Ökologische Fonds

In den Anfängen der ökologischen Fonds wurde mehrheitlich in Firmen investiert, die Umwelttechnologien herstellten wie Rauchgasreinigungen oder Kehrichtverbrennungsanlagen. Technologien also, welche die bereits vorhandene Verschmutzung wieder beheben sollten (End-of-Pipe-Technologien). Die Rendite dieser Fonds war nicht gerade atemberaubend, weshalb sie ein Mauerblümchen-Dasein fristeten.
In der heutigen Zeit kommt man von diesen Auswahlkriterien weg. Heute verfährt man nach dem Best-in-class-Prinzip. Dies bedeutet, dass aus allen Bereichen, wie Chemie, Erdölindustrie, Autoproduzenten, Fluggesellschaften, die ökologischsten Gesellschaften ausgewählt werden.
Für die Fondsmanager wurden so natürlich die Möglichkeiten für Anlagen viel grösser. Für die Anlegerin ist es hingegen schwierig zu verstehen, wenn Erdölgesellschaften wie BP im Portefeuille eines Öko-Fonds sind.
Das Fondsmanagement sucht den Dialog mit den Unternehmen und überprüft die Umweltpolitik und das Umweltmanagement regelmässig. Fragebögen unterstützen sie dabei. Die Fragen lauten unter anderem:

▶ Wie viele CO_2-Emissionen oder Abfälle erzeugt die Firma?
▶ Werden die eigenen Produkte und Verpackungen zurückgenommen und rezykliert?
▶ Ist die Firma Mitglied von Umwelts-Arbeitskreisen oder umgekehrt von umweltfeindlichen Lobbyorganisationen?

Die besonders umweltschonenden Firmen sind leider noch nicht die Grosskonzerne, sondern kleinere Unternehmen, die nicht an einer Börse kotiert sind. Diese Pionierunternehmen hätten für den Umbau der Wirtschaft eine viel grössere Hebelwirkung, erfüllen aber die Anforderungen nach Liquidität und geringem Risiko nicht.

Wenn ein Unternehmen zum besten seiner Klasse gekürt wurde, kann das Signalwirkung für die anderen Unternehmen haben. Der Werbeeffekt einer solchen Wahl ist nicht zu unterschätzen. Oft unternehmen die Konkurrenten Anstrengungen, um ebenso ökologisch zu sein, was sich für die Umwelt auszahlt.

Alle Grossbanken in der Schweiz haben einen Öko-Fonds und daher auch eine gut ausgebaute Research- oder Forschungsabteilung. Das Wissen dieser Abteilungen fliesst aber selten in andere Geschäftszweige der Bank. So werden in der Vermögensverwaltung nicht automatisch ethisch-ökologische Anlagerichtlinien verwendet.

Ethikfonds

Auch die Ethikfonds investieren 80 bis 90 Prozent ihres Vermögens in Grossunternehmen. Sie arbeiten meistens nach dem Ausschlussverfahren. Das heisst, es werden Kriterien definiert, die eine Firma *nicht* erfüllen darf, wie zum Beispiel Menschenrechtsverletzungen, Waffenproduktion, Atomstromproduktion, Kinderarbeit, Drogengeschäfte usw.

In Frankreich wird ein Ethikfonds von der Ordensschwester Nicole Reille geführt. Ursprünglich verwaltete sie das Geld der Pensionkasse des Stiftes. Damit dieses Geld vermehrt werden konnte, gründete sie einen Ethikfonds. Er steht inzwischen auch anderen Anlegern offen.

Nicole Reille wendet bei der Auswahl der Firmen neben den Ausschlusskriterien auch Pluspunkte an. Wenn ein Unternehmen Mitarbeiter, Kunden und Zulieferer fair behandelt, erhält es einen Pluspunkt, ebenso bei guten Fortbildungsangeboten und Gewinnbeteiligungen für Mitarbeiter. Obwohl Nicole Reille nur einen mittleren Fonds verwaltet, ist ihr Einfluss gross. Firmen fürchten, wenn sie durchleuchtet und nicht aufgenommen werden, den negativen Werbeeffekt. So haben bereits grössere französische Firmen, nachdem sie durchgefallen waren, Ethikchartas verfasst und höhere Umweltstandards eingeführt.

Nicole Reille hat eine pragmatische Ansicht zum Kapital: «Ich war noch nie der Meinung, dass Aktien etwas Schlechtes sind. Kirche und Geld passen durchaus zusammen. Geld wird erst dann unmoralisch, wenn ich damit Profit auf Kosten der anderen mache und es nicht zum Wohl der Allgemeinheit einsetze.»

Nachhaltige Fonds (Sustainability)

«Nachhaltige Entwicklung ist Entwicklung, welche die Bedürfnisse der Gegenwart befriedigt ohne zu riskieren, dass künftige Generationen ihre eigenen Bedürfnisse nicht befriedigen können.» (Brundtland-Bericht von 1987)

Nachhaltigkeit bedeutet, dass sich unsere Wirtschaft so entwickeln soll, dass unsere Kinder noch genügend Rohstoffe, saubere Luft und sauberes Wasser zum Leben haben. Wir sollten von den Erträgen der Natur leben und nicht von ihrer Substanz.

Nachhaltig muss in einer Firma aber auch der Umgang mit Menschen sein. So hat die Firma Intel beispielsweise die Arbeitsplätze ihrer Firma ergonomisch verbessert, mit dem Resultat, dass die Ausfälle der Mitarbeiterinnen wegen Krankheit und Unfällen in den letzten vier Jahren um durchschnittlich 40 Prozent gesenkt werden konnten. Nicht nur die Mitarbeiterinnen profitierten, sondern auch die Firma. Ein weiterer Beweis, dass sich auf Nachhaltigkeit bedachte Unternehmen längerfristig besser entwickeln. Dies wiederum ist auch für die Anlegerin von Vorteil.

Nachhaltige Unternehmen verfolgen also soziale, ökologische und ökonomische Ziele gleichwertig.

Worauf Sie bei der Fondsauswahl achten müssen

Eine genaue Einteilung der Fonds in diese drei Klassen ist schwierig. Oft sind die Fonds Mischprodukte, die mehrere Kategorien beinhalten. Wichtig ist, dass Sie auf das Auswahlsystem achten. Ist es ein Ausschlussverfahren oder das «Best-in-class-Prinzip»? Wenn es sich um ein Ausschlussverfahren handelt, müssen Sie überprüfen, ob die Auswahlkriterien wirklich Ihrer Philosophie entsprechen.

Weiter ist wichtig, dass dem Fondsmanagement ein Beirat zur Seite steht, der die Anlageentscheide mit seinem Know-how kritisch überprüft. Er kann eine weitere Sichtweise einbringen. Umweltorganisationen wie der WWF arbeiten heute mit Fondsmanagern zusammen und sind in den Beiräten vertreten.

Überprüfen Sie auch die Titelauswahl und den Anteil der Pionierunternehmen. Damit können Sie entscheiden, ob Ihr Fonds hell- oder dunkelgrün ist.

Egal, in welche ethischen oder ökologischen Fonds Sie investieren, alle sind nachhaltiger und umweltfreundlicher als traditionelle Anlagen.

Natürlich können Sie auch direkt in Aktien oder Obligationen ethisch-ökologischer Firmen investieren. Sie brauchen dazu aber das nötige

Hintergrundwissen. Es gibt verschiedene Zeitschriften und Internetadressen, die sich auf diese Anlageform spezialisiert haben und Tipps sowie Bewertungen zu Unternehmen abgeben. Auch in den Wirtschafts- und Tageszeitungen finden Sie immer wieder Artikel zu diesem Thema. Im Anhang sind ebenfalls entsprechende Adressen aufgeführt.

Checkliste:
Erstellen Sie Ihr Anlegerinnenprofil

Wenn die Anleger im täglichen Leben
genauso vorsichtig wären
wie bei ihren Finanzanlagen,
würden sie es kaum noch wagen,
ihr Bett zu verlassen.
    The Economist

Wie viel Risiko darf es denn sein? Beantworten Sie alle Fragen und zählen Sie die entsprechenden Punkte zusammen. Anhand der Auswertung sollten Sie in der Lage sein, geplante Anlagen im Hinblick auf Ihre Risikofähigkeit und Risikobereitschaft zu überprüfen.

Fragen zu Ihrer Risikofähigkeit

Frage	Antwort	Punkte
Alter Wie alt sind Sie?	☐ unter 35 Jahre	2
	☐ 35–50 Jahre	4
	☐ 50–60 Jahre	3
	☐ über 60 Jahre	2
Entwicklung Ihrer Lebenssituation Erwarten Sie in den nächsten 5 Jahren wesentliche Änderungen in Ihrem persönlichen Umfeld (Kinder, Weiterbildung, Hauskauf, unbezahlter Urlaub, Selbstständigkeit, Pensionierung, Scheidung etc.) Welche? ____	☐ unwahrscheinlich	5
	☐ möglich	3
	☐ sehr wahrscheinlich	1

Checkliste: Erstellen Sie Ihr Anlegerinnenprofil

Frage	Antwort		Punkte
Einkommensentwicklung			
Wie schätzen Sie die Entwicklung Ihres	☐ steigt erheblich		5
Gesamteinkommens (Gehalt,	☐ steigt leicht		4
Geschäftsertrag, Renten, Alimente,	☐ bleibt konstant		3
Mieteinnahmen etc.) in den nächsten	☐ sinkt leicht		2
10 Jahren ein?	☐ sinkt erheblich		1
Laufende Verpflichtungen			
Welchen Anteil Ihres Einkommens	☐ mehr als ⅔		1
beanspruchen Ihre regelmässigen	☐ zwischen ⅓–⅔		3
Verpflichtungen?	☐ weniger als ⅓		5
Liquiditätsreserve			
Wie lange könnten Sie Ihren gewohnten	☐ weniger als 3 Monate		1
Lebensstandard halten, wenn Sie per	☐ 3–12 Monate		2
sofort kein Einkommen mehr hätten?	☐ 12–18 Monate		4
Vermögensentwicklung			
Erwarten Sie in den nächsten 10 Jahren	☐ nein		1
eine Vermögenszunahme infolge	☐ ja ☐ um weniger als ⅓ des		
Erbschaft, Scheidung, Verkauf Geschäft	heutigen Vermögens		2
etc.?	☐ zwischen ⅓–⅔		4
	☐ mehr als ⅔		5
Projekte			
Welchen Zeithorizont haben Ihre	☐ kurzfristig, 1–3 Jahre		1
wichtigsten Projekte?	☐ mittelfristig, 4–9 Jahre		3
	☐ langfristig, mehr als 10 Jahre		5
Anlagevolumen			
Welchen Anteil an Ihrem Gesamtvermö-	☐ weniger als ⅓		5
gen hat die geplante Anlage (ohne	☐ ⅓–⅔		3
Eigenheim)?	☐ mehr als ⅔		2
Zeithorizont			
Wie lange können Sie das investierte	☐ 1 – 2 Jahre		1
Kapital entbehren?	☐ 3–5 Jahre		2
	☐ 6–10 Jahre		4
	☐ über 10 Jahre		5
Verwendung der Erträge			
Wie werden Sie die laufenden Erträge	☐ wieder anlegen		4
der geplanten Anlage verwenden?	☐ teilweise wieder anlegen		3
	☐ anderweitig verwenden		1
	☐ als Einkommen		1
Steuerliche Auswirkungen			
Wie wichtig ist Ihnen das Ziel, einen	☐ sehr wichtig		4
möglichst tiefen steuerbaren Ertrag zu	☐ wichtig		3
erwirtschaften?	☐ unwichtig		1
	Total Punkte		

Fragen zu Ihrer Risikobereitschaft

Frage	Antwort	Punkte
Anlageerfahrung Mit welchen Finanzinstrumenten haben Sie schon Erfahrung?	☐ (Kassen-)Obligationen	2
	☐ Anlagefonds	3
	☐ Aktien	4
	☐ keine	1
Risikofreudigkeit Wie gehen Sie mit Risiken um?	☐ Wenn es brenzlig wird, ist mir unwohl	1
	☐ Ich kann Risiken gut abschätzen und habe deshalb weniger Angst	5
	☐ Ich liebe das Risiko und bin stets bereit, mich in ein Abenteuer zu stürzen	2
Interesse Ich setze mich gerne mit dem laufenden Wirtschaftsgeschehen auseinander, lese die Finanzpresse und kenne die Launen der Börse	☐ ja, sehr gerne	5
	☐ wenn es dringend sein muss	3
	☐ nein, das finde ich schrecklich langweilig	1
Selbstbeurteilung Welcher Typ sind Sie in Ihrem täglichen Verhalten?	☐ zurückhaltend, konservativ	1
	☐ offen für Neues, progressiv	4
	☐ am liebsten mit dem Kopf durch die Wand, aggressiv	2
Zukunftsprognosen Wie beurteilen Sie die künftige Entwicklung der Wirtschaft?	☐ optimistisch, ich denke, dass es nur noch aufwärts geht	5
	☐ pessimistisch, ich denke, alles wird immer schlimmer und schwieriger	2
	☐ keine Ahnung, es interessiert mich eigentlich nicht	1
Spieltrieb Sie haben die Gelegenheit, mit einem Mindesteinsatz von 10 000 Franken eine Wette einzugehen. Gewinnen Sie die Wette, erhalten Sie 20 000 Franken. Verlieren Sie die Wette, ist Ihr Geld verloren.	☐ Ich spiele auf jeden Fall mit	3
	☐ Ich spiele mit, möchte jedoch lieber einen Wetteinsatz von 100 000 Franken machen	2
	☐ Ich halte mich fern von solchen Spielen	1
	☐ Ich spiele mit, aber nur mit einem Wetteinsatz von 100 Franken	4

Checkliste: Erstellen Sie Ihr Anlegerinnenprofil

Frage	Antwort	Punkte
Reaktion auf Verlust Sie haben eine Anlage mit einem gewissen Risiko getätigt. Nach einem anfänglichen kleinen Gewinn beginnt Ihre Anlage zu sinken.	☐ Ich wechsle sofort in eine weniger risikoreiche Anlage	1
	☐ Ich warte ab und wechsle erst, nachdem die Anlage deutlich gesunken ist	2
	☐ Ich halte die Anlage, weil ich vorübergehende Kursrückschläge einkalkuliert habe	5
	☐ Ich investiere noch mehr Geld in diese Anlage	5
Erwünschte Entwicklung Ihres Vermögens Wie soll sich Ihr Vermögen entwickeln?	☐ Die Werterhaltung des Kapitals steht im Vordergrund. Ich toleriere gar keine Schwankungen	1
	☐ Die Werterhaltung des Kapitals ist mir wichtig. Dennoch akzeptiere ich geringe Schwankungen	3
	☐ Ich erwarte eine hohe Gesamtrendite. Dabei bin ich bereit, auch grössere Schwankungen hinzunehmen	5
Anlage-Stil Für welche Anlage entscheiden Sie sich?	☐ Anlage, die mit Sicherheit pro Jahr 4% Ertrag erzielt	1
	☐ Anlage, die langfristig einen durchschnittlichen Ertrag von 8% p.a. erzielt, jedoch Schwankungen zwischen −20% und +20% aufweisen kann	5
	☐ Anlage, die mittelfristig einen durchschnittlichen Ertrag von 6% p.a. erzielt, jedoch Schwankungen zwischen −10% und +10% aufweisen kann	3
Reaktion auf einen Fehlentscheid Sie haben etwas unternommen und müssen später feststellen, dass Sie die Lage falsch eingeschätzt haben und Ihr Vorhaben misslungen ist – wie reagieren Sie?	☐ Ich versuche, das Beste aus der Lage zu machen	5
	☐ Ich ärgere mich masslos, und dies noch jahrelang	1
	☐ Ich mache mir Vorwürfe und kann nicht mehr schlafen	1
	☐ Ich stecke es weg und versuche es noch einmal	5

Frage	Antwort	Punkte
Gemütsverfassung Sind Sie ein stabiler Charakter?	☐ Ich bin recht ausgewogen und keinen grossen Stimmungsschwankungen unterworfen	5
	☐ Ich neige zu grossen Schwankungen zwischen euphorischer und niedergeschlagener Stimmung	1
Disziplin Wie stark halten Sie an einmal getroffenen Entscheidungen fest?	☐ Ich bin sehr diszipliniert und halte mich daran	5
	☐ Ich neige dazu, ab und zu Korrekturen anzubringen	3
	☐ Ich werfe die Flinte schnell ins Korn	1
Beeinflussbarkeit Sie haben eine Anlage getätigt und erzählen dies im Freundeskreis. Sofort hagelt es von guten Ratschlägen, was Sie falsch gemacht haben, was Sie besser machen oder was Sie auch noch tun könnten. Wie reagieren Sie?	☐ Ich fühle mich schnell verunsichert und zweifle an meiner Entscheidung	1
	☐ Ich prüfe die Anregungen in aller Ruhe und wende an, was mir richtig erscheint	5
	☐ Ich bin mir meiner Sache sicher und lasse mich nicht beeinflussen	5
	Total Punkte	

Checkliste: Erstellen Sie Ihr Anlegerinnenprofil

Auswertung

So steht es um Ihre Risikofähigkeit

13–22 Punkte – konservative Strategie
Ihre Risikofähigkeit ist eingeschränkt. Verfolgen Sie eine konservative Strategie.
Mehrheitlich Sparkonto, Geldmarktfonds, Festgeld, Kassenscheine, AAA-Obligationen, Pfandbriefe, klassische Einmaleinlagen, Leibrente. Der Aktienanteil sollte höchstens 10–15 Prozent betragen.

23–41 Punkte – ausgewogene Strategie
Ihre Risikofähigkeit ist mittelgross. Verfolgen Sie eine ausgewogene Strategie, bei der sich Risiko und Sicherheit die Waage halten.
Mehrheitlich Obligationen(-fonds), ausgewogene Strategiefonds, Immobilienfonds, fondsgebundene Einmaleinlagen, Fremdwährungsobligationen. Der Aktienanteil darf maximal 50 Prozent betragen.

42–51 Punkte – risikoreiche Strategie
Sie haben eine grosse Risikofähigkeit. Sie können eine risikoreiche Strategie verfolgen.
Mehrheitlich: Aktien, Aktienfonds, wachstumsorientierte Strategiefonds, Derivate. Der Aktienanteil kann zwischen 75 und 100 Prozent betragen.

Beachten Sie bitte, dass sich die Auswahl der passenden Produkte grundsätzlich nach den Gesichtspunkten einer ganzheitlichen Finanzplanung richtet. Die vorliegende Auswertung dient lediglich der Überprüfung und Sicherstellung der Risikokomponenten.

So steht es um Ihre Risikobereitschaft

13–25 Punkte – konservative Strategie
Sie sind nicht besonders risikofreudig oder Ihre zu erwartenden Reaktionen könnten Ihren Seelenfrieden gefährden. Setzen Sie vorerst auf eine konservative Strategie. Machen Sie sich nach und nach mit den Gesetzen der Börse vertraut und investieren Sie immer nur so viel in risikoreichere Anlagen, dass Sie sich stets wohl dabei fühlen.

26–40 Punkte – ausgewogene Strategie
Wenn sich das Risiko im Rahmen hält, sind Sie durchaus in der Lage, gewisse Schwankungen zu verkraften. Eine ausgewogene Strategie ist bestimmt passend für Sie.

41–62 Punkte – risikoreiche Strategie
Sie sind so schnell nicht aus der Ruhe zu bringen und können gut mit Risiken umgehen. Werden Sie mit Schwankungen konfrontiert, ist nicht zu erwarten, dass Ihre Reaktionen übereilt und übersteigert sind. Eine risikoreiche Strategie dürfen Sie getrost ins Auge fassen.

Ihre Risikofähigkeit stimmt nicht mit Ihrer Risikobereitschaft überein?

Ideal ist es natürlich, wenn die Auswertung Sie zu einer einheitlichen Strategie geführt hat. Oft ist dies jedoch nicht der Fall. Dann müssen Sie einen Konsens finden. Die nachfolgenden Empfehlungen sollen Ihnen dabei helfen.

Risikofähigkeit	Risikobereitschaft	Empfehlungen
konservative Strategie	ausgewogene Strategie	Sie sind zwar bereit, gewisse Schwankungen zu dulden, aber aufgrund Ihrer momentanen Situation ist Ihre Risikofähigkeit eingeschränkt. Verfolgen Sie vorerst eine konservative Strategie. Sollte sich Ihre Risikofähigkeit in der Zukunft verbessern, wird es Ihnen nicht schwer fallen, zu einer ausgewogenen Strategie zu wechseln.
konservative Strategie	risikoreiche Strategie	Obschon Sie von Ihrer Risikobereitschaft her durchaus zu Höhenflügen bereit wären, sollten Sie vorerst die konservative Strategie verfolgen, die zu Ihrer momentanen Situation passt. Falls sich Ihre Risikofähigkeit künftig erhöht, werden Sie mühelos zur ausgewogenen oder gar risikoreichen Strategie wechseln können.
ausgewogene Strategie	konservative Strategie	Ihre Risikofähigkeit erlaubt es Ihnen, ein gewisses Mass an Risiken einzugehen, aber Ihre Risikobereitschaft hinkt hintendrein. Wenn Sie diesen Zustand akzeptieren, werden Sie eine risikoarme Strategie auswählen und zufrieden sein. Vielleicht ärgert Sie aber der Gedanke, dass Sie wahrscheinlich auf zusätzliche Rendite verzichten, und Sie fühlen sich hin und her gezogen. Da gibt es nur eines: Machen Sie sich mit den Gesetzen der Börse vertraut und investieren Sie nach und nach in risikoreichere Anlagen. Aber immer nur so viel, wie Sie Ihrem Seelenfrieden zumuten können.
ausgewogene Strategie	risikoreiche Strategie	Gut zu wissen, dass Sie mehr ertragen könnten. Sie sollten jedoch nicht risikoreicher anlegen, als es Ihre momentane Risikofähigkeit erlaubt.

Risikofähigkeit	Risikobereitschaft	Empfehlungen
risikoreiche Strategie	konservative Strategie	Hier streiten sich die Geister. Sollen Sie nun getrost in risikoreiche Anlagen investieren und Ihre ganzen Bauchgefühle ausser Acht lassen? Oder doch besser Ihren Gefühlen gehorchen und einen konservativen Kurs einschlagen? Ein Kompromiss ist die ausgewogene Strategie, aber auch nur, wenn Sie sich darüber im Klaren sind, dass sie Ihren Prinzipien eben nur teilweise entspricht. Wenn Sie denken, auch diese Schwankungen schlecht ertragen zu können, bleiben Sie vorerst der konservativen Strategie treu. Vielleicht investieren Sie etwas Zeit, um sich mit den Gesetzen der Börse vertraut zu machen, und ändern nach und nach Ihre Strategie. Wahrscheinlich werden Sie nie bis zur risikoreichen Variante vordringen, aber Sie werden sich bestimmt besser fühlen, als wenn Sie nur dem Ruf der Performance folgen.
risikoreiche Strategie	ausgewogene Strategie	Verfolgen Sie eine ausgewogene Strategie, denn es ist wichtig, dass Sie sich wohl fühlen – Performance hin oder her. Vielleicht sind Sie mit der Zeit dazu bereit, etwas mehr Risiko einzugehen, vielleicht auch nicht.

15 Regeln für Anlegerinnen

▶ Unterzeichnen Sie nie etwas, das Sie nicht vollständig verstehen. Lassen Sie sich das Produkt ein zweites und ein drittes Mal erklären, bis Sie sicher sind. Die Anbieter sind dazu da, Ihnen den grösstmöglichen Service zu bieten.

▶ Lassen Sie sich Angebote prinzipiell schriftlich geben.

▶ Entscheiden Sie sich nur für ein Produkt, wenn Sie sich absolut wohl damit fühlen. Hören Sie auf Ihren Bauch.

▶ Lesen Sie das Kleingedruckte – auch wenn es mühsam ist. Es geht um Ihr Geld.

▶ Entscheiden Sie sich für Produkte, die durch klare und transparente Unterlagen überzeugen. Hochglanzprospekte reichen oft nicht aus.

▶ Kein Anbieter hat in jedem Bereich das für Sie beste und gleichzeitig günstigste Angebot. Picken Sie sich die Rosinen heraus und Sie werden viel Geld sparen.

▶ Angst ist kein guter Berater. Lassen Sie sich nie unter emotionellen Druck setzen.

▶ Lassen Sie sich nicht unter Zeitdruck setzen. Ein heute gutes Angebot muss dies auch morgen noch sein. Sonst sollten Sie besser die Finger davon lassen.

▶ Lassen Sie sich nicht von unglaublichen Gewinnerwartungen locken. Hier ist grosses Misstrauen angebracht.

▶ Kaufen Sie niemals eine Geldanlage am Telefon. Sehr oft verbergen sich hinter den Anrufern mit klingenden Firmennamen und besonders lukrativen Angeboten skrupellose Geldhaie.

▶ Erkundigen Sie sich bei freien Beratern und Anbietern von Fonds, ob sie über eine Bewilligung der eidgenössischen Bankenkommission verfügen.

▶ Lassen Sie sich nicht in Schneeballsysteme einbinden. Erstens ist dies verboten und zweitens beissen den Letzten die Hunde.

▶ Steuern sparen in Ehren – aber gehen Sie nicht um der Steuerersparnis willen höhere Risiken ein, als Sie es gemäss Ihrem Risikoprofil tun sollten.

▶ Tätigen Sie keine Impulskäufe. Prüfen Sie gründlich, ob das Produkt in Ihre Strategie passt.

▶ Versuchen Sie nicht, den «richtigen» Moment zu finden – es gibt ihn nicht!

Steuerplanung

Was hilft es dir zu prahlen,
dass du ein freies Menschenkind?
Musst du nicht pünktlich Steuern zahlen,
obwohl sie dir zuwider sind?
    Wilhelm Busch

Jede finanzielle Entscheidung führt direkt oder indirekt über die Steuerplanung, ob Sie nun Ihr Vermögen umschichten, Ihre Vorsorge oder Ihr Einkommen optimieren. Es lohnt sich also, wenn Sie vor jedem Schritt die steuerlichen Konsequenzen ins Auge fassen.

Natürlich ist uns allen daran gelegen, unsere Steuerlast so weit als möglich zu senken. Andererseits darf die Steueroptimierung nie aus einseitiger Perspektive betrachtet werden, sondern muss immer im Rahmen der Gesamtplanung und unter Berücksichtigung allfälliger unerwünschter Risiken durchgeführt werden.

Veronika hat genug davon, mit ihren bisherigen Sparkonti und Kassenscheinen zusätzliches steuerbares Einkommen zu generieren. Sie entscheidet, einen Grossteil in Aktien zu investieren, um sich künftig über die steuerfreien Kursgewinne zu freuen.

Nach drei Jahren findet Veronika ihre Traumwohnung und beschliesst, diese zu kaufen. Leider sind die Kurse im letzten halben Jahr zusammengebrochen, weshalb Veronika die Aktien mit Verlust verkaufen muss, um ihren Traum zu verwirklichen.

Durch den einseitigen Blick auf die Steuern hat Veronika vergessen, sich über die Risiken und die eingeschränkte Liquidität der Anlage Gedanken zu machen.

Das steuerbare Einkommen

Um passende Massnahmen zur Steuereinsparung treffen zu können, müssen wir erst einmal festhalten, wie sich das steuerbare Einkommen zusammensetzt:

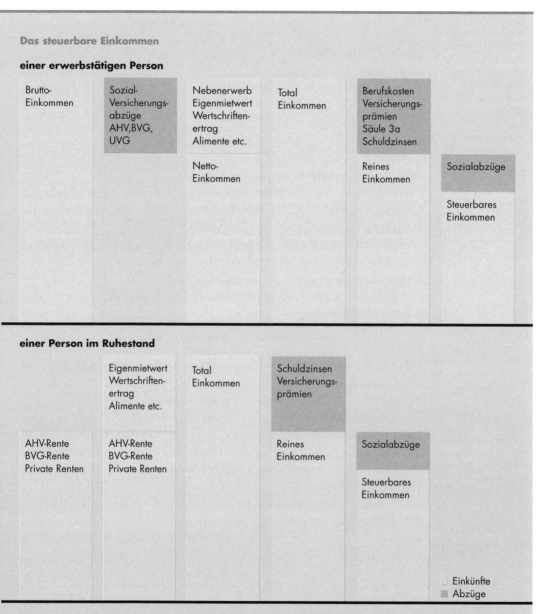

Bei dieser Gelegenheit wird auch gleich ersichtlich, dass es ein Irrtum ist zu glauben, nach der Pensionierung eine bedeutend tiefere Steuerlast zu haben. Die meisten Abzüge können dann eben nicht mehr gemacht werden.

Die steuerliche Belastung kann je nach Wohnkanton und Gemeinde höchst unterschiedlich sein.

Neben den beliebten Steueroasen gibt es wahre «Steuerhöllen». Wir verzichten an dieser Stelle darauf, diese zu benennen, da laufend Steuervergleiche publiziert werden. Wenigstens gilt für die direkten Bundessteuern eine einheitliche Berechnungsgrundlage.

Im Verhältnis zur Einkommenssteuer fällt die Vermögenssteuer weit weniger ins Gewicht, da sie relativ gering ist. Beim Bund fallen für Privatpersonen überhaupt keine Vermögenssteuern an.

Zur Reduktion der Steuerbelastung gibt es im Grunde drei Möglichkeiten:
▶ Sie verlegen Ihren Wohnsitz in eine steuerfreundliche Gemeinde.
▶ Sie nutzen alle Abzugsmöglichkeiten aus.
▶ Sie reduzieren Ihre steuerbaren Einkünfte.

Zum ersten Punkt ist allerdings zu sagen, dass es bisher zu keinem Massenexodus aus den steuerlich benachteiligten Gemeinden gekommen ist. Wahrscheinlich gewichten die Vorzüge der heimatlichen Scholle immer noch höher. Wichtig bei einer Wohnsitzverlegung: Es genügt nicht, dass Sie bloss Ihre Schriften deponieren, Sie müssen wirklich umziehen und Ihren Lebens-Mittelpunkt neu festlegen.

Abzugsmöglichkeiten ausnutzen

Überprüfen Sie, ob Sie im Rahmen der zulässigen Berufskosten wirklich alle möglichen Faktoren berücksichtigt haben, wie Weiterbildungs- und Umschulungskosten, Kosten für Vermögensverwaltung, zusätzlicher Abzug für Nebenverdienste etc., je nachdem, welche Unkosten die kantonale Steuerbehörde Ihnen zugesteht.

Folgende Abzüge können Sie entweder periodisch oder einmalig geltend machen:

Schuldzinsabzüge
Damit sind Zinsen für Kredite oder Hypothekardarlehen gemeint. Als Faustregel können Sie davon ausgehen, dass Sie rund ein Drittel Ihres Schuldbetrages in Form einer tieferen Steuerbelastung wieder wettmachen. Bei einem höheren steuerbaren Einkommen ist diese Tendenz steigend.

Silvia bezahlt für ihre Hypothek jährlich 13 500 Franken. Ihre Steuerersparnis beträgt 4000 Franken.

Steuerplanung

Allerdings können Schulden nicht in schwindelerregendem Ausmass abgezogen werden. Erlaubt sind sie in der Höhe der gesamten Vermögenserträge plus zusätzlichen 50 000 Franken.

Silvias Vermögenserträge setzen sich aus dem Eigenmietwert ihrer Wohnung von 15 000 Franken sowie aus Wertschriftenerträgen von 3000 Franken zusammen. Theoretisch wäre somit ein Schuldzinsabzug von maximal 68 000 Franken möglich.

Natürlich sind Schulden nicht jedermanns Sache. Zudem muss die Verschuldung stets in ein Verhältnis zum Einkommen gesetzt werden. Schliesslich müssen daraus die Zinsen auch wirklich bezahlt werden können.
Es lohnt sich, ein wachsames Auge auf die geplante Abschaffung der Eigenmietwertbesteuerung zu halten. Tritt diese nämlich in Kraft, werden Hypothekarzinsen nicht mehr als Abzüge toleriert (nach einer Übergangsfrist).

Kosten für Liegenschaftsunterhalt, -verwaltung und -versicherungen
Es können entweder ein Pauschalabzug oder die effektiven Kosten geltend gemacht werden. Kantonale Richtlinien geben Auskunft, welche wertvermehrenden Aufwendungen nicht abgezogen werden können.

Beitrag an die Säule 3a
Nutzen sie den maximal möglichen Abzug aus: 5933 Franken, wenn Sie einer Pensionskasse angehören, 20 Prozent Ihres Einkommens oder maximal 29 664 Franken, wenn Sie ohne berufliche Vorsorge erwerbstätig sind.

Einkauf in die 2. Säule
Bei grossen Summen sind gestaffelte Einkäufe über mehrere Jahre zu empfehlen, da Sie Ihre Steuern gleich mehrmals senken können. (Siehe auch Kapitel «Wichtige Details zur zweiten und dritten Säule»)

Spenden
Spenden müssen belegt sein und dürfen einen kantonal festgelegten Prozentsatz Ihres Einkommens nicht übersteigen.

Unterstützungsbeiträge
Leisten Sie finanzielle Hilfe an eine unterstützungsbedürftige Person, kann im Rahmen kantonaler Richtlinien ebenfalls ein Abzug beansprucht werden. Beim Bund sind es zurzeit 5100 Franken.

Krankheitskosten

Selber getragene Krankheits- oder Zahnarztkosten können Sie ab einem be-stimmten Prozentsatz Ihres Einkommens ebenfalls geltend machen. Sam-meln Sie die Belege!

Sie sehen, so viele Abzugsmöglichkeiten liegen leider gar nicht drin, weshalb wir nun einen Blick auf die dritte Einsparmöglichkeit werfen wollen.

Reduktion der steuerbaren Einkünfte

Eine völlig banale Empfehlung: Sie reduzieren Ihr Arbeitspensum und ver-dienen einfach weniger. Wahrscheinlich wird dies nicht für alle Leserinnen machbar oder erstrebenswert sein, eine andere Möglichkeit vielleicht schon: Vereinbaren Sie mit Ihrem Arbeitgeber, dass Sie einer Lohnerhöhung eine verbesserte Pensionskassenlösung vorziehen. Der Vorteil für Sie liegt ganz klar darin, dass Sie so kein höheres steuerbares Einkommen erzielen, dafür bessere Altersleistungen erwarten dürfen. Ihr Arbeitgeber hingegen spart die Arbeitgeberbeiträge an die Sozialleistungen, die er bei einem ausbezahlten Lohn ja auch noch leisten muss. Stattdessen zahlt er im Rahmen der Lohn-erhöhung einen höheren Anteil an den Pensionskassenbeitrag. Natürlich sind solche Lösungen nicht einfach individuell aushandelbar, denn eine Pensionskassenlösung muss alle Versicherten gleich behandeln. Doch viel-leicht gibt es ja noch andere Gleichgesinnte in Ihrem Betrieb, die sich zu einer bestimmten Versichertenkategorie zusammenschliessen lassen.

Im Bereich der Vermögenserträge haben Sie es allerdings selber in der Hand, die steuerbaren Einkünfte zu senken. Denn wenn Sie sich mit dem Aufbau und Erhalt Ihres Vermögens beschäftigen, müssen Sie einer wichtigen Tatsa-che ins Auge blicken: was letztlich zählt, sind hier einzig die Erträge nach Steuern. Nach wie vor sind sich viele Leute der Bedeutung dieses Aspektes nicht vollständig bewusst.

Keine Unbekannte wird für Sie die Verrechnungssteuer von 35 Prozent sein, die Ihnen auf Zinsen, Dividenden und Ausschüttungen inländischer Emit-tenten automatisch durch die Bank abgezogen werden. Von den Zinsen auf Ihrem Lohn- und Sparkonto, auf Obligationen, Kassenscheinen, Festgeldern und inländischen Fonds bleiben Ihnen vorerst nur 65 Prozent. Wenn Sie nun brav Ihre Zinseinkünfte auf der nächsten Steuererklärung deklarieren, wird Ihnen die Verrechnungssteuer – zwar mit einiger Verzögerung – rück-erstattet. Gleichzeitig ist durch die Deklaration der erworbenen Erträge Ihr steuerbares Einkommen gestiegen. Sie zahlen nun mehr Steuern, als Sie es ohne diese Zinserträge tun müssten. Wie hoch diese zusätzliche Steuer-belastung ausfällt, lässt sich anhand des so genannten Grenzsteuersatzes festlegen.

Der Grenzsteuersatz

Bitte verwechseln Sie den Grenzsteuersatz nicht mit dem Durchschnittssteuersatz. Dieser zeigt lediglich, wie hoch Ihre gesamte Steuerbelastung in Bezug auf Ihr steuerbares Einkommen ist.

> Marietta hat ein steuerbares Einkommen von 100 000 Franken. Sie bezahlt 27 924 Franken Steuern, ihr Durchschnittssteuersatz beträgt somit 27,9 Prozent.

Der Grenzsteuersatz zeigt Ihnen hingegen, in welchem Verhältnis ein steuerbarer Mehrertrag zu den darauf zu entrichtenden Steuern liegt.

> Marietta hat einen Zinsertrag von 1000 Franken erzielt, ihr neues steuerbares Einkommen beträgt demnach 101 000 Franken. Dafür bezahlt sie nun 28 289 Franken Steuern. Der Durchschnittssteuersatz hat sich nur leicht erhöht, nämlich auf 28 Prozent. Die Differenz zum früheren Steuerbetrag beträgt 365 Franken.
>
> Wenn Marietta auf ihren Zinsen von 1000 Franken 365 Franken Steuern bezahlen muss, heisst dies, dass sie 36,5 Prozent ihres Ertrags den Steuern abliefern muss. Diesen Prozentsatz nennt man den Grenzsteuersatz.
>
> Konkret bedeutet dies für Marietta, dass sie statt 1000 Franken nur 635 Franken erwirtschaftet hat, oder übertragen auf Finanzprodukte: die Rendite einer 3-Prozent-Obligation vermindert sich so auf 1,9 Prozent, vom 5-prozentigen Fondsertrag bleiben unter dem Strich 3,175 Prozent, das Sparkonto von 1,5 Prozent bringt magere 0,95 Prozent.

Mit steigendem steuerbaren Einkommen erhöhen sich sowohl der Durchschnitts- als auch der Grenzsteuersatz Schritt für Schritt. Man nennt dies Progression. Diese ist ebenfalls starken kantonalen Unterschieden unterworfen. Die Spitzenwerte liegen beim Durchschnittssteuersatz um 40 Prozent, beim Grenzsteuersatz sogar bei über 45 Prozent.

Da lohnt es sich, im Bereich der steuergünstigen Anlageformen Ausschau zu halten.

Steuerfreie Kapitalgewinne

Eine gute Nachricht: sämtliche privaten Kapitalgewinne sind steuerfrei! Diese können Sie mit Aktien, Fonds, aber auch mit Indexzertifikaten, Termingeschäften oder Optionen erzielen. Was heisst dies aber konkret?

Angela kauft heute Aktien zu einem Stückpreis von 300 Franken. In zehn Jahren verkauft sie diese zu einem Stückpreis von 1200 Franken. Die Differenz von 900 Franken muss sie nicht als Einkommen versteuern, da es sich um einen steuerfreien, privaten Kapitalgewinn handelt.

Patrizia hat vor drei Jahren für 10 000 Franken Fondsanteile gekauft, und zwar zu einem Kurs von 140 Franken. Dafür erhielt sie 71.429 Fondsanteile. In der Zwischenzeit ist der Kurs auf 190 Franken gestiegen. Ihre Fondsanteile sind nun 13 572 Franken wert. Der Kursgewinn von 3572 Franken ist ebenfalls steuerfrei.

Nicht steuerfrei sind hingegen sämtliche Ausschüttungen wie Dividenden von Aktien oder anfallende Erträge innerhalb von Obligationen-, Geldmarkt und Immobilienfonds. Letztere sind auch steuerbar, wenn sie so genannt thesaurierend sind, nämlich unmittelbar wieder in Fondsanteile angelegt werden.

Was an dieser Stelle auch erwähnt werden muss: allfällige Verluste können natürlich nicht von den Steuern abgezogen werden.

Verkauf von Obligationen vor der Zinsfälligkeit

Wenn Sie Ihre Obligationen vor dem Zinstermin verkaufen, muss Ihnen der Käufer zusätzlich zum regulären Kaufpreis auch noch die ab Fälligkeitsdatum des letzten eingelösten Coupons bis zum Verkaufsdatum aufgelaufenen Zinsen bezahlen. Diese noch nicht fällig gewordenen Zinsen nennt man *Marchzinsen*. Da diese einen Bestandteil des vom Käufer an die Verkäuferin zu bezahlenden Kaufpreises bilden, gelten sie beim Bund und den meisten Kantonen nicht als steuerbare Erträge.

Tiefcoupon-Obligationen

Hier handelt es sich häufig um Optionsanleihen, die ex, also ohne Options-schein gehandelt werden. Diese haben naturgemäss einen tiefen Zinscoupon und werden teilweise massiv unter pari gehandelt. Bei der Rückzahlung kommt natürlich der Nennwert zum Tragen, die Differenz ist steuerfreier Kursgewinn. Aufpassen müssen Sie, wenn Sie Tiefprozenter kaufen, bei denen der Kursgewinn mehr als die Hälfte der gesamten Couponerträge ausmacht. In diesem Fall gilt dies als so genannte überwiegende Einmal-verzinsung, welche zur Steuerpflicht führt.

Roberta kauft für 3155 Franken einen Tiefprozenter mit einem Nennwert von 4000 Franken und einer Laufzeit von 6 Jahren. Der Zins beträgt 120 Franken. Die Rückzahlung erfolgt zum Nennwert, was Roberta einen steuerfreien Kurs-gewinn von 845 Franken beschert. Der Jahreszins von 3,8 Prozent (von 3155 Franken) ist höher als 50 Prozent der Gesamtrendite von 7,5 Prozent.

Zerobonds – auch Diskontobligationen genannt – werden unter pari gekauft und zu pari zurückbezahlt. Zinsausschüttungen werden gar keine gewährt. Wer jetzt annimmt, dass sich damit ein steuerfreier Kursgewinn realisieren lässt, ist leider auf dem Holzweg. Seit einigen Jahren muss diese Einmal-verzinsung als Einkommen versteuert werden (auf der Kursliste der eidge-nössischen Steuerverwaltung mit IUP bezeichnet).

Sparversicherungen 3b

Gemischte Versicherungen (mit einem Spar- und einem Risikoteil), welche durch jährliche Prämien finanziert werden, sind bei der Auszahlung steuer-frei. Handelt es sich dabei um eine fondsgebundene Police, muss eine Mindestlaufzeit von zehn Jahren eingehalten werden. Einzig der jeweilige Rückkaufswert wird als Vermögen besteuert.

Einmaleinlagen – klassisch oder fondsgebunden

Auch dieses Versicherungsprodukt ist bei der Auszahlung steuerfrei, sofern sämtliche nachfolgenden Auflagen erfüllt sind:

▶ Versicherungsnehmerin und versicherte Person müssen identisch sein.
▶ Es muss ein Todesfallkapital versichert sein.
▶ Die Mindestlaufzeit bei klassischen Einmaleinlagen beträgt fünf Jahre, bei fonds- oder indexgebundenen Produkten sogar zehn Jahre.
▶ Die Versicherungsnehmerin muss bei der Auszahlung mindestens 60 Jahre alt sein (der Geburtstag ist massgebend, nicht das Jahr).
▶ Bei Vertragsabschluss muss die Versicherungsnehmerin unter 66 Jahre alt sein.

Beim Abschluss einer Einmaleinlage wird allerdings die eidgenössische Stempelabgabe in der Höhe von 2,5 Prozent fällig.

Interessant ist an dieser Stelle der Vergleich zwischen einer klassischen Einmaleinlage und einer Obligation, da sich diese Produkte aus der Sicht von Risiko und Rendite recht ähnlich sind.

Carmen hat gleichzeitig eine Einmaleinlage und eine 4¼-Prozent-Obligation zu je 50 000 Franken gekauft. Die Laufzeit beträgt 5 Jahre. Der Grenzsteuersatz von Carmen beläuft sich auf 30 Prozent.

Einmaleinlage		Obligation	
Auszahlung	60 000.–	Jährliche Ausschüttung	2 125.00
./. Einlage	50 000.–	./. Steuern 30%	637.50
		Nettorendite mal 5 Jahre	1 487.50
Nettoertrag	10 000.–	Nettoertrag	7 437.50
Nettorendite	3,75%	Nettorendite	2,975%

Je höher der Grenzsteuersatz, desto attraktiver fällt die steuerfreie Rendite von Einmaleinlagen aus – natürlich immer vorausgesetzt, dass die einschränkenden Auflagen überhaupt ins Gesamtkonzept der Planung passen.

Steuerplanung

Bei fondsgebundenen Einmaleinlagen trifft das Steuerargument nur dann zu, wenn es sich hauptsächlich um geldwertlastige Fonds handelt. Reine Aktienfonds sind auch bei der Direktanlage steuergünstig und müssen deswegen nicht auf dem Umweg über die (wegen der Risikokomponente teureren) Versicherung gekauft werden.

Leibrenten – aufgeschoben oder sofortbeginnend

Während der Aufschubszeit wird eine aufgeschobene Leibrente nur als Vermögen besteuert, und zwar zum jeweiligen Rückkaufswert. Der Ertrag ist steuerfrei. Sobald die Rente ausbezahlt wird, fällt die Vermögensbesteuerung weg, dafür wird die Rente zu 40 Prozent als Einkommen besteuert. Dies aber nur, wenn die Finanzierung hundertprozentig aus eigenen Mitteln geleistet wird.

Pamela erhält eine jährliche Leibrente von 15 000 Franken ausbezahlt, davon muss sie lediglich 6000 Franken als Einkommen versteuern.

Es mag vielleicht ein wenig übertrieben erscheinen, dieses Produkt als besonders steuergünstig zu propagieren, denn schliesslich wird es aus bereits versteuertem Geld finanziert und muss dann noch einmal versteuert werden. Für Sicherheitsbewusste hingegen, welche sich ein lebenslanges, garantiertes Einkommen wünschen, ist die Leibrente im Vergleich zur Pensionskassenrente, welche zu 100 Prozent versteuert werden muss, aus steuerlicher Sicht gar nicht so unattraktiv.

Das Wichtigste in Kürze
▶ Sämtliche Abzugsmöglichkeiten sollten gezielt ausgeschöpft werden.
▶ Bessere Pensionskassenleistungen statt Lohnerhöhungen rentieren wegen der tieferen Steuerprogression.
▶ Der Grenzsteuersatz vermindert die Rendite sämtlicher steuerbarer Vermögenserträge.
▶ Private Kapitalgewinne sind steuerfrei.
▶ Einmaleinlagen sind eine attraktive Alternative zu Obligationen.
▶ Anlagen sollten nie allein wegen der Steuerersparnis getätigt werden, sondern müssen ins Gesamtkonzept passen und der Risikobereitschaft der Anlegerin Rechnung tragen.

Das Erb- und Güterrecht – rechtzeitig vorsorgen

Unvermutet, wie zumeist,
kommt die Tante zugereist.
Herzlich hat man sie geküsst,
weil sie sehr vermöglich ist.
  Wilhelm Busch

In den nächsten Jahren wird die Schweiz einen richtigen Erbschaftsboom erleben. Dieses Kapitel sollte Sie darum auf jeden Fall interessieren, ob Sie nun zur Generation der potenziellen Erbinnen gehören oder selber Ihr Vermögen möglichst optimal vererben wollen. Durch eine rechtzeitige Planung können Sie finanzielle Probleme, unnötigen Streit und nicht zuletzt eine übermässige Steuerbelastung vermeiden.

Welches Vermögen fällt überhaupt in den Nachlass?

Falls Sie alleinstehend sind, ist die Antwort einfach: Ihr gesamtes Vermögen fällt in den Nachlass.

Bei Ehepaaren wird es um einiges komplizierter: Hier muss zuerst durch die güterrechtliche Auseinandersetzung festgehalten werden, welches Vermögen der Ehefrau, welches dem Ehemann zugeteilt wird. Dieser Vorgang ist davon abhängig, in welchem der drei Güterstände sich die Eheleute befinden.

Der ordentliche Güterstand ist die Errungenschaftsbeteiligung. Vertraglich müssen die beiden ausserordentlichen Güterstände geregelt werden, nämlich die Gütertrennung und die Gütergemeinschaft.

Die Errungenschaftsbeteiligung

Hier wird zwischen dem Eigengut und der Errungenschaft der Eheleute unterschieden.

Zum Eigengut gehört alles, was ein Partner bereits an Vermögenswerten in die Ehe eingebracht hat, dazu kommen Erbschaften oder Schenkungen während der Ehe sowie allfällige Genugtuungsansprüche. Zum Eigengut zählen auch der Wertzuwachs des Eigengutes sowie Ersatzanschaffungen, die aus Mitteln des Eigenguts stammen. Nicht zuletzt zählen auch Gegenstände des persönlichen Gebrauchs wie Kleider, Schmuck etc. zum Eigengut.

Gianna hat 20 000 Franken in die Ehe gebracht. In der Zwischenzeit ist dieser Betrag dank der Börsenhausse auf 30 000 Franken angewachsen. Letztes Jahr hat Gianna ihr Elternhaus im Wert von 500 000 Franken geerbt. Kürzlich hat sie einen Ehrverletzungsprozess gewonnen und eine Genugtuungssumme von 15 000 Franken erhalten.
Giannas Eigengut besteht somit aus 545 000 Franken.

Zur Errungenschaft gehört alles, was im Laufe einer Ehe aus dem Einkommen erworben und angespart worden ist. Leistungen aus der staatlichen und beruflichen Vorsorge gehören auch dazu. Ebenso die Erträge aus dem Eigengut, wie Zinsen oder Mieteinnahmen. Abgezogen werden Schulden gegenüber Dritten, wobei in erster Linie jeder Ehegatte mit seinem Eigengut und seiner Errungenschaft haftet. Was jeder Ehegatte während der Ehe netto erwirtschaftet hat, nennt man Vorschlag.

Gianna und ihr Mann Pedro haben gemeinsam eine Wohnung im Wert von 400 000 Franken gekauft. Auf dem Lohnkonto von Gianna liegen 25 000 Franken, bei Pedro sind es 10 000 Franken. Pedro hat sich im Laufe der Ehe ein Wertschriftenportefeuille über 300 000 Franken aufgebaut. Die sonstigen Werte wie Möbel, Bilder, Autos betragen 250 000 Franken. Es besteht eine Hypothek von 260 000 Franken. Der gemeinsame Vorschlag beträgt demnach 725 000 Franken.

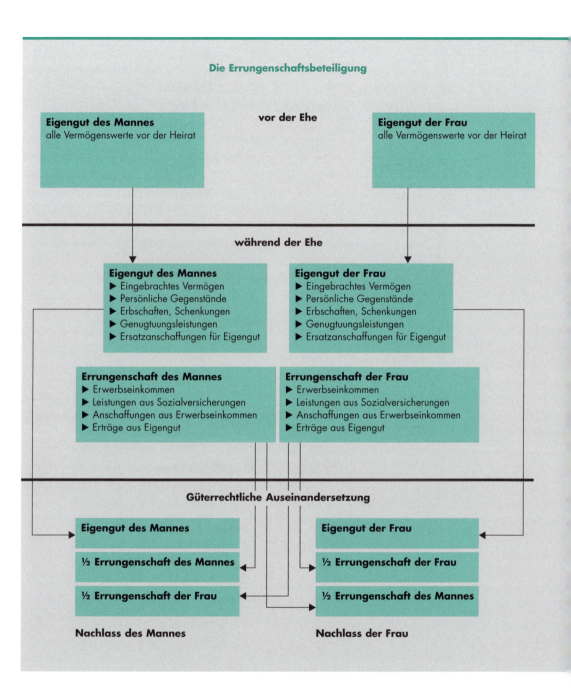

Die Errungenschaftsbeteiligung

vor der Ehe

Eigengut des Mannes
alle Vermögenswerte vor der Heirat

Eigengut der Frau
alle Vermögenswerte vor der Heirat

während der Ehe

Eigengut des Mannes
► Eingebrachtes Vermögen
► Persönliche Gegenstände
► Erbschaften, Schenkungen
► Genugtuungsleistungen
► Ersatzanschaffungen für Eigengut

Eigengut der Frau
► Eingebrachtes Vermögen
► Persönliche Gegenstände
► Erbschaften, Schenkungen
► Genugtuungsleistungen
► Ersatzanschaffungen für Eigengut

Errungenschaft des Mannes
► Erwerbseinkommen
► Leistungen aus Sozialversicherungen
► Anschaffungen aus Erwerbseinkommen
► Erträge aus Eigengut

Errungenschaft der Frau
► Erwerbseinkommen
► Leistungen aus Sozialversicherungen
► Anschaffungen aus Erwerbseinkommen
► Erträge aus Eigengut

Güterrechtliche Auseinandersetzung

Eigengut des Mannes

½ Errungenschaft des Mannes

½ Errungenschaft der Frau

Eigengut der Frau

½ Errungenschaft der Frau

½ Errungenschaft des Mannes

Nachlass des Mannes

Nachlass der Frau

Bei der güterrechtlichen Auseinandersetzung erhält jeder Partner die Hälfte der Errungenschaft des anderen zugeteilt. Das Prozedere wird sowohl bei einem Todesfall als auch bei einer Scheidung vollzogen.
In den Nachlass kommen also das Eigengut der oder des Verstorbenen sowie die Hälfte der gesamten Errungenschaft.

Das Erb- und Güterrecht – rechtzeitig vorsorgen

Gianna		Pedro	
Eigengut		**Eigengut**	
30 000.–	Wertschriften	40 000.–	Wertschriften
15 000.–	Abfindung		
500 000.–	Elternhaus		
545 000.–		**40 000.–**	
Vorschlag		**Vorschlag**	
25 000.–	Lohnkonto	10 000.–	Lohnkonto
70 000.–	Eigenkapital Wohnung	70 000.–	Eigenkapital Wohnung
		300 000.–	Wertschriften
125 000.–	übrige Werte	125 000.–	übrige Werte
220 000.–		**505 000.–**	

Güterrechtliche Auseinandersetzung

Gianna		Pedro	
545 000.–	Eigengut	40 000.–	Eigengut
110 000.–	½ Vorschlag Gianna	110 000.–	½ Vorschlag Gianna
252 500.–	½ Vorschlag Pedro	252 500.–	½ Vorschlag Pedro
907 500.–		**402 500.–**	

Dieser Betrag bildet den jeweiligen Nachlass.

In der Praxis ist leider selten alles so schön abgegrenzt wie in diesem einfachen Musterbeispiel. Hätte Gianna beispielsweise einen Teil ihres Eigengutes zum Kauf der Wohnung eingesetzt, müsste dieses wieder ausgeschieden werden. Falls die Liegenschaft in der Zwischenzeit einen Wertzuwachs erlebt hätte, müsste dieser anteilsmässig Giannas Eigengut gutgeschrieben werden. Derartige Ausgleichsberechnungen müssen sehr häufig gemacht werden.

Manchmal kann ein Vermögenswert nach vielen Ehejahren nicht mehr genau zugeordnet werden. Bis zum Beweis des Gegenteils geht man in einem solchen Fall davon aus, dass er beiden Ehegatten gemeinsam gehört.

Mittels Ehevertrag kann ein anderes Beteiligungsverhältnis am Vorschlag vereinbart werden: dabei wird der gesamte Vorschlag dem überlebenden Ehepartner zugesprochen. In den Nachlass fällt dann nur noch das Eigengut des verstorbenen Partners. Bei Gianna wären dies nur noch 545 000 Franken, bei Pedro 40 000 Franken.

Gegenüber gemeinsamen Nachkommen ist dies problemlos möglich, bei nicht gemeinsamen Nachkommen kann es hingegen zu Pflichtteilsverletzungen kommen.

Die Gütertrennung

Bei einer Gütertrennung bleiben Eigengut und Errungenschaft der Partner vom Anfang bis zum Ende der Ehe fein säuberlich getrennt. Deshalb ist im Todesfall (oder bei einer Scheidung) keine güterrechtliche Auseinandersetzung nötig, da das Vermögen ja bereits jedem Ehegatten zugeteilt ist.

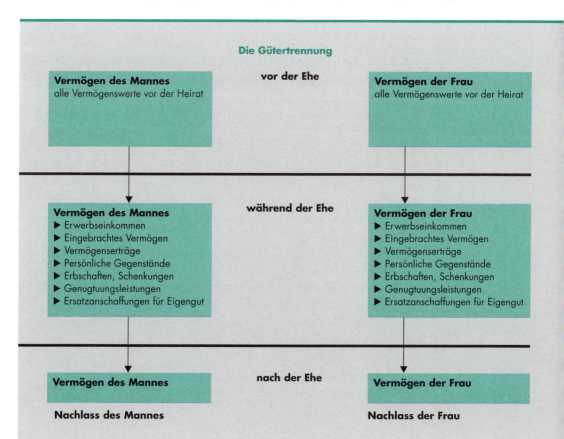

Die Gütertrennung

vor der Ehe

Vermögen des Mannes
alle Vermögenswerte vor der Heirat

Vermögen der Frau
alle Vermögenswerte vor der Heirat

während der Ehe

Vermögen des Mannes
► Erwerbseinkommen
► Eingebrachtes Vermögen
► Vermögenserträge
► Persönliche Gegenstände
► Erbschaften, Schenkungen
► Genugtuungsleistungen
► Ersatzanschaffungen für Eigengut

Vermögen der Frau
► Erwerbseinkommen
► Eingebrachtes Vermögen
► Vermögenserträge
► Persönliche Gegenstände
► Erbschaften, Schenkungen
► Genugtuungsleistungen
► Ersatzanschaffungen für Eigengut

nach der Ehe

Vermögen des Mannes

Nachlass des Mannes

Vermögen der Frau

Nachlass der Frau

Das Erb- und Güterrecht – rechtzeitig vorsorgen

Die Gütertrennung vereinbaren Sie mit Ihrem Ehepartner mittels Ehevertrag. Dieser muss durch eine Urkundsperson öffentlich beurkundet werden. Die Gütertrennung wird häufig gewählt, wenn der eine Ehepartner ein Geschäft betreibt. Wird nun das private Vermögen dem anderen Partner überschrieben, kann dieses im Falle eines Konkurses vor dem Zugriff der Gläubiger geschützt werden.

Für Geschäftsinhaber kann die Gütertrennung einen weiteren positiven Effekt haben: Da oft das Geschäftsvermögen den grössten Vermögensanteil darstellt, müsste das Geschäft bei einer güterrechtlichen Auseinandersetzung ohne Gütertrennung unter Umständen aufgelöst werden, um den Ansprüchen des anderen Partners zu genügen.

Hingegen kann die Gütertrennung aus der Sicht des nicht am Betrieb beteiligten Ehegatten ein gewaltiger Nachteil sein, da keinerlei güterrechtliche Ansprüche auf das Geschäftsvermögen bestehen. (Ebenso ungünstig kann sich die Gütertrennung auf die Situation einer Hausfrau auswirken, welche insbesondere bei einer Scheidung schlecht wegkommt.) Bei Paaren mit unterschiedlichem wirtschaftlichem Potenzial sollte deshalb als vorbeugende und gerechte Lösung eine laufende Aufteilung des Einkommens und Vermögens gemacht werden.

Isabelle ist Hausfrau und Mutter. Ihr Mann Severin betreibt seine Schreinerei als Einzelfirma, weshalb das Ehepaar vorsichtshalber Gütertrennung vereinbart hat.

Isabelle hat ein Barvermögen von 20 000 Franken in die Ehe gebracht, ihren Beruf jedoch sofort aufgegeben, da in Kürze der Nachwuchs eingetroffen ist.

In den letzten Jahren hat der Betrieb richtig floriert, weshalb Severin die Geschäftsliegenschaft gekauft und umgebaut hat, der heutige Wert beträgt netto 800 000 Franken. Die Schreinerei selber hat heute einen Wert von 500 000 Franken. Severin verfügt zudem über ein Wertschriftenportefeuille samt Barvermögen von 300 000 Franken. Die Verteilung wäre so natürlich mehr als einseitig, weshalb Severin die Geschäftsliegenschaft auf Isabelle überschrieben hat. Severin zahlt für seine Schreinerei Miete an Isabelle, sodass diese auch gleich ein laufendes Einkommen erzielt. Damit beide Partner genau den gleichen «Lohn» erhalten, überweist Severin zusätzlich einen Betrag auf das Konto von Isabelle. An den laufenden Haushaltkosten beteiligen sich beide zu gleichen Teilen, was übrig bleibt, steht jedem zur alleinigen Verfügung.

Der heutige Vermögens- und Einkommensstand sieht demnach so aus:

Isabelle		Severin	
20 000.–	Barvermögen	300 000.–	Wertschriften/ Barvermögen
800 000.–	Liegenschaft	500 000.–	Schreinerei
36 000.–	Mietertrag	60 000.–	Lohnbezug
24 000.–	Überweisung		
880 000.–		**860 000.–**	

Selbstverständlich muss diese Rechnung laufend überwacht und nötigenfalls angepasst werden, um eine gerechte Verteilung zu erzielen.

Es ist auch möglich, dass die Gütertrennung von Gesetzes wegen zu Stande kommt, nämlich sobald die Ehe gerichtlich getrennt wird oder wenn unter dem Güterstand der Gütergemeinschaft über einen Ehegatten der Konkurs eröffnet wird.

Wenn ein wichtiger Grund vorliegt, kann der Richter auf Begehren eines Ehegatten die Gütertrennung anordnen. Dies kann bei Überschuldung oder bei dauernder Urteilsunfähigkeit des andern Partners der Fall sein oder wenn dieser die Auskunft über seine Einkommens- und Vermögensverhältnisse verweigert.

Die allgemeine Gütergemeinschaft

Hier werden das Vermögen von Frau und Mann zum gemeinsamen Gesamtgut vereinigt. Auch sämtliche Erbschaften und Schenkungen fallen ins Gesamtgut, ungeachtet davon, ob diese vor oder während der Ehe in Empfang genommen werden. Einzig die Gegenstände des täglichen Gebrauchs und allfällige Genugtuungsansprüche werden als Eigengut behandelt.

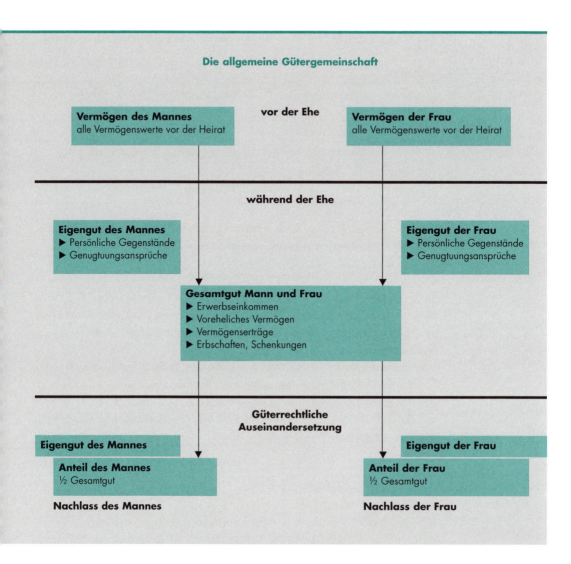

Die allgemeine Gütergemeinschaft

vor der Ehe

Vermögen des Mannes
alle Vermögenswerte vor der Heirat

Vermögen der Frau
alle Vermögenswerte vor der Heirat

während der Ehe

Eigengut des Mannes
▶ Persönliche Gegenstände
▶ Genugtuungsansprüche

Eigengut der Frau
▶ Persönliche Gegenstände
▶ Genugtuungsansprüche

Gesamtgut Mann und Frau
▶ Erwerbseinkommen
▶ Voreheliches Vermögen
▶ Vermögenserträge
▶ Erbschaften, Schenkungen

Güterrechtliche Auseinandersetzung

Eigengut des Mannes

Anteil des Mannes
½ Gesamtgut

Nachlass des Mannes

Eigengut der Frau

Anteil der Frau
½ Gesamtgut

Nachlass der Frau

Auch die Gütergemeinschaft muss in einem notariell beurkundeten Ehevertrag geregelt werden.

Insbesondere für kinderlose Ehepaare bietet die Gütergemeinschaft einen gewaltigen Vorteil: im Ehevertrag kann verfügt werden, dass beim Tode des einen Partners das Gesamtgut an den Überlebenden übergeht. Somit können die Eltern des Verstorbenen respektive die Schwiegereltern des Überlebenden von der Teilhabe am Gesamtgut ausgeschlossen werden.

Was auf der einen Seite als eine optimale Lösung für die beiden Ehegatten angesehen werden kann, hat auf der anderen Seite einen Haken: Beim Tode des zweiten Ehegatten fliesst das ganze Vermögen an die Erben auf seiner Seite, die Erben des zuerst Verstorbenen gehen leer aus. Dieser Nachteil kann zwar durch eine Erbvertrag korrigiert werden, in dem so genannte Nacherben von der anderen Seite eingesetzt werden. Da diese jedoch in Bezug auf den Zweitverstorbenen nicht als Verwandte gelten, müssen sie eine Menge Erbschaftssteuern bezahlen.

Das eigentliche Hauptproblem der Gütergemeinschaft ist jedoch die Haftungsfrage. Jeder Ehegatte haftet mit seinem Eigengut und dem Gesamtgut für die Schulden der ehelichen Gemeinschaft.

Dies führt dazu, dass im Ehevertrag oft nur eine beschränkte Gütergemeinschaft vereinbart wird, welche bestimmte Vermögenswerte (beispielsweise das Geschäftsvermögen des einen Ehegatten oder eine Liegenschaft) ausschliesst.

Beschränkt sich das Gesamtgut auf die Errungenschaft beider Ehegatten, spricht man von einer Errungenschaftsgemeinschaft. Es fallen dann nur das Erwerbseinkommen und dessen Erträge, Anschaffungen daraus sowie Erträge aus dem Eigengut ins Gesamtgut.

Der Ehevertrag
Eigentlich ist es erstaunlich, dass nicht einmal 50 Prozent aller Schweizer Ehepaare einen Ehevertrag abgeschlossen haben, denn vieles spricht dafür. Häufig wird ein kombinierter Ehe- und Erbvertrag ausgefertigt, der immer ein Ziel verfolgt, nämlich die bestmögliche Begünstigung unter Ehegatten. Ein Ehevertrag kann jederzeit und sogar rückwirkend ab Beginn der Ehe vereinbart und muss von einem Notariat öffentlich beurkundet werden. Lassen Sie sich vorher eingehend über die Ausgestaltung beraten, damit Sie eine wirklich massgeschneiderte Lösung erhalten.

Wer erbt wie viel?

Wo keine letztwillige Verfügung besteht, tritt automatisch die gesetzliche Erbfolge in Kraft. Diese richtet sich nach dem Verwandtschaftsgrad. Wir unterscheiden hier drei Stämme, die so genannten Parentelen. Der Stamm geht nie von einem Ehepaar aus, sondern immer von der Erblasserin (oder dem Erblasser).

Die Stammesordnung

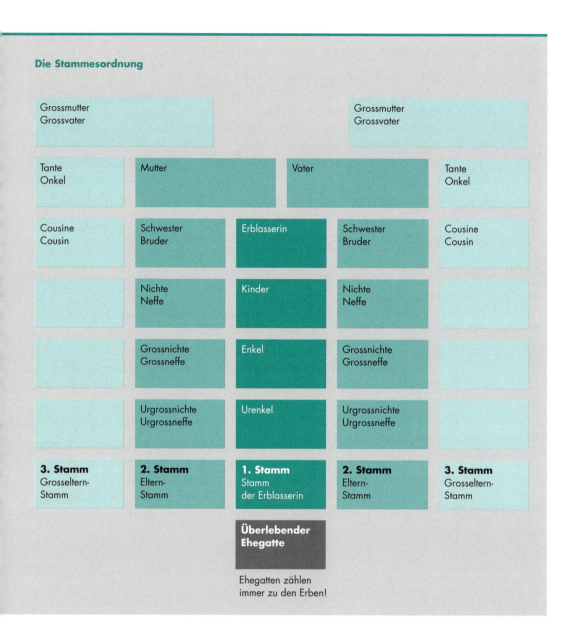

Die erbrechtlichen Grundregeln

1. Die direkten Nachkommen und der überlebende Ehegatte erben immer.
2. Der nähere Stamm schliesst den entfernteren Stamm aus: Zuerst erben immer die Erben vom 1. Stamm. Erst wenn dort keine Erben vorhanden sind, geht die Erbfolge im 2. oder sogar 3. Stamm weiter.
3. Ist ein Erbe schon verstorben, erben dessen Nachkommen seinen Anteil.

Maria ist verwitwet. Sie hinterlässt einen Sohn, der selber drei Kinder hat. Ihre Tochter ist leider vor ein paar Jahren verstorben, hat aber einen Mann und zwei Kinder hinterlassen.

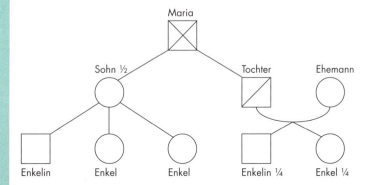

In diesem Fall erbt der Sohn die eine Hälfte, die andere Hälfte geht an die Enkel (Kinder der Tochter), also zu je einem Viertel. Der Ehemann der Tochter erbt nichts, da er nicht blutsverwandt ist.

4. Sind weder Ehegatte noch direkte Nachkommen vorhanden, so fällt die Erbschaft je zur Hälfte an die Vater- und Mutterseite.

Helga ist alleinstehend. Sie hinterlässt keine Kinder. Ihre Eltern sind bereits verstorben.
Eine Schwester lebt noch, ein Bruder ist verstorben und hat zwei Söhne hinterlassen.

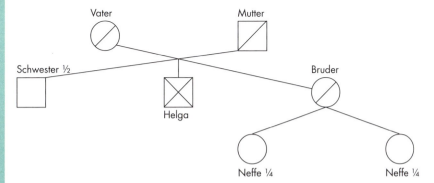

Die Schwester erbt die Hälfte. Die beiden Neffen erhalten die Hälfte ihres Vaters, also je ein Viertel.

Das Erb- und Güterrecht – rechtzeitig vorsorgen

5. Solange auf beiden (gross-)elterlichen Stämmen Angehörige vorhanden sind, wird zwischen beiden Elternseiten je hälftig geteilt. Erst wenn auf der einen Seite keine Angehörigen mehr vorhanden sind, erbt die andere Seite alles.

Noch einmal: die gesetzliche Erbfolge tritt nur dann in Kraft, wenn die Erblasserin nichts anderes verfügt hat, wenn also kein Testament vorliegt.

Das Testament

Wir kennen in der Schweiz drei Formen, durch die ein Testament rechtsgültig zustande kommt:

Das *eigenhändige Testament* müssen Sie ganz und gar von Hand schreiben und mit Ort, Datum und Unterschrift versehen. Lassen Sie Ihr Testament unbedingt von einer Fachperson überprüfen, damit Ihnen ja keine Fehler in Form und Inhalt unterlaufen. Das eigenhändige Testament muss weder beglaubigt noch bei einer amtlichen Stelle hinterlegt werden. Sie sollten Ihr Testament unbedingt an einem sicheren Ort aufbewahren, das kann bei einer Bank, einem Notariat oder auf Ihrer Gemeinde sein.

Das *öffentliche Testament* wird von einer Urkundsperson – in den meisten Kantonen ist dies eine Notarin oder ein Notar – verfasst. Bei der Unterzeichnung müssen zudem zwei Zeugen anwesend sein.

Das *Nottestament* ist für den Fall vorgesehen, dass jemand in Lebensgefahr schwebt und keine andere Form mehr wählen kann. Hier muss der letzte Wille mündlich zwei Zeugen kundgetan werden, welche diesen unverzüglich bei der nächsten Amtsstelle zu Protokoll geben müssen.

Ihr Testament können Sie jederzeit ergänzen, abändern oder widerrufen, indem Sie erneut die Formvorschriften einhalten. Ohne weiteres können Sie Ihr Testament vernichten, wenn es keine Gültigkeit mehr haben soll.

Nun ist es aber nicht so, dass Sie Ihr Testament ausschliesslich nach Lust und Laune gestalten können. Das Gesetz sieht nämlich vor, dass die so genannten Pflichtteile eingehalten werden müssen. Da diese aber nie das gesamte Vermögen betreffen, verbleibt eine freie Quote, über die Sie uneingeschränkt verfügen können.

Nicht alle Erben haben Pflichtteilsansprüche, sondern nur der Ehegatte, die direkten Nachkommen und die Eltern (sofern keine Kinder vorhanden sind). Alle übrigen, Geschwister, Grosseltern, Nichten, Neffen etc. können Sie durch eine letztwillige Verfügung von der Erbfolge ausschliessen.

Die nachfolgenden Beispiele sollen Ihnen zeigen, welche Gestaltungsmöglichkeiten Sie bei der Ausfertigung Ihres Testamentes haben und welche Pflichtteile Sie unbedingt berücksichtigen müssen.

Alleinstehend mit Kindern

Die fünfzigjährige Pia lebt mit ihrem Freund Roger zusammen. Sie hat zwei erwachsene Kinder aus ihrer früheren Ehe. Gerne möchte sie Roger ihre Eigentumswohnung im Wert von 400 000 Franken vererben.

Um die Pflichtteile der Kinder nicht zu verletzen, kann sie Roger höchstens ein Viertel ihres Vermögens vererben. Pia müsste also ein Vermögen von total 1 600 000 Franken besitzen, damit die Eigentumswohnung in der freien Quote Platz hat. Oder Roger muss im Zeitpunkt des Todes über genügend Kapital verfügen, um die beiden Kinder auszuzahlen. Pia könnte eine Todesfall-Risikoversicherung in der nötigen Höhe abschliessen und Roger darin begünstigen.

Alleinstehend, ohne Kinder, mit zwei Elternteilen

Anja und Corinna haben ihre Ersparnisse zusammengekratzt und mit je 250 000 Franken ein gemeinsames Haus gekauft. Die Eltern der beiden Frauen leben noch. Weder Anja noch Corinna haben Kinder.

Das Erb- und Güterrecht – rechtzeitig vorsorgen

Dies bedeutet, dass jede beim Ableben der Freundin deren Eltern mindestens 125 000 Franken auszahlen muss, wenn sie die Liegenschaft alleine halten will. Auch hier wird der Abschluss einer Todesfall-Risikoversicherung die einfachste Lösung sein, um die Pflichtteilsansprüche der Eltern befriedigen zu können.

Alleinstehend, ohne Kinder, mit einem Elternteil und Geschwistern
Alleinstehend, ohne Kinder, mit Geschwistern

Antoinette und Carla führen ein gemeinsames Geschäft, welches einen Wert von 800 000 Franken aufweist. Damit die Existenz der Firma nicht gefährdet ist, erkundigen sich die beiden nach möglichen Folgen eines Todesfalls. Antoinette hat keine Kinder, ihre Mutter und zwei Schwestern leben noch. Carla ist ebenfalls kinderlos, ihre Eltern sind beide gestorben, dafür hat sie drei Brüder.

Antoinette

ohne Testament

mit Testament

1/2 Mutter

1/4 Mutter

1/2 Schwestern*

3/4 freie Quote

Carla

ohne Testament

mit Testament

1/1 Brüder*

1/1 freie Quote

* zu gleichen Teilen

Da Geschwister keinerlei Pflichtteilsansprüche besitzen, kann Carla problemlos ihren Geschäftsanteil von 400 000 Franken an Antoinette vererben. Antoinette hingegen muss bei ihrer Planung berücksichtigen, dass ihre Mutter einen Anspruch auf 100 000 Franken hat. Solange die Mutter am Leben ist, schliesst Antoinette eine Todesfall-Risikoversicherung zugunsten von Carla ab.

Seit Anfang 2001 sind Todesfall-Risikoversicherungen für Konkubinats- und Geschäftspartner attraktiver geworden. Als Nichtverwandte mussten sie bisher auf der Auszahlung happige Erbschaftssteuern entrichten. Neu wird nur noch eine einmalige Kapitalleistungssteuer erhoben, die wesentlich tiefer ausfällt.

Im Gegensatz dazu unterliegt das Erbe natürlich weiterhin der Erbschafts-steuer. Etliche Kantone sind neuerdings dazu übergegangen, für langjährige Konkubinatspartner eine reduzierte Erbschaftssteuer anzuwenden.
Auf jeden Fall lohnt es sich, wenn Sie die steuerlichen Konsequenzen recht-zeitig abklären, um unliebsame Überraschungen zu vermeiden.

Verheiratet mit Kindern

Gianna und Pedro möchten ganz genau wissen, wie die Verteilung des Erbes in ihrem Fall aussieht. Die beiden haben zwei Kinder. Giannas Nachlass beträgt 907 500 Franken, der von Pedro 402 500 Franken.

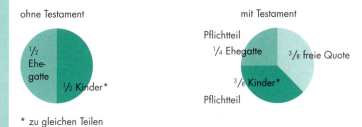

ohne Testament

$\frac{1}{2}$ Ehe-gatte
$\frac{1}{2}$ Kinder*

* zu gleichen Teilen

mit Testament

Pflichtteil
$\frac{1}{4}$ Ehegatte
$\frac{3}{8}$ freie Quote
$\frac{3}{8}$ Kinder*
Pflichtteil

Konkret bedeutet dies, dass die Kinder ohne Testament die Hälfte des Nach-lasses erben, von Gianna 453 750 Franken, von Pedro 201 250 Franken. Natürlich beide Kinder zu gleichen Teilen. Die andere Hälfte geht an den überlebenden Ehepartner.
Nehmen wir an, dass sich Gianna und Pedro gegenseitig besser stellen wol-len. Dazu müssen sie die Kinder testamentarisch auf den Pflichtteil setzen. Aus Giannas Nachlass erhalten die Kinder nunmehr 340 313 Franken. Die freie Quote vermacht Gianna ihrem Mann, sodass dieser neben seinem Pflichtteil von 226 874 Franken zusätzliche 340 313 Franken erbt, was total 567 187 Franken ausmacht.
Im umgekehrten Fall erben die Kinder 150 938 von ihrem Vater. Gianna erhält ihren Pflichtteil von 100 624 Franken und die freie Quote von 150 938 Franken, insgesamt also 251 562 Franken.

Das Erb- und Güterrecht – rechtzeitig vorsorgen

Verheiratet, ohne Kinder, mit zwei Elternteilen

Nina und Kevin sind kinderlos. Ihre Eltern leben noch. Ninas Nachlass beträgt 200 000 Franken, der von Kevin ist genauso gross. Die Ehegatten möchten sich so gut als möglich gegenseitig begünstigen.

ohne Testament

¹/₄ Eltern*
³/₄ Ehegatte

mit Testament

Pflichtteil
¹/₈ Eltern*
¹/₂ freie Quote
³/₈ Ehegatte
Pflichtteil

* zu gleichen Teilen

Ohne Testament erhalten die Eltern jeweils ein Viertel des Nachlasses, nämlich 50 000 Franken. Werden sie auf den Pflichtteil gesetzt, beträgt ihr Anteil nur noch 25 000 Franken. Der Rest – immerhin 175 000 Franken – bleibt für den überlebenden Ehegatten.

Verheiratet, ohne Kinder, mit Geschwistern

Johanna hat kein besonders gutes Verhältnis zu ihren Geschwistern, deshalb ist sie darum besorgt, dass diese möglichst nichts von ihr erben sollen. Da ihr Mann Kurt seit Jahren von ihr getrennt lebt, möchte sie auch ihm so wenig wie möglich hinterlassen und stattdessen eine gemeinnützige Stiftung berücksichtigen. Johannas Vermögen beträgt 500 000 Franken.

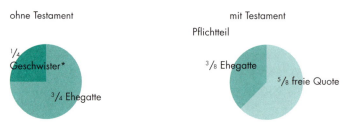

ohne Testament

¹/₄ Geschwister*
³/₄ Ehegatte

mit Testament

Pflichtteil
³/₈ Ehegatte
⁵/₈ freie Quote

* zu gleichen Teilen

Mittels Testament verfügt Johanna, dass Kurt nur 187 500 Franken von ihr erben wird. Die Stiftung erhält 312 500 Franken. Die Geschwister sind nicht pflichtteilsgeschützt und gehen leer aus.

Wenn der Verstorbene überschuldet ist, können Sie als nahe Verwandte das Erbe ausschlagen. Eine allfällige Lebensversicherung gehört jedoch nicht zur Erbmasse, weshalb Sie als begünstigte Person die Auszahlung in jedem Fall beanspruchen dürfen.

Generell zahlen die Versicherungsgesellschaften Todesfallleistungen sofort aus, ohne die Teilung des Nachlasses abwarten zu müssen.

Der Erbvertrag

Im Unterschied zum Testament, welches die einseitige Willensäusserung seiner Verfasserin darstellt, wird der Erbvertrag zwischen zwei oder mehreren Vertragsparteien auf Gegenseitigkeit abgeschlossen. Dies hat zur Folge, dass er nicht ohne gegenseitiges Einverständnis abgeändert oder aufgehoben werden kann. Seine Tragweite sollte also vor dem Abschluss reiflich überlegt werden.

Der Erbvertrag wird dann gewählt, wenn sich Ehegatten oder andere Partner gegenseitig begünstigen wollen. Natürlich dürfen dabei keine Pflichtteile verletzt werden.

Mittels Erbvertrag können Auflagen an die Erben gemacht werden, wie die Pflege der Erblasserin bis an ihr Lebensende oder andere Leistungen.

Martina wohnt seit Jahren im Haus ihrer schwerkranken Freundin Ottilie. In einem Erbvertrag haben die beiden Frauen vereinbart, dass Martina dereinst das Haus erben wird. Als Gegenleistung hat sich Martina dazu verpflichtet, Ottilie zu pflegen und ihr so zu ermöglichen, bis zu ihrem Tod im Haus wohnen zu können.

Eine besondere Form des Erbvertrages ist der Erbverzichtsvertrag. Darin verzichten pflichtteilsberechtigte Ehepartner oder Nachkommen vorläufig oder dauernd auf ihr Erbe.

Die volljährigen Kinder Fränzi und Michel haben einen Erbverzichtsvertrag unterschrieben. Sie verzichten so lange auf ihr Erbe, bis auch der zweite Elternteil verstorben ist.

Gerade bei «Patchworkfamilien» kann ein Erbverzichtsvertrag oft zur Entspannung der Verhältnisse führen.

Das Erb- und Güterrecht – rechtzeitig vorsorgen

Die geschiedene Margot hat den verwitweten Andreas geheiratet. Beide haben erwachsene Kinder aus erster Ehe. Die Kinder von Andreas sind Margot gegenüber skeptisch eingestellt und befürchten eine Reduktion ihres Erbes. Da Margot finanziell unabhängig und nicht auf das Erbe von Andreas angewiesen ist, unterzeichnet sie einen Erbverzichtsvertrag.

Um seine Gültigkeit zu erlangen, muss der Erbvertrag durch eine(n) Notar(in) öffentlich beurkundet werden.

Noch etwas: Auch wenn Sie einen Erbvertrag unterzeichnet haben, können Sie weiterhin frei über Ihr Vermögen verfügen. Sie können so viel Geld ausgeben, wie Sie wollen, oder sogar Schulden machen. Sie sind nicht verpflichtet, auch wirklich etwas zu hinterlassen. Einzig, wenn Sie Ihr Vermögen verschenken, ist es möglich, dass Ihre Erben dies anfechten, wenn ihre Pflichtteile verletzt wurden.

Unter Konkubinatspartnern ist der Erbvertrag ein beliebtes Mittel, um sich gegenseitig besser zu stellen. Aber aufgepasst: während bei einer Scheidung sämtliche erbrechtlichen Bindungen automatisch gelöst werden, bleibt ein Erbvertrag auch nach Beendigung des Konkubinats bestehen. Um allfälligen Ärgernissen vorzubeugen, sollte jeder Erbvertrag unter Konkubinatspartnern eine Klausel enthalten, dass bei Auflösung des Konkubinats – beispielsweise bei der Aufhebung der gemeinsamen Wohnung – auch der Erbvertrag hinfällig wird.

Zuwendungen zu Lebzeiten

Viele ziehen es vor, «anstatt mit kalten noch mit warmen Händen zu geben». Ist es nicht schöner, selber zu sehen, dass jemand Freude am erhaltenen Gut hat? Häufig macht es auch Sinn, der jüngeren Generation etwas vom Vermögen abzutreten, solange diese sich im Aufbau ihres Lebens befindet.

Als *Schenkung* wird eine unentgeltliche Zuwendung unter Lebenden bezeichnet. Da diese nicht nur an Ihre Erben ausgerichtet werden kann, sondern auch an irgendwelche andere Personen oder Institutionen, müssen Sie aufpassen, dass keine Pflichtteile verletzt werden. Die betroffenen Erben könnten sonst eine so genannte Herabsetzungsklage einreichen. Die beschenkte Person muss natürlich Schenkungssteuern bezahlen, die normalerweise im Wohnkanton der Schenkerin zu entrichten sind. Liegenschaften werden an ihrem (allenfalls ausserkantonalen) Standort besteuert. Die Höhe der Schenkungssteuer hängt von der Höhe der geschenkten Vermögenswerte und dem verwandtschaftlichen Grad der Beschenkten ab. Es bestehen grosse kantonale Unterschiede. Der Ansatz entspricht in der Regel der jeweiligen Erbschaftssteuer. Die meisten Kantone kennen Steuerfreibeträge, die je nach Verwandtschaftsgrad unterschiedlich hoch ausfallen.

Aus zweierlei Gründen macht es Sinn, einen Vermögenswert möglichst frühzeitig zu schenken: Liegt eine Schenkung beim Tod der Schenkgeberin mindestens fünf Jahre zurück, kann sie von den Erben nicht mehr angefochten werden, selbst wenn sie deren Pflichtteile verletzt.

Erfreulich für die Beschenkten, wenn das erhaltene Vermögen bis zum Tod der Schenkgeberin noch ordentlich wächst. Hätten sie bis zu diesem Zeitpunkt auf den Vermögenswert warten müssen, wären die Erbschaftssteuern natürlich höher ausgefallen als im Moment der Schenkung.

Vor zehn Jahren bekam Angelika von ihrem Lebenspartner ein Stück Land geschenkt. Damals musste sie 60 000 Franken Schenkungssteuer bezahlen. In der Zwischenzeit ist das Land umgezont worden und hat seinen Wert verdoppelt, Angelika müsste dem Fiskus infolge Progression sogar über 120 000 Franken abliefern, falls sie erst heute in den Genuss des Erbes käme.

Ihren Erben können Sie auch einen *Erbvorbezug* gewähren. Die Handhabung ist gleich wie bei der Schenkung.

Wenn Sie Ihr Eigentum Ihren künftigen Erben übergeben, es aber trotzdem weiterhin selber nutzen, spricht man von einer *Nutzniessung*. Diese wird im Grundbuch eingetragen. Die Erben werden Eigentümer der Sache, die Erträge jedoch gehören Ihnen. Konkret bedeutet dies, dass Sie die eigentliche Verfügungsmacht verlieren, weil diese an Ihre Erben übergegangen ist.

Emma hat ihr Haus und ihr Wertschriftendepot den beiden Töchtern überschrieben und für sich die Nutzniessung behalten. Sie bewohnt das Haus und bezahlt weiterhin die Hypothekarzinsen, aber verkaufen darf sie das Haus nicht. Falls sie das Haus nicht selber bewohnt, sondern es vermietet, gehören die Mieteinnahmen ihr. Die Erträge aus dem Wertschriftendepot gehören Emma, das Kapital darf sie aber nicht angreifen.

Emma muss die Wertschriftenerträge und den Eigenmietwert der Liegenschaft versteuern, darf hingegen die Schuldzinsen und Unterhaltskosten von ihren Steuern abziehen. Emma bezahlt auch die ganzen Vermögenssteuern. Um einen Missbrauch durch die Töchter auszuschliessen, hat Emma mit ihnen im Nutzniessungsvertrag vereinbart, dass sie keine zusätzlichen Hypotheken auf das Haus aufnehmen dürfen, obschon sie die Verfügungsmacht darüber besitzen.

Das Erb- und Güterrecht – rechtzeitig vorsorgen

Erfreulich ist die Tatsache, dass für Vermögensübergänge mit Nutzniessung der Schenkgeberin weniger Schenkungssteuern fällig werden, weil die Nutzniessung den Wert vermindert. Die meisten Kantone kapitalisieren die jährliche Nutzniessung (mit einem von der Steuerbehörde festgelegter Prozentsatz), indem sie die statistische Restlebenserwartung der Nutzniesserin einbeziehen. Je jünger also die Nutzniesserin, desto grösser ist der Wert der Nutzniessung und der daraus resultierende positive Steuereffekt für die Erben.

Stefanies Lebenspartnerin Ramona überträgt ihrer Freundin das Haus mit einem Steuerwert von 700 000 Franken und beansprucht für sich die Nutzniessung. Die jährliche Nutzniessung ist mit 4 Prozent des Wertes festgelegt worden, also mit 28 000 Franken.

Überträgt Ramona das Haus im Alter von 50 Jahren, beträgt der Wert ihrer Nutzniessung 18.58 x 28 000 Franken, nämlich 520 240 Franken. Stefanie muss deswegen nur 179 760 Franken versteuern und nicht die vollen 700 000 Franken. Wartet Ramona hingegen mit der Überschreibung des Hauses, bis sie 70 Jahre alt ist, wird aufgrund ihrer kürzeren Lebenserwartung eine andere Rechnung gemacht. Der Nutzniessungswert beträgt nun 12.01 x 28 000 Franken, nämlich 336 280 Franken. Stefanie muss dann bereits 363 720 Franken versteuern.

Eine besondere Form der Nutzniessung ist das *Wohnrecht*. Die Erblasserin übergibt ihre Liegenschaft den Erben und behält sich das Recht vor, darin zu wohnen. Der wesentliche Unterschied zur Nutzniessung liegt darin, dass die neuen Eigentümer den Wert der Liegenschaft (abzüglich dem kapitalisierten Wohnrecht) in ihrem Vermögen versteuern und gleichzeitig für die Hypothekarzinsen aufkommen müssen. Zu beachten ist, dass auch ein Wohnrecht im Grundbuch eingetragen werden muss.

Nicht jede lässt sich von den Vorzügen einer frühzeitigen Schenkung oder Übertragung von Vermögen an ihre Erben überzeugen. Häufig spielt dabei die Angst eine Rolle, anschliessend über eine ungenügende Altersvorsorge zu verfügen. Oder die Schenkgeberin befürchtet, dass die Beschenkten zu wenig Sorge tragen und das Vermögen unsinnig ausgeben.

Die Erbschafts- und Schenkungssteuer

Wer in einem Testament nicht
bedacht worden ist,
findet Trost in dem Gedanken,
dass der Verstorbene ihm vermutlich
die Erbschaftssteuer ersparen wollte.
    Peter Ustinov

Hierbei handelt es sich um die meist umstrittene Steuer, denn einerseits wurde das vererbte Vermögen ja bereits bei der Verstorbenen oder Schenkgeberin als Einkommen beziehungsweise als Vermögen besteuert. Auf der anderen Seite müssen die Erben keinen Finger rühren, um in den Genuss des Vermögens zu kommen. Sowohl die Gegner als auch die Befürworter der Abschaffung haben somit treffende Argumente.

Ausser dem Kanton Schwyz, der überhaupt keine kennt, erheben vorläufig alle Kantone die Erbschafts- und Schenkungssteuer. Die Unterschiede in Ausgestaltung und Höhe der Steuern sind teilweise enorm. Allerdings erheben die meisten Kantone keine Erbschaftssteuer mehr für Ehegatten und Nachkommen oder gewähren wenigstens einen mehr oder weniger hohen steuerfreien Betrag.

Entfernt- und Nichtverwandte werden hingegen gehörig zu Kasse gebeten. Langjährige Konkubinatspartner werden zwar oft bevorzugt behandelt, indem sie von Steuerfreibeträgen und reduzierten Ansätzen profitieren können. Leider trifft dies nicht in allen Kantonen zu, so bezahlen Konkubinatspartner in den Kantonen Waadt und Freiburg tatsächlich 50 Prozent Steuern auf dem ererbten Vermögen!

Es lohnt sich also, wenn Sie sich rechtzeitig über die Gegebenheiten in Ihrem Kanton informieren, um allenfalls die nötigen Konsequenzen zu ziehen.

Mögliche Massnahmen zur Senkung der Erbschafts- und Schenkungssteuer

Zinsloses Darlehen	Die Wertsteigerung des ausgeliehenen Betrages während der Darlehensdauer wird bei der späteren Erbschaft nicht berücksichtigt. Einzig der Wert des ursprünglichen Darlehens muss versteuert werden.
Schenken	Gerade bei wachstumsträchtigen Positionen wie Aktien oder Liegenschaften lohnt sich eine frühe Schenkung, da der Wertzuwachs so nicht mehr der späteren Erbschaftssteuer unterliegen wird.

Schenken mit Nutzniessung	Der Wert der Nutzniessung vermindert den Wert der Schenkung. Je jünger die Schenkgeberin, desto grösser der Steuereffekt.
Schenken mit Wohnrecht	Der Steuereffekt ist der gleiche wie bei der normalen Nutzniessung. Die neue Eigentümerin muss die Schenkung jedoch selber als Vermögen besteuern und darf die Schuldzinsen von ihren Steuern abziehen.
Steuerfreibeträge ausschöpfen	In einigen Kantonen werden Schenkungen, die bereits fünf oder zehn Jahre vor dem Tod der Erblasserin erfolgt sind, für die Besteuerung nicht mit der restlichen Erbmasse zusammengezählt.
Todesfall-Risikoversicherung	Ideal, um nicht verwandte Personen zu begünstigen und durch die Todesfallsumme die zu erwartenden Erbschaftssteuern abzudecken. Die Steuerbelastung auf der Auszahlung ist verhältnismässig gering, da es sich um eine einmalige Kapitalleistungssteuer zum reduzierten Rentensatz handelt.
Gemischte Lebensversicherung	Die Auszahlung im Todesfall unterliegt der Erbschaftssteuer und ist deshalb für Ehegatten und Kinder interessant, welche in der Regel nicht der Erbschaftssteuer unterliegen.
Säule 3a	Im Todesfall wird eine einmalige Kapitalleistungssteuer fällig. Diese wird zum reduzierten Rentensatz erhoben. Interessant für Konkubinatspartner, da der Rentensatz meist tiefer ist als der Erbschaftssteuersatz. (Achtung: wenn Kinder vorhanden sind, stehen diese in der Begünstigungsordnung vor den Konkubinatspartnern.)
Wohnort wechseln	Wählen Sie einen steuergünstigen Wohnort. Die Erbschafts- und Schenkungssteuern werden dort erhoben, wo die Verstorbene ihren letzten Wohnsitz hatte. Einzig Liegenschaften werden an ihrem Standort besteuert.
Heirat	Ehepartner zahlen in den meisten Kantonen keine Erbschafts- und Schenkungssteuern.

Im Rahmen der Finanzplanung wird den güter- und erbrechtlichen Fallstricken und Optimierungsmöglichkeiten eine grosse Bedeutung beigemessen. In diesem Kapitel wurden lediglich die wichtigsten Punkte behandelt, um Sie für Ihre eigene Situation zu sensibilisieren. Im konkreten Fall sollten Sie sich unbedingt durch eine ausgewiesene Fachperson beraten lassen!

Das Wichtigste in Kürze
- ▶ Bei verheirateten Personen ist der Güterstand massgebend dafür, welches Vermögen in den Nachlass fällt.
- ▶ Wenn keine letztwillige Verfügung besteht, tritt die gesetzliche Erbfolge in Kraft.
- ▶ Ehegatten begünstigen sich optimal mittels Ehe- und Erbvertrag.
- ▶ Beim Erstellen eines Testaments oder Erbvertrags dürfen keine Pflichtteile verletzt werden.
- ▶ Ergreifen Sie rechtzeitig alle möglichen Massnahmen, um die Erbschafts- und Schenkungssteuern zu senken.
- ▶ Konkubinatspartner begünstigen sich am besten durch eine Schenkung mit Nutzniessung, durch Todesfall-Risikoversicherungen oder mittels Säule 3a.

Konkubinat – Überspringen Sie die Stolpersteine!

Ich habe dich so lieb!
Ich würde dir ohne Bedenken
eine Kachel aus meinem Ofen schenken.
    Joachim Ringelnatz

Astrid und Konrad leben seit drei Jahren im Konkubinat. Zusammen haben sie ein Haus gemietet und benutzen je ein Stockwerk. Kürzlich hat ihr Vermieter das Angebot unterbreitet, ihnen das Haus für 800 000 Franken zu verkaufen. Astrid und Konrad sind begeistert: beide lieben das Haus und fühlen sich sehr wohl darin, zudem hat Astrid ihr Bildhaueratelier darin eingerichtet. Aber natürlich gibt es einiges zu überlegen und zu berechnen, bevor sie sich in dieses Abenteuer stürzen können.

Ausgangslage

Astrid	Alter	40
	Beruf	selbstständige Bildhauerin
	Zivilstand	ledig
	Jährliches Einkommen	50 000
	Vorhandenes Sparkapital (beim Tod des Vaters geerbt)	300 000
	Pensionskasse	keine
	Säule 3a	30 000
	Erben: Mutter und drei Schwestern	
Konrad	Alter	43
	Beruf	Ingenieur, angestellt
	Zivilstand	geschieden
	Jährliches Einkommen	120 000
	Vorhandenes Sparkapital	20 000
	Pensionskasse, heutiger Stand	65 000
	Säule 3a	keine
	Verpflichtungen: Alimente	60 000
	Erben:	Tochter Judith, 12-jährig Sohn Benjamin, 10-jährig

Folgende Fragen sollen beantwortet werden:
▶ Welche Aufteilung und Finanzierungsform wird den unterschiedlichen Einkommen respektive Eigenmitteln gerecht?
▶ Wie sieht die gesetzliche Erbfolge aus und welche gegenseitigen Begünstigungsmöglichkeiten gibt es?
▶ Wie können die beiden Partner vorsorgen, damit beim Tode des einen der überlebende das Haus alleine halten kann?

Die Aufteilung und Finanzierung

In diesem Fall ist die Ausgangslage optimal: da es sich um ein Haus mit zwei Wohnungen handelt, können Astrid und Konrad die Liegenschaft in Stockwerkeigentum unterteilen und erhalten so zwei gleiche Einheiten, über die jeder selbstständig verfügen kann. Das hat gleich mehrere Vorteile: Jeder Partner kann die Finanzierung seinen Mitteln entsprechend gestalten. Falls sie sich trennen sollten, gibt es viel weniger Probleme, da jeder seine Wohnung individuell vermieten oder verkaufen kann (mit Vorkaufsrecht des anderen Stockwerkeigentümers). Und nicht zuletzt haftet ein jeder nur für seinen Teil.

> Die Unterteilung in Stockwerkeigentum wäre für Konkubinatspartner grundsätzlich immer ideal. Möglich ist dies aber nur, wenn die Einheiten auch wirklich physisch voneinander zu trennen sind. Bei einer Eigentumswohnung oder einem Einfamilienhaus ist dies nicht der Fall, weshalb sie von beiden Partnern im Gesamteigentum gehalten werden müssen. Mit der Folge, dass jeder für das Ganze haftet.

Da das Haus von Astrid und Konrad nun in zwei Einheiten unterteilt ist, müssen sie sich je um die Finanzierung von 400 000 Franken kümmern.

Maximale Belastung

In einem ersten Schritt muss beurteilt werden, wie hoch die jährliche finanzielle Belastung im Verhältnis zum jeweiligen Einkommen überhaupt ausfallen darf.

> **Belastung durch Wohneigentum**
> Von Banken und Versicherungen wird die gleiche Faustregel angewendet: die gesamte Belastung durch Hypothekarzinsen, Neben- und Unterhaltskosten sowie Amortisation sollte 30 Prozent des Einkommens nicht übersteigen.

Für Astrid bedeutet dies, dass sich ihre jährliche Belastung auf maximal 15 000 Franken belaufen darf.
Bei Konrad wären 30 Prozent von 120 000 Franken Einkommen ja eigentlich 36 000 Franken. Da er aber noch etliche Jahre Alimente bezahlen muss, wird sein heutiges Nettogehalt berücksichtigt und die Belastung darf höchstens 18 000 Franken betragen.

Nötiges Eigenkapital

Hier geht es darum zu berechnen, wie viel eigenes Geld Astrid und Konrad investieren müssen – oder können, um einerseits den Auflagen der Bank, aber andererseits auch dem eigenen Budget gerecht zu werden.

Verhältnis Eigenkapital und Hypotheken
Die Basis bildet der Kaufpreis. In der Regel werden 20 Prozent Eigenkapital verlangt. Bis 65 Prozent werden mit einer 1. Hypothek finanziert, für die restlichen 15 Prozent braucht es eine 2. Hypothek, die meist innerhalb von fünfzehn bis zwanzig Jahren amortisiert werden muss.

Für Astrid und Konrad bedeutet dies, dass sie je mindestens 80 000 Franken Eigenmittel aufbringen müssen.

Astrid möchte ihre Belastung so tief als möglich halten, da sie als Selbstständigerwerbende oftmals gewissen Einkommensschwankungen unterworfen ist. Zudem hat sie ja reichlich verfügbares Kapital. Gleichzeitig möchte sie wenn möglich nicht den letzten Fünfer in das Wohneigentum stecken, da sie vorläufig über keine allzu gute Altersvorsorge verfügt. Lieber möchte sie einen Teil des Geldes dafür reservieren.

Bei Konrad sieht die Sache anders aus: aus Erspartem und Pensionskassenvorbezug (nach Steuern rund 60 000 Franken) bringt er die minimalen 80 000 Franken gerade knapp zusammen. Da seine Belastung aber nicht über 18 000 Franken hinausgehen darf, sollte er zusätzliche Mittel haben, um keine zweite Hypothek aufnehmen zu müssen. Auf den ersten Blick sieht es für ihn eher kritisch aus.

Aus der Praxis: Konkubinat

Die Finanzierung elegant gelöst

Astrid		Konrad	
Eigenkapital		**Eigenkapital**	
Sparkapital	200 000	Sparkapital	20 000
		Pensionskasse	60 000
		Darlehen von Astrid	60 000
Total Eigenkapital	200 000	Total Eigenkapital	140 000
Belastung		**Belastung**	
1. Hypothek 200 000 à 4,5%	9 000	1. Hypothek 260 000 à 4,5%	11 700
Nebenkosten und Unterhalt	4 000	Nebenkosten und Unterhalt	4 000
Total jährliche Belastung	13 000	Total jährliche Belastung	15 700
./. Zinseinnahmen	2 700	Darlehenszins an Astrid 4,5%	2 700
Nettobelastung	**10 300**	**Nettobelastung**	**18 400**

Bei dieser Lösung hält sich die Belastung jedes Einzelnen in Grenzen – sogar wenn die Hypothekarzinsen noch etwas ansteigen werden. Astrid hat auf der einen Seite ihr Geld bei Konrad gut und sicher angelegt, mit den verbleibenden 40 000 Franken kann sie sich ein Liquiditätspolster zulegen und gleichzeitig etwas für ihre Altersvorsorge anlegen. Konrad hat im Moment zwar seinen letzten Franken in die Liegenschaft investiert, muss sich also wieder eine Liquiditätsreserve zusammensparen und seine geschmälerte Altersvorsorge aufstocken. Da die Zahlung der Alimente aber absehbar ist, wird er dies spätestens in den letzten Jahren vor der Pensionierung nachholen können.

Was geschieht im Todesfall?

Astrid und Konrad sind übereingekommen, dass beim Tode des einen Partners der andere auf jeden Fall das ganze Haus übernehmen soll. Dabei stehen zwei Hauptprobleme im Vordergrund, nämlich die Frage der erbrechtlichen Regelung und zweitens die Finanzierbarkeit für eine einzelne Person.

Die gesetzliche Erbfolge

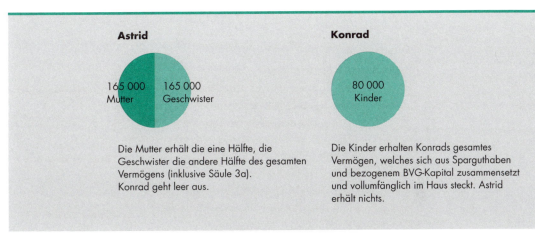

Astrid

165 000
Mutter

165 000
Geschwister

Die Mutter erhält die eine Hälfte, die
Geschwister die andere Hälfte des gesamten
Vermögens (inklusive Säule 3a).
Konrad geht leer aus.

Konrad

80 000
Kinder

Die Kinder erhalten Konrads gesamtes
Vermögen, welches sich aus Sparguthaben
und bezogenem BVG-Kapital zusammensetzt
und vollumfänglich im Haus steckt. Astrid
erhält nichts.

Ganz klar, ohne Vorkehrungen gehen die Konkubinatspartner leer aus, weshalb Astrid und Konrad ein Testament machen müssen.

Testament und Pflichtteilsregelung

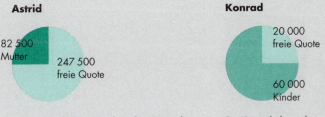

Astrid

82 500
Mutter

247 500
freie Quote

Gehen wir davon aus, dass die Mutter die
30 000 Franken aus der Säule 3a und die
restlichen 40 000 Franken erhält. Dann muss
Konrad immer noch in der Lage sein, ihr die
fehlenden 12 500 Franken auszuzahlen.
Dazu kommt auch noch die Erbschaftssteuer
auf 247 500 Franken.

Konrad

20 000
freie Quote

60 000
Kinder

Da Konrad über relativ wenig eigenes
Kapital verfügt, beträgt der Anspruch der
Kinder nur 60 000 Franken, die Astrid
aufbringen muss. Dazu kommt die Erbschaftssteuer auf 20 000 Franken.

Um sich gegenseitig abzusichern, schliessen Astrid und Konrad gemeinsam eine Todesfall-Risikoversicherung über 300 000 Franken ab. In dieser Police sind beide gleichzeitig versichert, die Versicherungssumme wird beim Tode des zuerst sterbenden Partners ausbezahlt.

Warum gerade 300 000 Franken? Auf der einen Seite, um die pflichtteilsgeschützten Erben auszuzahlen. Auf der anderen Seite, um die Erbschaftssteuern und die einmalige Kapitalleistungssteuer auf der Versicherungs-

Aus der Praxis: Konkubinat

leistung bezahlen zu können. Und drittens, um über ein zusätzliches finanzielles Polster zu verfügen, bis geklärt ist, ob die leere Wohnung vermietet werden kann oder allenfalls die Hypothek reduziert werden muss.

Rechtzeitige Überprüfung
Da Konrad zur Finanzierung Kapital aus der Pensionskasse vorbezogen hat, müssen die beiden rechtzeitig daran denken, dass im Gesetz (BVG Art. 30) eine Klausel enthalten ist, nach der das vorbezogene Kapital zurückerstattet werden muss, sofern keine Hinterbliebenenrenten ausbezahlt werden. Konkret bedeutet dies: Stirbt Konrad, solange seine Kinder Waisenrenten beziehen dürfen (längstens bis Alter 25), muss der Vorbezug nicht zurückerstattet werden. Sobald die Kinder flügge sind, sollte das Todesfallkapital zugunsten von Astrid erhöht werden (je nachdem, in welcher finanziellen Situation sie sich dannzumal befindet).

Nachdem die Situation geklärt ist und alle Vorkehrungen getroffen sind, begeben sich Astrid und Konrad guten Mutes in das Abenteuer Wohneigentum. Sie sind erleichtert, dass sie mit relativ geringem Aufwand alle anfallenden Probleme lösen konnten.

Das Wichtigste in Kürze
▶ Unterschiedliches Einkommen oder Vermögen bedarf einer fairen Aufteilung.
▶ Erbansprüche müssen rechtzeitig abgeklärt werden.
▶ Die Partner stellen sich gegenseitig besser, indem sie ein Testament erstellen und Todesfall-Risikoversicherungen abschliessen.

Wichtige Details zur ersten und zweiten Säule

Des Lebens Ängste, er wirft sie weg,
Hat nicht mehr zu fürchten, zu sorgen,
Er reitet dem Schicksal entgegen keck,
Trifft's heute nicht, trifft es doch morgen.
   Friedrich von Schiller

Die 1. Säule – AHV und IV

Wer erwerbstätig ist, muss vom 1. Januar nach Vollendung des 17. Altersjahres bis zur ordentlichen Pensionierung Beiträge an AHV/IV/EO sowie ALV leisten. Nach Vollendung des 20. Altersjahres müssen auch Nichterwerbstätige ihre Beitragspflicht ausüben. Pensioniert werden Frauen heute mit 63 Jahren (Jahrgänge 1939 bis 1941) und 64 Jahren (Jahrgang 1942 und jünger), bei der 11. AHV-Revision wird das Frauenrentenalter demjenigen der Männer angepasst und – vermutlich ab 2009 – auf 65 Jahre angehoben.

Wer nach der Pensionierung weiter arbeitet, muss ebenfalls Beiträge für AHV/IV/EO entrichten. Pro Arbeitsstelle besteht allerdings eine Freigrenze von 16 800 Franken pro Jahr. Diese wird mit der 11. AHV-Revision wegfallen.

Als erwerbstätig im Sinne der AHV gilt, wer pro Jahr mehr als neun Monate und mindestens zur Hälfte der üblichen Arbeitszeit erwerbstätig ist.

Die Beiträge Erwerbstätiger

Versicherungszweig	Arbeitnehmer und Arbeitgeber je zur Hälfte	Selbstständig-Erwerbende
	in % des Erwerbseinkommens	in % des steuerbaren Erwerbseinkommens (Basis direkte Bundessteuer)
AHV Alters- und Hinterlassenenversicherung	8,4	7,8 für Einkommen unter 48 300 Franken gilt eine sinkende Beitragsskala
IV Invalidenversicherung	1,4	1,4
EO Erwerbsersatzordnung für Armee und Zivilschutz	0,3	0,3
ALV Arbeitslosenversicherung	2 für Löhne bis zu 106 800.– 1 für Löhne bis zu 267 000.– (voraussichtlich ab 1.1.2002)	Keine Beitragspflicht – aber auch keine Leistungen!

Keine Beitragsplafonierung
Wer viel verdient, zahlt auf jedem Franken AHV/IV/EO-Beiträge. Sogar wenn durch die geleisteten Zahlungen längstens ein Anspruch auf die maximalen Leistungen besteht.
Dies nennt man Solidaritätsprinzip.

Die Beiträge Nichterwerbstätiger

Berechnungsgrundlage für die Beiträge Nichterwerbstätiger (Studenten, Witwen, Geschiedene, Frühpensionierte) bildet das steuerbare Vermögen nach Bundessteuerveranlagung. Bei Ehegatten wird die Hälfte des Vermögens angerechnet. Dazu werden allfällige Jahresrenten kapitalisiert, indem sie mit dem Faktor 20 multipliziert werden (z. B. Überbrückungsrenten, BVG-Renten, Unterhaltsbeiträge, Leibrenten, ausländische Renten). Nicht zum Renteneinkommen zählen die Leistungen aus AHV und IV, Ergänzungsleistungen oder Vermögenserträge.

Die Beiträge für Nichterwerbstätige bewegen sich zwischen einem Minimalbetrag von 390 Franken (für Vermögen unter 250 000 Franken) und einem Maximalbetrag von 10 100 Franken (für Vermögen ab 3,95 Millionen Franken).

Zu hohe Beiträge als Nichterwerbstätige?

Der Gesetzgeber sieht vor, dass die Beitragspflicht für Nichterwerbstätige entfällt, falls diese durch eine Erwerbstätigkeit Beiträge in der Höhe von mindestens 50 Prozent des Nichterwerbstätigenbeitrages entrichten.

Dies bedeutet, dass sich eine vermögende Witwe oder Frührentnerin Gedanken darüber machen kann, ob sie nicht doch einer teilzeitlichen Tätigkeit nachgehen soll:

Pauline muss auf ihrem Vermögen einen Beitrag von 4000 Franken entrichten. Damit sie die nötige Höhe von 2000 Franken erreicht, müsste sie als Angestellte einen Lohn von knapp 20 000 Franken verdienen.

Eine Sonderregelung besteht für nichterwerbstätige Verheiratete: Sofern ihr erwerbstätiger Ehegatte Beiträge von mindestens 780 Franken pro Jahr entrichtet, gelten ihre eigenen Beiträge als bezahlt (entspricht einem Jahreslohn von ungefähr 8000 Franken).

Die sechzigjährige Olga ist seit über dreissig Jahren Hausfrau. Dieses Jahr wird ihr Mann Peter pensioniert und ist nicht mehr erwerbstätig. Für Olga bedeutet dies, dass sie nun bis zu ihrer eigenen Pensionierung (Jahrgang 1941 mit 63) während drei Jahren Beiträge leisten muss.

Steuerbares Vermögen des Ehepaares	300 000.–	
Peters BVG-Rente	500 000.–	20 · 25 000.–
Total Vermögen	**800 000.–**	

Olga wird auf der Basis von 400 000 Franken Beiträge entrichten müssen. Pro Jahr entspricht dies 707 Franken.

Nebenerwerb

Grundsätzlich ist auch Einkommen aus Nebenerwerb beitragspflichtig. Wenn jedoch der Lohn für die nebenberufliche Tätigkeit unter 2000 Franken pro Jahr liegt, kann auf das Entrichten von Beiträgen verzichtet werden, sofern folgende Voraussetzungen erfüllt sind:

▶ Gleichzeitig muss eine Hauptbeschäftigung ausgeübt werden.

▶ Das Gehalt darf beim gleichen Arbeitgeber die 2000 Franken nicht übersteigen, sonst müssen Beiträge auf dem vollen Lohn entrichtet werden.

▶ Arbeitgeber und -nehmerin haben diesem Vorgehen zuzustimmen.

Bei mehreren Teilzeittätigkeiten, die insgesamt einer dauernden Tätigkeit entsprechen, ist ein Verzicht nicht möglich.

Die Verzichtserklärung hat schriftlich auf einem speziellen Formular zu erfolgen, welches bei der Ausgleichskasse des Arbeitgebers angefordert werden kann.

Die aktuellen Leistungen der AHV

	Minimum	Maximum	In % der einfachen Rente
Altersrenten			
Einfache Altersrente	1 030	2 060	100
Obere Grenze für Ehepaare		3 090	150
Hinterlassenen-renten			
Witwenrente	824	1 648	80
Witwerrente Voraussetzung: Kinder unter 18	824	1 648	80
Waisenrente bis Alter 18/25 wenn in Ausbildung	412	824	40
Vollwaisenrente	618	1 236	60
Zusatzleistungen			
Ergänzungs-leistungen	Werden nur bei geringem Einkommen und Vermögen entrichtet, um den Mindest-Lebensbedarf zu sichern.	4 120	Die Anspruchsberechtigung wird nach kantonalen Richtlinien abgeklärt.
Hilflosenent-schädigungen	515 bei Hilflosigkeit mittleren Grades	824 bei Hilflosigkeit schweren Grades	Ein Anspruch besteht ungeachtet des Einkommens und Vermögens.

Wer hat Anspruch auf eine Witwenrente?

Grundsätzlich haben nur verheiratete Frauen einen Anspruch auf die Witwenrente der AHV. Konkubinatspartnerinnen gehen also leer aus.

Zwei Voraussetzungen sind nötig, damit Sie in den Genuss einer unbefristeten, d. h. bis ins Pensionsalter ausbezahlten Witwenrente kommen können:

▶ Entweder Sie haben Kinder. Dabei kommt es nicht darauf an, wie alt Ihre Kinder im Zeitpunkt der Verwitwung sind.
▶ Oder Sie sind zum Zeitpunkt der Verwitwung wenigstens 45 Jahre alt und seit mindestens 5 Jahren verheiratet (wobei bei mehreren Ehen die Jahre zusammengezählt werden). Im Rahmen der 11. AHV-Revision wird der Rentenanspruch für kinderlose Frauen vermutlich aufgehoben.

Tina ist dreiundzwanzig Jahre alt und Mutter einer kleinen Tochter. Sollte ihr Mann Sandro sterben, wird sie eine Witwenrente erhalten, bis sie selber pensioniert wird.

Marianne ist achtunddreissig und seit vierzehn Jahren verheiratet. Als ihr Mann Thomas stirbt, erhält sie keine Witwenrente.

Die dreiundfünfzigjährige Aurelia hat letztes Jahr ihren langjährigen Freund Anton geheiratet. Falls er innerhalb der nächsten vier Jahre sterben wird, erhält Aurelia keine Witwenrente.

Sollten Sie geschieden sein, haben Sie unter Umständen auch Anspruch auf eine Witwenrente:
▶ wenn Sie Kinder haben und Ihre Ehe mindestes 10 Jahre gedauert hat,
▶ wenn Ihre Ehe mindestens 10 Jahre gedauert hat und Sie bei der Scheidung das 45. Alterjahr vollendet haben,
▶ falls Sie bereits über 45 Jahre alt sind und Ihr jüngstes Kind 18 Jahre alt ist.

In diesen drei Fällen erhalten Sie ebenfalls eine unbefristete Witwenrente. Sind zwar Kinder unter 18 Jahren vorhanden, hat Ihre Ehe aber nicht 10 Jahre gedauert, erhalten Sie nur eine befristete Witwenrente, bis das jüngste Kind 18 Jahre alt sein wird.

Das Thema Witwenrente – ein Dauerbrenner bei den Diskussionen zur 11. AHV-Revision. Ursprünglich war vorgesehen, die Bezugsberechtigung für unbefristete Renten massiv einzuschränken. In Anbetracht der heute geltenden gesellschaftlichen und beruflichen Rahmenbedingungen für Frauen wurde vorläufig auf allzu drastische Kürzungen verzichtet.

Wie werden die Renten berechnet?

Sämtliches Einkommen, das Sie während Ihrer Erwerbstätigkeit einnehmen, wird durch die zuständige Ausgleichskasse erfasst und auf Ihrem Individuellen Konto (IK) eingetragen. Auf diesem Konto, welches zur genauen Identifikation Ihren Namen, Vornamen und die AHV-Nummer trägt, werden laufend Ihre Jahreseinkommen registriert. Voraussetzung ist, dass Ihr Arbeitgeber den Lohn Ende Jahr meldet. Wenn Sie die Stelle wechseln, kann es sein, dass Ihr neuer Arbeitgeber mit einer anderen Kasse abrechnet als der bisherige. Deshalb muss bei jedem Stellenwechsel der AHV-Ausweis eingereicht werden. Die Ausgleichskassen müssen die Verbuchungen Ihrer Löhne mit grösster Sorgfalt vornehmen, damit diese auch sicher in die spätere Rentenberechnung einfliessen.

So finden Sie heraus, welche Einträge auf Ihrem IK verbucht sind:
Nehmen Sie Ihren AHV-Ausweis und das Telefonbuch zur Hand. Auf dem AHV-Ausweis befinden sich eine Reihe kleiner Kästchen, die je mit einer unterschiedlichen Zahl bestückt sind. Jede Zahl bedeutet die Nummer einer Ausgleichskasse, über die Sie jemals abgerechnet haben.
Nehmen Sie die letzte Nummer. Dies ist die Ausgleichskasse, bei der Sie zuletzt abgerechnet haben. Auf der hintersten Seite im Telefonbuch finden Sie die Nummern und Adressen sämtlicher Ausgleichskassen (zurzeit sind es 95).
In einem Brief bitten Sie die Ausgleichskasse um Ihre aktuellen IK-Auszüge. Vergessen Sie nicht, eine Kopie Ihres Ausweises beizulegen, damit auch wirklich die Daten sämtlicher Kassen berücksichtigt werden.
Die Antwort dürfen Sie in ungefähr zwei Wochen erwarten.

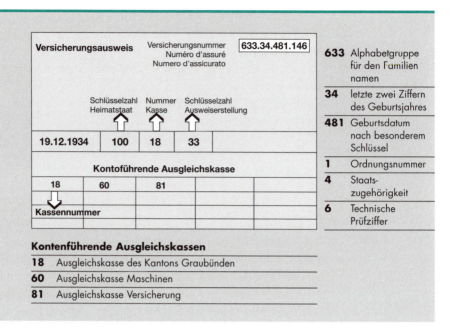

Entscheidende Elemente zur Rentenberechnung

Anzahl Beitragsjahre

Nur wer ab dem Kalenderjahr, das dem 20. Altersjahr folgt, regelmässig Beiträge einbezahlt hat, erhält eine Vollrente. Beitragslücken führen zu einer reduzierten Teilrente. Für die volle Altersrente benötigen Sie entweder 42 (Pensionierung mit 63, Jahrgänge 1939 bis 1941) oder 43 Beitragsjahre (Pensionierung mit 64). Für die volle IV-Rente werden die Jahre bis zum Eintritt der Invalidität berücksichtigt.

Ihre Vollrente können Sie auf der so genannten Skala 44 (heisst so, weil Männer im Normalfall 44 Beitragsjahre aufweisen müssen, die Zahlen werden aber auch für Frauen angewendet) ablesen. Für eine Teilrente wird Skala 44 abzüglich Anzahl Lücken angewendet.

Cécile hat zwanzig Jahre im Ausland verbracht und in dieser Zeit keine Beiträge entrichtet. Die Berechnungen ergeben, dass sie eine ungekürzte Rente von 15 000 Franken pro Jahr erhalten würde.

Wegen der 20 Lücken wird ihre Rente folgendermassen gekürzt:

44–20 entspricht Skala 24 $\dfrac{15\,000.–}{44} \cdot 24 = 8182.–$

Höhe der Einkommen auf Ihrem IK

Die Höhe der Rente hängt nicht nur von einer lückenlosen Beitragszeit ab. Ebenso massgebend ist das durchschnittliche Einkommen, welches Sie während Ihrer bisherigen Erwerbstätigkeit erzielt haben.

Zur Feststellung Ihres Durchschnittseinkommens wird nicht nur Ihr Einkommen, das Sie zwischen Ihrem 20. Altersjahr und dem Zeitpunkt der Rentenberechnung erzielt haben, verwendet. Es kommen je nach Ihrem heutigen Alter gewisse Zuschläge dazu, die Ihr Gehalt aufwerten sollen.

Eintrittsabhängiger Aufwertungsfaktor

Dieser wird jährlich neu festgelegt und dient dem Teuerungsausgleich von früher erzielten Einkommen. Er wird durch das Kalenderjahr bestimmt, in dem der erste anrechenbare Eintrag im individuellen AHV-Konto erfolgt. (Anrechenbar bedeutet: Einkommen ab dem Kalenderjahr, in dem die betreffende Person 21 Jahre alt geworden ist.) Da frühere Löhne viel tiefer waren als die heutigen, ist der Aufwertungsfaktor umso höher, je früher der erste Eintrag erfolgte. Dank der Aufwertung des durchschnittlichen Gehaltes können höhere Renten erzielt werden.

Karrierezuschlag

Junge Personen, die sich noch im Aufbau ihrer beruflichen Karriere befinden, haben meist noch nicht den Höhepunkt ihres möglichen Gehaltes erreicht . Im Falle von Invalidität oder Todesfall ist ihr Gehaltsdurchschnitt unter Umständen tief. Um diesen aufzuwerten, wird für Personen unter 46 Jahren ein Zuschlag eingerechnet, der zwischen 100 Prozent (vor Vollendung von 23 Altersjahren) und 5 Prozent (zwischen 39 und 45 Altersjahren) liegt. Die Renten werden entsprechend höher ausfallen.

Der Karrierezuschlag wird nur zur Berechnung von Invaliden- und Hinterbliebenenrenten beigezogen.

Das Splitting

Das Splitting-System ist eine der bedeutendsten Errungenschaften der 10. AHV-Revision. Dadurch erhielten verheiratete Frauen endlich einen individuellen Rentenanspruch!

Der Sachverhalt ist einfach: Während der Ehedauer werden die Einkommen beider Ehegatten geteilt und die Hälfte dem anderen gutgeschrieben. Dabei fallen die Jahre der Eheschliessung, der Scheidung oder des Todes eines Partners nicht unter das Splitting. Es werden also nur die Einkommen ganzer Kalenderjahre geteilt. Nach der Pensionierung des ersten Ehegatten werden dem anderen wieder individuelle Beiträge gutgeschrieben.

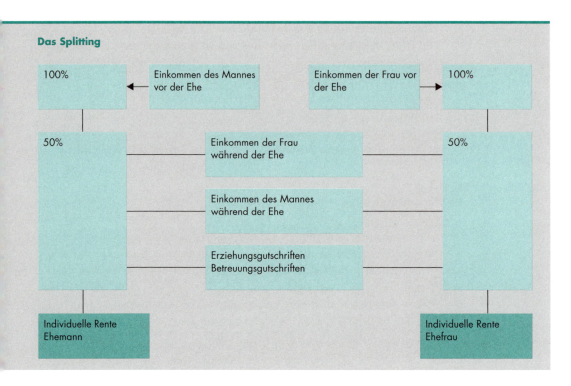

Dies bedeutet, dass beide Partner für die Ehedauer genau gleich viel zugut haben, unabhängig davon, wie viel der Einzelne verdient hat. Gerade für Frauen während der Babypause ist dies natürlich ein enormer Vorteil.

Bitte beachten Sie, dass die Einkommensteilung nicht einfach laufend geschieht, sondern sobald
▶ beide Partner rentenberechtigt sind,
▶ die Ehe durch Scheidung aufgelöst wird (auf Antrag sofort),
▶ eine verwitwete Person Anspruch auf eine Alters- oder Invalidenrente hat.

Rosmarie ist vor drei Jahren pensioniert worden. Da sie nur sehr kurze Zeit erwerbstätig war, hat sie selber wenig Beiträge geleistet und somit nur Anspruch auf die minimale Altersrente von 1030 Franken im Monat.
Als ihr Mann Reto pensioniert wird, erfährt Rosmaries Rente eine Neuberechnung. Dank dem Splitting erhält sie nunmehr Anspruch auf eine Rente von 1545 Franken.

Erziehungsgutschriften

werden Ihnen gutgeschrieben, falls Sie Kinder erziehen oder erzogen haben, und zwar für jedes Jahr, in dem Sie Kinder unter 16 Jahren betreuen. Die Anzahl der Kinder spielt dabei keine Rolle. Pro Kalenderjahr gibt es eine Gutschrift.

Bei einem Ehepaar wird die Erziehungsgutschrift für die Dauer der Ehe je hälftig geteilt. Nach der Scheidung erhält die Partei mit dem elterlichen Sorgerecht die ungeteilte Gutschrift. Bei gemeinsamem Sorgerecht werden die Gutschriften weiterhin halbiert. Eine besondere Anmeldung ist nicht nötig, um in den Genuss von Erziehungsgutschriften zu kommen, Kinder werden bei ihrer Geburt automatisch erfasst.

Betreuungsgutschriften

erhalten Sie, sofern Sie Ihren Ehepartner, Verwandte in auf- und absteigender Linie oder Geschwister pflegen, die selber mindestens Anspruch auf eine Hilflosenentschädigung mittleren Grades der AHV oder IV haben. Dabei ist es wichtig, dass Sie mit der betreuten Person in Hausgemeinschaft leben.

Um Betreuungsgutschriften zu erhalten, müssen Sie diese jedes Jahr schriftlich bei der AHV-Zweigstelle Ihrer Gemeinde anmelden.

Die jährliche Erziehungs- oder Betreuungsgutschrift beträgt zurzeit 37 080 Franken. Pro Jahr wird nur eine Gutschrift angerechnet.

Erziehungs- und Betreuungsgutschriften werden nicht erst angerechnet, wenn beide Partner rentenberechtigt sind, sondern sofort beim ersten Rentenfall.

Liliane hat drei Kinder grossgezogen, welche mit einem Abstand von jeweils zwei Jahren auf die Welt gekommen sind. Als das älteste zwölf Jahre alt war, liessen sich Liliane und ihr Mann scheiden. Vor der Pensionierung hat Liliane während acht Jahren ihren bettlägerigen Vater betreut.

Liliane hat Anspruch auf insgesamt 20 Erziehungsgutschriften und 8 Betreuungsgutschriften:

11 · 18 545.–	halbe EGS während der Ehe, das Geburtsjahr wird nicht angerechnet
9 · 37 080.–	ganze EGS, bis das jüngste Kind 16 war
8 · 37 080.–	ganze BG
834 355.–	**Summe der Erziehungs- und Betreuungsgutschriften**

Welche Rente dürfen Sie erwarten?

Die Höhe Ihrer Rente wird also dadurch bestimmt, wie hoch Ihr (gesplittetes) und aufgewertetes Durchschnittseinkommen inklusive allfällige Erziehungs- und Betreuungsgutschriften ausfällt. Man spricht hier vom so genannten massgeblichen durchschnittlichen Jahreseinkommen.

Allerdings besteht eine obere und eine untere Begrenzung:

Ein massgebliches Jahreseinkommen bis zu 12 360 Franken führt zur Minimalrente von 1030 Franken, ein Mittel von 74 160 Franken und mehr zur Maximalrente von 2060 Franken. Insgesamt kennt die Skala 44 einundfünfzig verschieden hohe Vollrenten, die je nach Durchschnitt angewendet werden.

Eine weitere Begrenzung wird bei den Altersrenten von Ehepaaren angewendet, zusammen dürfen die beiden individuellen Renten nicht mehr als das anderthalbfache der maximalen Rente ausmachen. Übersteigen die einzelnen Renten also den Betrag von 3090 Franken, müssen sie anteilsmässig gekürzt werden.

Eva hat Anspruch auf eine Altersrente von 2060 Franken, ihr Mann Norbert auf eine Rente von 1895 Franken. Zusammen wären dies bereits 3955 Franken.

Nach der Kürzung erhält Eva eine Rente von 1609 Franken und Norbert eine von 1481 Franken, zusammen sind dies 3090 Franken.

Flexibles Rentenalter

Seit der 10. AHV-Revision besteht für Sie die Möglichkeit, Ihre Altersrente früher zu beziehen. Dies ist natürlich nicht gratis, denn für jedes vorbezogene Jahr wird die Rente lebenslänglich gekürzt.

Jahrgang	Reguläres Rentenalter	Vorbezug	Kürzung pro vorbezogenes Jahr
1939 – 1941	63	1 Jahr	3,4%
1942	64	2 Jahre	3,4%
1943	64	2 Jahre	3,4%
1944	64	2 Jahre	3,4%
1945	64	2 Jahre	3,4%
1946	64	2 Jahre	3,4%
1947	64	2 Jahre	3,4%
1948 und jünger	64	2 Jahre	6,8%

Bitte beachten Sie, dass Sie auch während des Rentenvorbezugs weiterhin beitragspflichtig sind!

Die 11. AHV-Revision wird in diesem Bereich ebenfalls Änderungen bringen. Ab 2009 soll das Rentenalter der Frauen auf 65 angehoben werden. Rentenvorbezüge sollen künftig noch flexibler gehandhabt werden können, für die Kürzung ist eine soziale Abfederung geplant.

Es besteht auch die Möglichkeit, dass Sie Ihre Altersrente *aufschieben.* Anmelden müssen Sie dies mindestens drei Monate vor dem regulären Rentenbeginn. Der Aufschub ist während mindestens einem Jahr, höchstens aber während fünf Jahren möglich. Wollen Sie in der Zwischenzeit Ihre Rente beziehen, müssen Sie dies ebenfalls drei Monate vorher anmelden. Sie brauchen sich also nicht vorher auf eine fixierte Zeitspanne festzulegen.

Je nach Aufschubsdauer erhöht sich Ihre Rente um 5,2 Prozent bis 31,5 Prozent, und zwar lebenslänglich.

Interessant ist der Rentenaufschub für Personen, die im Rentenalter weiterhin erwerbstätig sind. Sie versteuern so lediglich ihr Erwerbseinkommen, anstatt auf der Rente und dem Erwerbseinkommen besteuert zu werden, was zu einer höheren Progression führt.

Die Leistungen der IV

	Minimum	Maximum	In % der einfachen Rente
Invalidenrente			
Invalidenrente	1 030	2 060	100
Zusatzrente für Ehegatten*	309	618	30
Kinderrente bis Alter 18/25 wenn in Ausbildung	412	824	40
Doppel-Kinderrente	618	1 236	60
Zusatzleistungen			
Ergänzungsleistungen	Werden nur bei geringem Einkommen und Vermögen entrichtet, um den Mindest-Lebensbedarf zu sichern.	4 120	Die Anspruchsberechtigung wird nach kantonalen Richtlinien abgeklärt.
Hilflosenentschädigungen Ein Anspruch besteht ungeachtet des Einkommens und Vermögens.	206 bei Hilflosigkeit leichten Grades	515 bei Hilflosigkeit mittleren Grades	824 bei Hilflosigkeit schweren Grades

* Voraussetzung: invalide Person war zuvor erwerbstätig oder bezog
  Arbeitslosengeld

Hilflosenentschädigung erhält, wer in seinen täglichen Verrichtungen (an-/auskleiden, aufstehen, absitzen/-liegen, essen, Körperpflege, Fortbewegung, Kontaktnahme mit der Umwelt) auf Dritthilfe angewiesen ist.

Wer hat Anspruch auf eine IV-Rente?

Sobald Sie während eines Jahres ohne wesentlichen Unterbruch zu mindestens 40 Prozent arbeitsunfähig sind, haben Sie Anspruch auf eine Rente der IV. Grundsätzlich hat die IV das Bestreben, Sie möglichst schnell wieder in den Arbeitsprozess einbinden zu können. Bevor also eine Rente ausbezahlt wird, versucht die IV, Sie mit Eingliederungsmassnahmen so weit zu bringen, dass Sie Ihren Lebensunterhalt so gut als möglich selber bestreiten können.

Die Höhe Ihrer IV-Rente ist abhängig von Ihrem Invaliditätsgrad.

Invaliditätsgrad in %	Ergibt Anspruch auf
40	eine Viertelsrente
50	eine halbe Rente
Ab $66^2/_3$	eine ganze Rente

Der Invaliditätsgrad wird durch die Gehaltseinbusse bestimmt, welche Sie im Vergleich zu vorher erlitten haben.

Nadine hat vor ihrem Unfall als hauswirtschaftliche Betriebsleiterin 70 000 Franken verdient. Nach der Umschulung zur Sekretariatsangestellten verdient sie als Teilzeitangestellte nur noch 40 000 Franken. Die Differenz von 30 000 Franken bedeuten eine Einbusse von 43 Prozent. Nadine erhält also eine Viertelsrente.

Natürlich kann sich der Invaliditätsgrad auch verändern, sei es zum Guten oder zum Schlechten. Entsprechend wird die Rente angepasst.

Die 2. Säule – BVG

Die Funktionsweise des BVG-Obligatoriums

Nötiger jährlicher Mindestlohn	Koordinationsabzug	Maximaler versicherter (koordinierter) Lohn	Maximal anrechenbarer Lohn
24 720	24 720	49 440	74 160
Darunter ist der Lohn nicht BVG-pflichtig	wird vom Lohn abgezogen	Differenz zwischen dem maximal anrechenbaren Lohn minus Koordinationsabzug	Übersteigende Löhne müssen gemäss Gesetz nicht versichert werden
		Minimal versicherter (koordinierter) Lohn	
		3 090	
		Wird bei Löhnen angewendet, die knapp über dem BVG-Minimum liegen (bis 27 810.–)	

Der Koordinationsabzug heisst so, weil durch ihn eine Leistungs-überschneidung zwischen der 1. und der 2. Säule vermieden werden soll. Die 24 720 Franken entsprechen der maximalen einfachen AHV- und IV-Rente.

In der Schweiz arbeiten 54,6 Prozent der erwerbstätigen Frauen Teilzeit, bei den Männern sind es nur gerade 9,4 Prozent.
Von 760 000 teilzeitlich beschäftigten Frauen haben 390 000 einen Beschäftigungsgrad von weniger als 50 Prozent.

Viele Teilzeitangestellte erreichen den Mindestlohn von 24 720 Franken nicht. Gerade Frauen sind deshalb oft nicht in der zweiten Säule versichert. Weil die Lobby der Arbeitgeber offensichtlich stärker ist, sind Postulate bisher ungehört verhallt, in denen gefordert wird, entweder die Mindestlohngrenze oder den Koordinationsabzug zu senken. Schon die Angleichung des Koordinationsabzuges an den Beschäftigungsgrad würde für viele Frauen ein gewaltiges Plus bedeuten.

Françoise verdient mit ihrer 40-Prozent-Stelle 20 000 Franken pro Jahr und ist somit nicht im BVG versichert. Sobald sie ihren Beschäftigungsgrad auf 50 Prozent steigert, wird sie mit ihren 25 000 Franken BVG-pflichtig, leider nur im Rahmen des minimalen versicherten Lohns von 3090 Franken.
Würde ihr hingegen anstelle von 24 720 Franken nur ein 50-Prozent-Koordinationsabzug von 12 360 Franken gemacht, käme Françoise auf einen versicherten Lohn von immerhin 12 640 Franken, über das Vierfache von 3090 Franken!

Übrigens: auch wenn es das Gesetz nicht vorsieht, ist es für keinen Arbeitgeber verboten, seine Teilzeitangestellten in derartiger Weise besser zu stellen. Vielleicht tun Sie sich mit anderen Teilzeitlerinnen aus Ihrer Firma zusammen und sprechen gelegentlich mit der Geschäftsleitung über eine Reglementsanpassung?

Wer das Gehaltsminimum nicht erreicht oder selbstständigerwerbend ist, kann sich auf freiwilliger Basis versichern. Natürlich auf eigene Kosten. Der Anschluss ans BVG erfolgt in solchen Fällen über die Stiftung Auffangeinrichtung BVG.

Wenn Sie mit zwei Teilzeitstellen ein Einkommen von mehr als 24 720 Franken erzielen, haben Sie zwei Möglichkeiten: Entweder Sie schliessen sich freiwillig einer der beiden Pensionskassen an, und beide Betriebe zahlen ihren Anteil. Dies ist aber nur möglich, wenn so etwas im Vorsorgereglement vorgesehen ist. Oder Sie versichern sich über die Auffangeinrichtung, und Ihre Arbeitgeber zahlen auch anteilsmässig mit.

Die Leistungen des BVG

Altersrente	7, 2% des angesparten Kapitals ab Alter 63/64 (65) bis zum Tod der versicherten Person.
Invalidenrente	Wird in erster Linie bei Invalidität durch Krankheit erbracht.
Invaliden-Kinderrente	20% der IV-Rente; die Leistungen werden bis zum Alter 18 resp. 25 (Ausbildung) entrichtet.
Witwenrente	60% der IV-Rente, nach der Pensionierung 60% der Altersrente des Ehemannes.
Witwerrente	Ist bisher nicht obligatorisch. Soll bei der 1. BVG-Revision eingeführt werden zu analogen Leistungen wie die Witwenrente. Bei überobligatorischen Verträgen häufig schon heute vorhanden.
Waisenrente	20% der IV-Rente; die Leistungen werden bis zum Alter 18 resp. 25 (Ausbildung) entrichtet.
Risikoleistungen	Werden in erster Linie im Zusammenhang mit krankheitsbedingten Fällen erbracht.

Die hier genannten Leistungen entsprechen den gesetzlich vorgeschriebenen Mindestansätzen.

Wer muss Beiträge bezahlen?

Die Beitragspflicht beginnt mit dem Eintritt in die Vorsorgeeinrichtung des Arbeitgebers und dauert so lange, bis entweder das Minimum nicht mehr erreicht oder die Erwerbstätigkeit aufgegeben wird, längstens bis zum gesetzlichen Pensionsalter. Es gelten die Bestimmungen der AHV. Der Arbeitgeber hat mindestens die Hälfte der BVG-Beiträge zu übernehmen.

Wir unterscheiden zwei Grundtypen von Vorsorgeeinrichtungen: Die Beitragsprimat- und die Leistungsprimatkassen.

Beitragsprimat

Beim Beitragsprimat werden die Sparbeiträge in Prozenten des versicherten Lohnes erhoben. Das Gesetz sieht eine altersabhängige Staffelung vor:

Alter Frauen	Alter Männer	Sparbeitrag in % des versicherten Lohnes
25–32	25–34	7%
33–42	35–44	10%
43–52	45–54	15%
53–63	55–65	18%

Die Sparbeiträge werden zum gesetzlich vorgeschriebenen Zins von 4 Prozent verzinst.

Beim Beitragsprimat spart jede für ihr eigenes BVG-Sparschwein. Je höher Ihr versicherter Lohn über all die Jahre ist, desto mehr Kapital wird dereinst in Ihrem persönlichen Sparschwein vorhanden sein und in eine Rente umgewandelt werden können.

Für die Altersrente beträgt der heute gültige Umwandlungssatz 7,2 Prozent des angesparten Kapitals.

Wenn Gerda mit dreiundsechzig ein Kapital von 380 000 Franken angespart hat, beträgt ihre Altersrente jährlich 27 360 Franken.

Hätte Gerda stets auf dem maximal versicherten Lohn von 74 160 Franken ihre Beiträge geleistet, wäre nun sogar ein Kapital von 490 969 Franken beisammen. Ihre Rente wäre dann 35 350 Franken hoch.

Vielleicht hat Gerda auch nur Teilzeit gearbeitet und immer auf dem minimal versicherten Lohn gespart. In diesem Fall beträgt das angesparte Kapital gerade mal 32 941 Franken, was zu einer Jahresrente von 2372 Franken führt.

Seit der Einführung des BVG 1985 hat sich die Lebenserwartung erhöht. Um diesem Umstand Rechnung zu tragen, sieht die 1. BVG-Revision eine Senkung des Umwandlungssatzes auf 6,65 Prozent vor. Gleichzeitig sollen die Beitragssätze erhöht werden, um die Leistungen insgesamt nicht zu schmälern.

Beispiel einer Beitragsprimat-Kasse

Leistungsausweis

PERSONALDATEN PER   01.01.2001

Name/Vorname   Schneider Gerda
Geburtsdatum   19.05.1958
Eintritt in PK   01.01.1998

Pensionierungsdatum   01.06.2021 ———————————
                                                              Pensionierung im Alter 63

Lohndaten
Jahresgehalt   CHF   84 000.00
Anrechenbares Jahresgehalt   CHF   74 160.00
Versichertes Jahresgehalt   CHF   49 440.00   Angerechnet wird nur bis
                                                           74 160.–
Austrittsleistung   ./. Koordinationsabzug
Vorhandenes Altersguthaben   CHF   60 185.00   24 720.–
Davon BVG-Altersguthaben   CHF   60 185.00
                                                           Es wurde nie mehr als im
Altersleistungen   obligatorischen Rahmen gespart
Projiziertes Alterskapital   CHF   380 052.00
Daraus resultierende Altersrente CHF   27 364.00   Sparbeiträge aufgezinst mit 4%
                                                           mit Rentensatz 7,2%
Leistungen bei Invalidität
Invalidenrente, Wartefrist 24 Monate CHF   16 080.00
Invaliden-Kinderrente   CHF   3 216.00   Berechnung: bis heute angespar-
Prämienbefreiung nach 6 Monaten   tes Kapital inkl. Zinsen, plus
                                                           künftiges Kapital ohne Zinsen,
                                                           davon 7,2%
Todesfall-Leistungen
Waisenrente   CHF   3 216.00
                                                           20% der IV-Rente
Finanzierung
Jährlicher Sparbeitrag   CHF   7 416.00   15% des versicherten Jahreslohnes
Jährlicher Risikobeitrag   CHF   1 076.00
Arbeitnehmerbeitrag pro Monat CHF   353.80   für die Risikoleistungen

Zusätzliche Angaben   ½ Anteil Arbeitnehmerin
Übertrag bei Scheidung am   CHF   0.00
Vorbezogen für Wohneigentum am CHF   0.00

Die Leistungen vieler Pensionskassen sind besser als vom Gesetz vorgeschrieben.

Massgebend sind der persönliche Versichertenausweis und das Pensionskassenreglement. Man spricht dann von überobligatorischen Leistungen.

Gerda hat die Stelle gewechselt und kann sich in ihrer neuen Pensionskasse den gesamten Lohn von 84 000 Franken anrechnen lassen.

Dies führt dazu, dass ihr neues versichertes Gehalt 59 280 Franken beträgt (84 000 Franken ./. 24 720 Franken).

Mit dreiundsechzig wird Gerda über ein angespartes Kapital von 429 421 Franken verfügen, wovon ihr eine jährliche Altersrente von 30 918 Franken ausbezahlt werden kann.

Im Bereich der Risikoleistungen werden sehr häufig fixe Prozentsätze des versicherten Lohnes angewendet. Dies führt einerseits zu verbesserten Leistungen, auf der anderen Seite werden diese durch einen Vorbezug des angesparten Kapitals nicht geschmälert, sondern bleiben immer gleich.

Gerdas heutiger Arbeitgeber verbessert die Pensionskassenleistungen.

Bei einer Invalidität erhält Gerda nun 60 Prozent ihres versicherten Jahresgehalts, nämlich 29 664 Franken. Die Invaliden-Kinderrente und die Waisenrente werden künftig 10 Prozent des versicherten Lohnes betragen, also 4944 Franken.

Manche Arbeitgeber übernehmen einen grösseren Anteil der jährlichen BVG-Prämie. So kann diese beispielsweise zu ⅓ auf die Angestellte und zu ⅔ auf die Firma verteilt werden. Für höhere Einkommen ist dies insbesondere aus steuerlicher Sicht sehr interessant.

Sandra verdient 145 000 Franken. Aus der Sicht ihres Jobprofils könnten dies sogar 160 000 Franken sein. Doch anstelle höherer Lohnzahlungen bestreitet der Arbeitgeber rund 15 000 Franken an Pensionskassenbeiträgen. Für die Firma spielt es keine Rolle, wohin das Geld fliesst. Für Sandra hingegen schon: Würde ihr ein höheres Gehalt ausbezahlt, wäre auch ihre Steuerbelastung entsprechend höher. Mit der vorliegenden Lösung spart sie Steuern und gleichzeitig wird sie dereinst auf eine bessere Altersvorsorge zurückgreifen können.

Wichtige Details zur ersten und zweiten Säule

Sind Sie gerade auf Stellensuche? Prüfen Sie Ihre neue Firma auf Herz und Nieren, insbesondere auf die Leistungen im Bereich der 2. Säule.

Gute BVG-Reglemente tragen den individuellen Bedürfnissen der Angestellten Rechnung und bilden verschiedene Kategorien.

So werden Personen mit Versorgerpflichten einer Kategorie mit verbesserten Todesfallleistungen zugeordnet, die Alleinstehende weniger interessieren dürften.

Ältere Angestellte sparen mit erhöhten Prozentsätzen, um in den letzten Jahren vor der Pensionierung noch einmal richtig zuzulegen.

Mitarbeiter in den oberen Lohnklassen werden in einem Kadervertrag versichert, dessen Leistungen den erhöhten Ansprüchen Rechnung trägt.

Leistungsprimat

Beim Leistungsprimat werden die Leistungen in festen Prozentsätzen des letzten versicherten Lohnes garantiert. Die Rentenhöhe nach der Pensionierung ist im Voraus bekannt.

Pia verdient 120 000 Franken. Ihr versicherter Lohn beträgt 95 280 Franken. Sie erhält bei ihrer Pensionierung eine Altersrente von 60 Prozent, nämlich 57 168 Franken.

Solche besonders guten Leistungen haben natürlich ihren Preis: Die Beiträge an eine Leistungsprimat-Kasse liegen sowohl für den Arbeitnehmer als auch für den Arbeitgeber um einiges höher als bei einer Beitragsprimat-Kasse. So müssen auch bei jeder Gehaltserhöhung die fehlenden Beiträge eingekauft und die laufenden Prämien nach oben angepasst werden.

Der Wechsel aus einer Beitragsprimat- in eine Leistungsprimat-Kasse ist in der Regel mit hohen Einkaufsbeiträgen verbunden, damit die reglementarischen Leistungen erreicht werden. Kann der Einkauf nicht oder nur teilweise vollzogen werden, werden die Leistungen entsprechend gekürzt.

Fragen Sie den neuen Arbeitgeber, ob er sich am Einkauf beteiligt, falls Sie sich bei einem Stellenwechsel in die neue Pensionskasse einkaufen müssen.

Beispiel einer Leistungsprimat-Kasse

Leistungsausweis per 1.1.2001

Name, Vorname	Kummer Annette
Geburtsdatum	23.10.1963
Versicherungsbeginn	01.05.1996
Eintrittsalter	32 Jahre, 06 Monat(e), 08 Tag(e)
Anstellungsgrad	80%

Jahreslohn	CHF	70 000.00		Differenz: voller Koordinationsabzug von 24 720.– trotz 80%-Stelle
Rentenberechtigter Verdienst	CHF	45 280.00		
Offene Eintrittsleistung per 01.01.2000	CHF	0.00		
Jährliche Altersrente mit Rücktrittsalter 60	CHF	23 093.00	51%	Es sind alle nötigen Einkäufe gemacht worden, um die vollen Leistungen zu erhalten
Jährliche Altersrente mit Rücktrittsalter 61	CHF	24 904.00	55%	
Jährliche Altersrente mit Rücktrittsalter 62	CHF	27 168.00	60%	
Jährliche Altersrente mit Rücktrittsalter 63	CHF	28 943.00	65%	
Jährliche Altersrente mit Rücktrittsalter 64	CHF	28 943.00	65%	
Jährliche Altersrente mit Rücktrittsalter 65	CHF	28 943.00	65%	
Jährliche Invalidenrente Wartefrist 24 Monate	CHF	28 943.00	65%	Leistungen in % des versicherten Lohnes
Jährliche Ehegattenrente	CHF	18 112.00	40%	geschlechtsneutrale Rente
Jährliche Kinder-/Waisenrente	CHF	4 528.00	10%	
Monatlicher Arbeitnehmerbeitrag	CHF	404.00		
Monatlicher Arbeitgeberbeitrag	CHF	606.00		Hier übernimmt der Arbeitgeber sogar 3/5, die Arbeitnehmerin nur 2/5 des Gesamtbetrages
Austrittsleistung per 01.01.2001	CHF	86 423.00		

Wer hat Anspruch auf eine Witwenrente?

Grundsätzlich erhält die überlebende Ehefrau eine Witwenrente. Ein Rentenanspruch besteht auch dann, wenn der versicherte Ehemann bereits pensioniert ist oder wenn er vor seinem Tod eine BVG-Invalidenrente bezogen hat. Eine Einschränkung: Das Gesetz sieht nur für Witwen eine Rente vor, die für den Unterhalt eines oder mehrerer Kinder aufkommen müssen oder zum Zeitpunkt des Todesfalles bereits über 45 Jahre alt und seit mindestens fünf Jahren verheiratet sind.

Sind diese Bedingungen nicht erfüllt, erhält die Witwe anstelle der Rente eine einmalige Kapitalabfindung in der Höhe von drei Jahresrenten.

> Maja hat mit 43 ihren Mann verloren. Die zwanzigjährige Tochter Agnes hat ihre Ausbildung bereits beendet und steht auf eigenen Füssen.
> Anstelle der Witwenrente von jährlich 20 000 Franken erhält Maja eine Kapitalabfindung von 60 000 Franken.

Sehr viele Pensionskassen sehen hingegen eine Witwenrente mit erweiterter Deckung vor, welche lebenslänglich und ohne Einschränkungen ausbezahlt wird. Allerdings bestehen oftmals einschränkende Bestimmungen für Ehen, die der Ehemann nach Vollendung des 65. Altersjahres geschlossen hat.

Geschiedene Frauen haben die gleichen Ansprüche wie verheiratete Witwen, sofern

▶ die Ehe mindestens zehn Jahre gedauert hat und
▶ der geschiedenen Frau im Scheidungsurteil eine Rente oder eine Kapitalabfindung für eine lebenslängliche Rente zugesprochen wurde.

Auch hier lohnt sich ein Blick ins Pensionskassenreglement, denn möglicherweise besteht ebenfalls eine erweiterte Deckung.

Welche Todesfall-Leistungen dürfen Konkubinatspartner erwarten?
Grundsätzlich erhalten Konkubinatspartner keine Hinterbliebenen-Leistungen aus dem BVG.
In vielen Reglementen ist heute jedoch die Auszahlung des angesparten Kapitals vorgesehen, falls keine Witwen- und Waisenrenten fällig werden. Bei der Begünstigungsordnung gilt normalerweise das Erbrecht.
Mit einer rechtzeitig schriftlich eingereichten Begünstigungserklärung ist es möglich, dass Konkubinatspartner sich gegenseitig begünstigen. Einen Haken hat das Ganze allerdings: die begünstigte Person muss vom verstorbenen Partner schon zu Lebzeiten massgeblich unterstützt worden sein. Wenn beide Partner voll erwerbstätig sind, wird dies kaum zu beweisen sein. Besonders fortschrittliche Pensionskassen machen keine Unterschiede mehr zwischen Eheleuten und Konkubinatspaaren. Leider sind diese Kassen nach wie vor dünn gesät.

Das Freizügigkeitskapital

Damit ist das gegenwärtig vorhandene Altersguthaben gemeint. Den neusten Stand entnehmen Sie jeweils Ihrem aktuellen Pensionskassenausweis.

Bei einem Stellenwechsel sind Sie verpflichtet, das gesamte Freizügigkeitsguthaben in die Pensionskasse des neuen Arbeitgebers einzubringen. Dies geschieht, indem der neue Arbeitgeber Ihnen einen Einzahlungsschein aushändigt, mit dem die frühere Pensionskasse den Betrag an die neue Vorsorgeeinrichtung überweisen kann.

Eine Barauszahlung Ihrer Freizügigkeitsleistung können Sie nur in folgenden Fällen verlangen:

▶ wenn Sie eine selbstständige Tätigkeit im Rahmen einer Einzelfirma oder einer Kollektivgesellschaft aufnehmen
▶ wenn Sie die Schweiz definitiv verlassen
▶ wenn das vorhandene Kapital weniger als ein Jahresbeitrag beträgt
▶ frühestens fünf Jahre vor dem ordentlichen Pensionsalter, also mit 58 (Jahrgänge 1939–1941) oder mit 59 (ab Jahrgang 1942)

Bei einer Barauszahlung muss der Ehegatte stets mit seiner Unterschrift bezeugen, davon Kenntnis zu haben und einverstanden zu sein. Damit sollen Missbräuche verhindert werden, wie sie in der Vergangenheit manchmal vorgekommen sind: Ein scheidungswilliger Partner lässt rechtzeitig sein Pensionskassengeld verschwinden, um nicht zur Kasse gebeten zu werden. Ein anderer investiert das Kapital in einen Sportwagen anstatt ins neue Geschäft.

Caroline wandert nach Australien aus. Sie beantragt die Barauszahlung ihres Freizügigkeitsguthabens von 125 000 Franken.

Natürlich will auch Vater Staat nicht leer ausgehen: Die Auszahlung wird zu einem gesonderten Satz mit einer einmaligen Kapitalleistungssteuer belegt. Da Caroline sich bereits abgemeldet hat, wird diese in Form einer Quellensteuer direkt vom Guthaben abgezogen. Die Ansätze sind kantonal unterschiedlich. Im Fall von Caroline beträgt die Steuer 5,5 Prozent, nämlich 6875 Franken.

Geben Sie Ihre Anstellung auf oder fällt Ihr Gehalt unter 24 720 Franken, ohne dass eine der oben genannten Voraussetzungen erfüllt ist, müssen Sie das Geld auf einem Freizügigkeitskonto oder in einer Freizügigkeitspolice parkieren.

Übrigens: Wenn Sie Ihre Stelle aufgeben, sind Sie noch während 1 Monat im BVG für die Risiken Tod und Invalidität versichert. Damit soll verhindert werden, dass zwischen zwei Anstellungen eine Versicherungslücke entsteht. Wer arbeitslos wird, geniesst während dieser Dauer einen obligatorischen Risikoschutz über die Auffangeinrichtung. Gespart wird während der Dauer der Arbeitslosigkeit allerdings nicht.

Freizügigkeitskonto oder -police?

Beide Produkte haben eines gemeinsam: auf ihnen wird gesperrtes Freizügigkeitsgeld aufbewahrt.

Anbieter von Freizügigkeitspolicen sind die Versicherungsgesellschaften. Der Vorteil dieses Produkts liegt darin, dass Ihnen die Gesellschaft eine Verzinsung von mindestens 4 Prozent garantieren muss und gleichzeitig ein Todesfallkapital, manchmal sogar Leistungen bei Erwerbsunfähigkeit versichert sind.

Ein Freizügigkeitskonto können Sie auf jeder Bank eröffnen. Beim klassischen Sperrkonto wird Ihr Geld in konservativen, festverzinslichen Werten angelegt. Leider bieten die Banken keine Mindestverzinsung an, der Zins kann also auch unter die BVG-Limite von 4 Prozent sinken.

Das anteilsgebundene Freizügigkeitskonto legt Ihr Geld im Rahmen der gesetzlichen Möglichkeiten in Fondsanlagen an. Angeboten werden drei Risikoklassen mit unterschiedlich hohem Aktienanteil. Da Sie sich hier den Launen der Börse aussetzen, sollten Sie nur einsteigen, wenn Sie das Geld mindestens fünf Jahre liegen lassen können.

Die Aufhebung von Konto oder Police wird kostenlos und ohne Abzüge gemacht.

Eine Barauszahlung kann auch verweigert werden.

Gisèle will sich mit neunundfünfzig aus dem bisherigen Berufsleben zurückziehen und im Rahmen einer selbstständigen Tätigkeit als Kunstmalerin und Galeristin arbeiten. Die Pensionskasse verweigert ihr die Auszahlung des Freizügigkeitskapitals und will ihr stattdessen eine Rente bezahlen.

Der Grund liegt darin, dass im Reglement von Gisèles Pensionskasse eine Frühpensionierung ab Alter achtundfünfzig vorgesehen ist.

Das eidgenössische Versicherungsgericht hat 1994 entschieden, dass in einem solchen Fall eine Barauszahlung unzulässig ist. Das Gleiche gilt für Auszahlungen beim Kauf von Wohneigentum oder beim Wegzug ins Ausland. Es lohnt sich also, wenn Sie Ihr Pensionskassenreglement rechtzeitig studieren!

Wohneigentumsförderung

Seit 1995 sieht das Gesetz vor, dass Sie beim Kauf eines Eigenheims auf Ihr Pensionskassengeld zurückgreifen können.

Die wichtigste Voraussetzung ist, dass es sich um Eigenbedarf handelt, Sie müssen das Wohneigentum also selber bewohnen. Dabei spielt es keine Rolle, ob es sich um Alleineigentum, Mit- oder Gesamteigentum handelt.

Alleineigentum: Sie sind die alleinige Eigentümerin und haben das uneingeschränkte Verfügungsrecht.

Miteigentum: Sie besitzen einen klar umrissenen Bruchteil eines Ganzen. Dies ist beim Kauf einer Eigentumswohnung der Fall. Jede Miteigentümerin kann über ihren eigenen Anteil verfügen, ihn veräussern oder verpfänden. Dabei ist zu beachten, dass unter den Miteigentümern von Gesetzes wegen ein Vorkaufsrecht besteht.

Gesamteigentum: Hier sind alle Eigentümer am Ganzen beteiligt. Sie bilden eine Gemeinschaft und können nur gemeinsam verfügen. Damit Gesamteigentum entstehen kann, ist eine der folgenden gesetzlichen Personenverbindungen erforderlich: eine eheliche Gütergemeinschaft, eine Erbengemeinschaft, eine einfache Gesellschaft, eine Kollektiv- oder Kommanditgesellschaft.

Sina und Tanja haben zusammen ein Bauernhaus gekauft. Als gemeinsame Eigentümerinnen des Hauses sind sie zu einfachen Gesellschafterinnen geworden. Sämtliche Entscheide müssen sie künftig gemeinsam fällen, für die Hypothekarzinsen haften beide solidarisch (das heisst jede für das Ganze).

Sie können ebenfalls Geld aus der Pensionskasse beziehen für

▶ den Erwerb von Anteilscheinen einer Wohnbaugenossenschaft,
▶ wertvermehrende Investitionen in ein bestehendes Wohneigentum (nicht jedoch allgemeiner Unterhalt),
▶ die Reduktion von Hypotheken (aber nicht zur Bezahlung von Hypothekarzinsen).

Für Ferien- oder Zweitwohnungen kann kein Pensionskassengeld bezogen werden, da diese Ihnen ja nicht permanent als Wohnsitz dienen.

Der Bezug des BVG-Kapitals wird im Grundbuch eingetragen. Bei einem späteren Verkauf müssen Sie den Betrag wieder an die Kassen zurückzahlen. Auch hier gilt: der Ehepartner muss zum Vorbezug das schriftliche Einverständnis geben.

Wichtige Details zur ersten und zweiten Säule

Ein Vorbezug für Wohneigentum kann längstens bis drei Jahre vor dem
ordentlichen Pensionsalter gemacht werden. Sieht Ihre Pensionskasse eine
frühzeitige Pensionierung vor, schiebt sich diese Frist nach vorne.
Die Auszahlung erfolgt nie in bar, sondern fliesst immer direkt zur Bank, die
Ihnen das Hypothekardarlehen gewährt.

Wie viel Vorbezugs-Kapital dürfen Sie erwarten?

Der Mindestbezug beträgt 20 000 Franken (ausser bei Anteilscheinen
von Wohnbaugenossenschaften). Sehr junge Versicherte haben oft nicht
genug angespartes Kapital und können nicht auf ihre Pensionskasse zurückgreifen.
Grundsätzlich können Sie im Rahmen der Wohneigentumsförderung über
die gesamte vorhandene Freizügigkeitsleistung verfügen.
Aber aufgepasst: Falls Sie schon über fünfzig Jahre alt sind, dürfen Sie höchstens noch beziehen, was an Kapital im Alter fünfzig angespart gewesen ist.
Falls dies weniger ist als die Hälfte des aktuellen Altersguthabens, kann auch
diese bezogen werden – je nachdem, welcher Betrag höher ist.

Die sechsundfünfzigjährige Myrtha kauft sich eine Eigentumswohnung und
möchte auf ihre Pensionskasse zurückgreifen. Ihr aktuelles Guthaben beträgt 353 850 Franken.
Im Alter fünfzig betrug das Freizügigkeitsguthaben 258 000 Franken. Myrtha
kann also höchstens über diesen Betrag verfügen.

Leider geht der Vorbezug nicht ohne Steuern über die Bühne. Auch hier
wird eine einmalige Kapitalleistungssteuer fällig, welche von der Höhe des
ausbezahlten Kapitals abhängig ist. Die kantonalen Unterschiede der Be-
steuerung sind teilweise enorm. Ziehen Sie die Steuerbelastung unbedingt
in Ihre Berechnungen mit ein, damit Sie nicht nachträglich mit einer bösen
Überraschung konfrontiert werden.

Birgit aus Bern bezieht 120 000 Franken. Sie bezahlt dafür 10 035 Franken
Steuern, was 8,4 Prozent entspricht. Bei einem Vorbezug von 300 000 Franken beträgt die Steuer bereits 12,6 Prozent, nämlich 37 804 Franken.

Iris aus Solothurn bezieht ebenfalls 120 000 Franken. Ihre Steuern betragen
6697 Franken, also 5,6 Prozent. Bezieht Iris 300 000 Franken, wird sie 23 404
Franken entrichten müssen, was einer Belastung von 7,8 Prozent entspricht.

Auf jeden Fall müssen Sie sich gut überlegen, ob ein Vorbezug sich wirklich für Sie lohnt. Es geht immerhin um Ihre Altersvorsorge, die dadurch geschmälert wird.

Eine Alternative zum Vorbezug ist die *Verpfändung des Freizügigkeitsguthabens*. Dabei gibt Ihnen die Bank ein grösseres Darlehen, welches der verpfändeten Summe entspricht.

Natürlich macht die Bank dies nicht kostenlos: Sie bezahlen einen Zins, der meist im Rahmen einer zweiten Hypothek liegt. Gleichzeitig müssen Sie die verpfändete Summe spätestens vor dem Pensionsalter amortisiert haben; sei es, dass Sie in der Zwischenzeit das nötige Kapital zusammengespart haben, oder, dass Sie dann einen rechtzeitigen Vorbezug machen müssen.

Der Vorteil der Verpfändung liegt ganz klar darin, dass Ihre Pensionskassenleistungen nicht reduziert werden. Hingegen ist Ihre unmittelbare Belastung durch den zusätzlich geschuldeten Zins viel höher als bei einem Vorbezug.

> Iris hat ihre Wohnung mit 30 000 Eigenkapital finanziert und dazu 120 000 Franken aus der Pensionskasse verpfändet. Für Ihre 1. Hypothek von 280 000 Franken bezahlt sie jährlich 12 600 Franken, für die Verpfändung entrichtet sie einen zusätzlichen Zins von 6600 Franken.

Der Einkauf von Beitragsjahren

Nicht nur im Hinblick auf eine verbesserte Altersvorsorge sind nachträgliche Einkäufe in die Pensionskasse attraktiv, sondern ganz besonders wegen der Steuerersparnis. Grundsätzlich müssen Einkäufe im Reglement Ihrer Pensionskasse vorgesehen sein. Sie sind aber nur dann möglich, wenn zwischen dem bis heute angesparten Kapital und dem theoretisch möglichen Maximalbetrag eine Differenz besteht. Damit ist die Summe gemeint, die Sie heute beieinander hätten, wenn Sie von Anbeginn Ihrer BVG-Pflicht zum gleichen Lohn wie heute Beiträge geleistet hätten, also weder fehlende Dienstjahre noch jemals kleinere Gehälter gehabt hätten.

> Charlotte ist vierzig Jahre alt. Nach dem Studium ist sie erst mit dreissig in die Pensionskasse eingetreten. Heute verdient sie 130 000 Franken.
> Ihr Pensionskassenguthaben beträgt 85 400 Franken. Hätte Charlotte bereits auf ihrem heutigen Gehalt Beiträge geleistet, seit sie 25 Jahre alt war, wären heute 175 200 Franken vorhanden. Die mögliche Einkaufssumme beträgt demnach 89 800 Franken.

Wichtige Details zur ersten und zweiten Säule

Einkäufe bestreiten Sie aus Ihrem privat angesparten Vermögen. Den Einkaufsbetrag können Sie von Ihrem steuerbaren Einkommen abziehen. Sie sollten den Einkauf gestaffelt über mehrere Jahre tätigen, um über mehrere Steuerperioden von einer tieferen Einkommenssteuer zu profitieren.

Im Rahmen des Stabilisierungsprogramms 1998 hat der Bundesrat die Maximalhöhe des steuerlich absetzbaren Pensionskasseneinkaufs zusätzlich beschränkt. Neu dürfen Sie nur noch für jedes Jahr seit Eintritt in die heutige Vorsorgeeinrichtung bis zum Erreichen des reglementarischen Rücktrittsalters einen Maximalbetrag von gegenwärtig 74 160 Franken einbezahlen. Je näher die Pensionierung rückt, desto kleiner wird die steuerlich absetzbare Einkaufssumme. Vorausgesetzt ist dabei natürlich stets eine vorhandene Beitragslücke. Eine Ausnahme bildet der Wiedereinkauf in die Pensionskasse nach einer Scheidung.

Im Fall von Charlotte ist der Einkauf steuerlich auf 33 x 74 160, nämlich 2 447 280 Franken beschränkt. (Zwischen ihrem Eintritt in die Pensionskasse und dem Rücktrittsalter dreiundsechzig liegen dreiunddreissig Jahre). Natürlich wird sich Charlotte nur im Rahmen des effektiven Fehlbetrags von 89 800 Franken einkaufen können.

Wäre Charlotte heute schon siebenundfünfzig Jahre alt, könnte sie sich bei einem Stellenwechsel mit höchstens 6 x 74 160, also 444 960 Franken einkaufen. Immer vorausgesetzt, es würde tatsächlich eine Vorsorgelücke bestehen.

Kapital oder Altersrente?

Sofern es im Pensionskassenreglement vorgesehen ist, können Sie anstelle der Altersrente die Auszahlung des angesparten Kapitals verlangen. In der Regel muss die Anmeldung spätestens drei Jahre vor Rentenbezug schriftlich bei der BVG-Stiftung angemeldet werden. Vermeiden Sie es, diese Frist zu verpassen, falls Ihre Pensionskasse eine Frühpension vorsieht. Ansonsten könnte Ihnen die Barauszahlung verweigert werden. Normalerweise kann die einmal gewählte Kapitaloption nicht mehr rückgängig gemacht werden. Überlegen Sie sich also gut, welchen Entscheid Sie treffen.

Kapitaloption und Steuern

Die Auszahlung des Alterskapitals wird ebenfalls durch eine einmalige Kapitalleistungssteuer erfasst. Deren Höhe richtet sich einerseits nach den kantonalen Ansätzen, ist aber auch sehr stark vom Kapitalvolumen abhängig. Je höher die Auszahlung, desto beträchtlicher ist die prozentuale Steuerbelastung. Eine Aufsplittung des Kapitals ist nur möglich, wenn dies im Reglement vorgesehen ist. Meist muss das Geld en bloc bezogen werden.

Wenn sich Ihre Personalvorsorge jedoch in zwei unabhängige Teile gliedert, einen obligatorischen und einen Kaderplan, ist es möglich, dass Sie sich die beiden Summen auf zwei verschiedene Jahre verteilt auszahlen lassen. Sie können so ein paar Tausend Franken an Steuern sparen.

Eine weitere Möglichkeit besteht darin, dass Sie als Wohneigentümerin bis spätestens drei Jahre vor dem Pensionsalter Ihre Hypotheken mittels teilweisem Vorbezug amortisieren. Den Rest lassen Sie sich anschliessend auszahlen. Die Hypothek können Sie nach Ihrer Pensionierung wieder aufstocken und das Geld für Ihren Einkommensbedarf verwenden. Dieses Vorgehen bedingt allerdings eine genaueste Berechnung, da Sie in der Zwischenzeit ja einen Zinsverlust auf Ihrem BVG-Geld und eine Erhöhung Ihres steuerbaren Einkommens in Kauf nehmen müssen, welche durch die Einsparungen bei den Hypothekarzinsen wieder wettgemacht werden sollten, damit die Rechnung für Sie aufgeht.

Eine zusätzliche steuerliche Progression vermeiden Sie, indem Sie die Auszahlungen von BVG-Geldern, Guthaben aus der Säule 3a sowie aus allfälligen Freizügigkeitskonten oder -policen auf die fünf Jahre vor dem ordentlichen Rentenalter verteilen. Vermeiden Sie auch, dass Ihre Auszahlungen ins gleiche Jahr mit denen Ihres Ehepartners fallen. Planen Sie also rechtzeitig!

Es gibt verschiedene Gründe für oder gegen die Kapitaloption. Je nach persönlicher Situation werden Sie für sich die beste Lösung herausfinden müssen.

Wichtige Details zur ersten und zweiten Säule

Gründe, die für die Pensionskassenrente sprechen	Gründe, die für die Kapitaloption sprechen
Sie wünschen ein problemloses, monatliches Einkommen, das Ihnen auf Lebzeiten garantiert ist. Sie mögen keinen Aufwand bei der Planung von Kapitalanlagen betreiben. Sie verfügen über kein anderes Vermögen ausser dem BVG-Kapital.	Sie suchen eine massgeschneiderte Lösung für Ihr Alterseinkommen. Sie mögen sich aktiv um die Planung Ihres Kapitals und das damit verbundene Einkommen kümmern. Sie verfügen über genügend Kapital, um auch bei einem stetigen Vermögensverzehr nicht plötzlich mittellos dazustehen, auch wenn Sie sehr alt werden sollten. Sie möchten von Todes wegen frei über Ihr angespartes Geld verfügen können. Sie sind sich bewusst, dass Fehlplanungen zu einem frühzeitigen Dahinschwinden Ihres Kapitals führen können.
Gründe, die gegen die Pensionskassenrente sprechen	**Gründe, die gegen die Kapitaloption sprechen**
Sie hätten lieber eine flexible, auf Ihre persönlichen Bedürfnisse zugeschnittene Lösung. Falls Sie früh sterben sollten, sieht das Reglement weder eine Rente für Ihren Partner vor, noch wird das unverbrauchte Kapital an Ihre Erben ausbezahlt.	Die Auszahlung nach Steuern beträgt weniger als 400 000 Franken und Sie verfügen über kein namhaftes sonstiges Vermögen. Sie haben ein ausgesprochenes Sicherheitsbedürfnis und fühlen sich unwohl bei dem Gedanken, dass Sie künftig alleine für die Gestaltung Ihres Alterseinkommens verantwortlich sind.

Was geschieht bei einer Scheidung?

Das Gesetz sieht eine Halbierung des Pensionskassenguthabens vor. Dabei ist das während der Ehe bis zur Scheidung angesparte Guthaben massgebend.

Um die richtigen Beträge in das Scheidungsurteil einzubringen, müssen dem Gericht die aktuellen Zahlen vorgelegt werden. Auskunft erhält nur die versicherte Partei.

Jeder Partner erhält nun die Hälfte des Guthabens, welches der andere während der Ehe angespart hat. Ist bereits Kapital vor der Ehe vorhanden gewesen, werden auch die in der Zwischenzeit darauf entstandenen Zinsen abgezogen.

In der Praxis werden die Guthaben beider Partner miteinander verrechnet. Zur Auszahlung gelangt nur ein allfälliger übersteigender Anteil.

Pensionskasseneinkäufe während der Ehedauer werden je nach Finanzierungsquelle aufgeteilt: Stammen die Beiträge aus dem Gehalt oder wurden vom Arbeitgeber finanziert, werden auch Einkäufe hälftig geteilt (Errungenschaft). Wurde der Einkauf jedoch mit Geldern getätigt, die der Frau oder dem Mann schon vor der Ehe gehörten oder aus Erbgang oder Schenkung stammen (Eigengut), kann diese Summe samt Zins vom Pensionskassenguthaben abgezogen werden.

Bestehen noch weitere Vorsorgekonten oder -policen sowie Freizügigkeitsguthaben, so müssen nicht alle halbiert und verteilt werden.

Suzanne und Philipp lassen sich scheiden. Suzanne hat auf ihrem Freizügigkeitskonto eine Summe von 30 000 Franken stehen. Der Betrag wurde ausschliesslich während der Ehe erworben. In Philipps Pensionskasse ist ein Guthaben von 60 000 Franken vorhanden, davon stammen 10 000 Franken aus vorehelichen Beiträgen samt Zinsen. Gleichzeitig beträgt der Rückkaufswert von Philipps Vorsorgepolice 3a 15 000 Franken.
Die Versicherung wurde während der Ehe abgeschlossen.

Guthaben Suzanne		Guthaben Philipp	
30 000.–		50 000.–	+ 10 000.–
		15 000.–	
30 000.–		65 000.–	
	95 000.–		
47 500.–		47 500.–	Total
+ 17 500.–		– 17 500.–	Hälfte

Diesen Ausgleich bezahlt Philipp durch eine Vergütung aus seiner Pensionskasse.

Da Suzanne im Moment nicht berufstätig ist, wird der Betrag auf ein weiteres Freizügigkeitskonto überwiesen. (Dies macht Sinn, um allenfalls später eine gestaffelte Auszahlung vornehmen zu können.)

Pensionskassenguthaben können nur aufgeteilt werden, wenn bisher kein Vorsorgefall eingetreten ist, also keine Invaliditäts- oder Altersrenten ausgeschüttet werden. Nach der Pensionierung wird stattdessen meist eine angemessene Entschädigung ausbezahlt.

Falls Sie erwerbstätig sind, können Sie das erhaltene Kapital zum Einkauf in Ihre Pensionskasse verwenden. Andernfalls müssen Sie es auf einem Sperrkonto oder einer Freizügigkeitspolice deponieren.

Das UVG

Beiträge

Der Arbeitgeber übernimmt die vollen Prämien für Betriebsunfälle. Die Prämien für Nichtbetriebsunfälle können Ihnen als Arbeitnehmerin überwälzt werden. Die Beiträge sind nicht überall gleich, sie richten sich nach der vorgeschriebenen Risikoklasse des versicherten Betriebes.

Nadia verdient als Angestellte einer Bank 60 000 Franken. Pro Jahr muss sie 766 Franken NBU-Prämie entrichten.

Elisabeth arbeitet in einer Käserei. Von ihren 60 000 Franken wird ihr vom Arbeitgeber ein NBU-Beitrag von 953 Franken abgezogen.

Die Beiträge werden auf dem gesamten Lohn erhoben, auch wenn die Leistungen auf den maximal versicherten Lohn von 106 800 Franken limitiert sind. Auf freiwilliger Basis übernehmen manche Arbeitgeber sowohl die BU- als auch die NBU-Beiträge.

Die Leistungen des UVG

Pflegeleistungen	Kostenvergütungen	Geldleistungen
Kosten für Heilbehandlungen (Arzt/Arznei)	Rettungsmassnahmen	**Taggeld** Nach 2 Tagen Wartefrist werden 80% des zuletzt bezogenen Bruttolohnes ausbezahlt.
Im Spital gelten die Ansätze der allgemeinen Abteilung.	Medizinisch notwendige Reisen	
Hilfsmittel (Krücken, Rollstuhl etc.)	Behebung von Sachschäden (kaputte Brille wird ersetzt)	**Invalidenrente** Steht der Invaliditätsgrad fest, wird eine Rente in der Höhe von max. 80% des letzten Bruttolohnes ausbezahlt.
Kuren	Beitrag an Bestattungskosten	
Rückfälle und Spätfolgen		

Taggeld
Nach 2 Tagen Wartefrist werden 80% des zuletzt bezogenen Bruttolohnes ausbezahlt.

Invalidenrente
Steht der Invaliditätsgrad fest, wird eine Rente in der Höhe von max. 80% des letzten Bruttolohnes ausbezahlt.

Hilflosenentschädigung

leichte H.	585
mittlere H.	1 170
schwere H.	1 756

Integritätsentschädigung
Einmalige Entschädigung zur Abgeltung immaterieller Schäden, wie körperliche Schmerzen, verminderte Lebensqualität.

Hinterbliebenenrenten
Witwen-/Witwerrente: max. 40% des letzten Bruttojahreslohnes

Waisenrente:	15%
Vollwaisenrente:	25%

bis Alter 18/25

Alle Hinterbliebenenrenten, maximal 70% des letzten Bruttojahreslohnes

Wenn Sie sowohl gegen Betriebs- wie Nichtbetriebsunfall versichert sind, dürfen Sie den Unfallzusatz aus Ihrer obligatorischen Krankenversicherung ausschliessen. Reichen Sie bei der Krankenkasse eine schriftliche Bestätigung Ihres Arbeitgebers ein.

Gina hat ihren Mann Stefan durch einen Unfall verloren. Stefans Verdienst lag bei 90 000 Franken. Zusammen mit ihren vier Kindern hat Gina aus der UVG-Versicherung höchstens Anspruch auf 70 Prozent, nämlich 63 000 Franken pro Jahr.

Wer hat Anspruch auf eine Witwen-/Witwerrente?

Ein überlebender Ehegatte hat Anspruch auf eine Rente, wenn sie oder er bei der Verwitwung eigene rentenberechtigte Kinder hat oder mit anderen durch den Tod des Ehegatten rentenberechtigt gewordenen Kindern im gemeinsamen Haushalt lebt.

Der überlebende Partner hat ebenfalls Anspruch auf eine Rente, wenn er selber mindestens zu zwei Dritteln invalid ist oder dies binnen zweier Jahre nach dem Todesfall wird.

Eine Witwe hat ebenfalls einen Rentenanspruch, wenn sie bei der Verwitwung Kinder hat, die nicht mehr rentenberechtigt sind, oder wenn sie selber das 45. Altersjahr zurückgelegt hat.

Geschiedene Ehegatten erhalten den Unterhaltsbeitrag, im Maximum jedoch 20 Prozent des letzten Bruttolohns.

Witwen- und Witwerrenten werden den Betroffenen lebenslänglich ausbezahlt, also auch über das Pensionsalter hinaus.

An Witwen und geschiedene Ehefrauen wird je nach Ehedauer eine einmalige Abfindung von einer bis höchstens fünf Jahresrenten ausbezahlt, falls sie die oben genannten Voraussetzungen nicht erfüllen sollten.

Was geschieht beim Austritt aus dem Arbeitsverhältnis?

Während 30 Tagen sind Sie noch UVG-versichert. Anschliessend ist es Ihnen freigestellt, beim bisherigen UVG-Versicherer in die so genannte Abredeversicherung einzutreten. Sie geniessen so während weiterer 180 Tage den vollen Schutz des UVG. Die Prämie geht natürlich zu Ihren Lasten.

Arbeitlose werden obligatorisch durch die SUVA gegen Nichtbetriebsunfälle versichert.

Falls Sie während Ihrer Anstellung den Unfallzusatz aus Ihrer Krankenversicherung ausgeschlossen hatten, müssen sie diesen nun wieder einschliessen.

Die Koordination zwischen der 1. und 2. Säule

Bei einer Invalidität oder einem Todesfall kommen immer zuerst die Leistungen der AHV oder IV zum Tragen. Komplementär, das heisst in Ergänzung werden die Leistungen des BVG oder UVG erbracht.

Damit die Versicherungsdeckung nicht plötzlich höher ist als der vorher bezogene Lohn, hat der Gesetzgeber die Leistungen nach oben beschränkt: Das BVG kürzt seine Leistungen, falls zusammen mit der AHV oder IV 90 Prozent des mutmasslich entgangenen Verdienstes überstiegen werden. Eine frankenmässige Begrenzung kennt das BVG nicht.

Brigitte ist durch ein *Rückenleiden* vollständig invalid geworden. Vor der Krankheit hat sie 70 000 Franken verdient. Die Leistungen aus IV und BVG sehen für sie und ihre drei Kinder folgendermassen aus:

Ungekürzte Leistungen			Gekürzte Leistungen
IV-Rente	24 720.–		24 720.–
IV-Kinderrenten	29 664.–	3 · 9 888.–	29 664.–
	54 384.–		54 384.–
BVG-Rente	28 943.–		5 864.–
Kinderrenten	13 584.–	3 · 4 528.–	2 752.–
	42 527.–		8 616.–
Total	96 911.–		63 000.–
			= 90% von 70 000.–

Sobald ihre Kinder ausgeflogen sind, wird Brigittes Renteneinkommen so aussehen:

IV-Rente	24 720.–
BVG-Rente	28 943.–
Total	53 663.–

Das UVG kürzt bei 90 Prozent des vorherigen Bruttoverdienstes. Im Gegensatz zum BVG werden aber nur Löhne bis zu 106 800 Franken erfasst. Das heisst, die maximale Leistung, die Sie jemals erwarten dürfen, beträgt 90 Prozent von 106 800 Franken, nämlich 96 120 Franken.

Brigitte ist durch einen *Unfall* invalid geworden. Vor dem Unglücksfall hat sie 70 000 Franken verdient. Die Leistungen aus IV und UVG sehen für sie und ihre drei Kinder folgendermassen aus:

Ungekürzte Leistungen			Gekürzte Leistungen
IV-Rente	24 720.–		24 720.–
IV-Kinderrenten	29 664.–	3 · 9 888.–	29 664.–
	54 384.–		54 384.–
UVG-Rente	56 000.–	(80% von 70 000.–)	8 616.–
Total	**110 384.–**		**63 000.–**
			= 90% von 70 000.–

Sobald ihre Kinder ausgeflogen sind, wird Brigittes Renteneinkommen so aussehen:

IV-Rente	24 720.–
UVG-Rente	38 280.–
Total	**63 000.–**

Bei Löhnen, welche über 106 800 Franken liegen, wird eine etwas kompliziertere Rechnung gemacht. Zu den Renten aus AHV/IV und UVG kommt eine entsprechende Rente aus dem BVG. Dabei werden aber nur Leistungen erbracht, die im Rahmen des BVG-Minimums liegen. Diese Renten können bei den meisten Leuten nicht einfach vom Vorsorgeausweis abgelesen werden, da häufig bessere Leistungen versichert sind, sondern müssen separat berechnet werden.

Mit dieser zusätzlichen Leistung aus dem BVG dürfen wiederum 90 Prozent des mutmasslich entgangenen Verdienstes nicht überschritten werden. Bei sehr hohen Löhnen ist es also praktisch unmöglich, diese Grenze zu erreichen.

Katharina hat vor ihrem Unfall 150 000 Franken verdient. Folgende Leistungen erhält sie aus IV und UVG:

IV-Rente	24 720.–	
UVG-Rente	71 400.–	
Total	**96 120.–**	Dazu kommt noch eine Rente im Rahmen des BVG-Minimums, welche aufgrund ihres aktuellen BVG-Standes berechnet wurde.
BVG-Rente	15 900.–	
Total	**112 020.–**	= 74,7% von 120 000.–

Bei einem Todesfall werden die Kürzungen von Hinterbliebenenrenten in gleicher Weise vorgenommen wie bei den Beispielen zur Invalidität.

Reginas Mann ist an Krebs gestorben. Vor seinem Tod hat er 60 000 Franken verdient.
Regina und ihre beiden Kinder erhalten folgende Leistungen:

Ungekürzte Leistungen			Gekürzte Leistungen
AHV			
Witwenrente	19 776.–		19 776.–
Waisenrenten	19 776.–	2 · 9 888.–	19 776.–
	39 552.–		39 552.–
BVG			
Witwenrente	12 000.–		8 027.–
Kinderrenten	9 600.–	2 · 4 800.–	6 421.–
	21 600.–		14 448.–
Total	**61 152.–**		**54 000.–**
			= 90% von 60 000.–

Sobald ihre Kinder ausgeflogen sind, wird Reginas Renteneinkommen so aussehen:

Witwenrente AHV	19 776.–
Witwenrente BVG	12 000.–
Total	**31 776.–**

Witwenschaft – ein Fall für zwei

Ich geh, ein Mensch, durchs Erdenland:
Ein Schneestern in des Meisters Hand,
der aufglänzt und verschwindet.
     Arnold H. Schwengeler

Salome und Gustav sind beide Mitte fünfzig. Während Gustav als selbstständiger Sanitärinstallateur tätig ist, kümmert sich Salome um die ganze Administration, wie anfallende Büroarbeiten und was es in einem Kleinbetrieb sonst noch alles zu erledigen gibt.

Vor kurzem ist der Mann ihrer besten Freundin Erna plötzlich gestorben. Seither kümmert sich Salome recht intensiv um Erna und hat die Unsicherheiten der letzten Wochen hautnah miterlebt. Wer hätte das gedacht? Obschon Erna und Hanspeter einen gutbürgerlichen, wenn nicht sogar etwas gehobenen Lebensstil gepflegt haben, scheint nun nach Hanspeters Tod viel zu wenig vorhanden zu sein. Wahrscheinlich wird Erna das Haus in absehbarer Zeit verkaufen müssen, um überhaupt über die Runden zu kommen. Da die Hypothekarschulden hoch sind, wird sie allerdings keinen allzu grossen Gewinn machen. Zudem sind auch noch Steuerschulden in der Höhe von 30 000 Franken da. Der Sohn, welcher kurz vor Ausbildungsende steht, wird wohl ein Stipendium beantragen können. Erna, die vor Jahren aus dem Erwerbsleben ausgeschieden ist, muss nun versuchen, wieder darin Fuss zu fassen. Im Alter von siebenundfünfzig Jahren ist dies eine echte Herausforderung.

Kein Wunder, dass sich Salome in letzter Zeit vermehrt Gedanken darüber macht, wie die Situation wohl für sie aussähe, falls Gustav plötzlich sterben sollte. Ihr Mann, dem sämtliche Versicherungsfragen ein Gräuel sind, lässt sich davon überzeugen, eine Analyse zu erstellen und die ganze Sachlage beleuchten zu lassen.

Ausgangslage

Salome	Alter	56
	Beruf	Familienfrau/ Geschäftsfrau
	Zivilstand	verheiratet
	Jährliches Einkommen	–
	Sparkonto	10 000
	Obligationen	20 000
	Pensionskasse	keine
	Säule 3a	keine
Gustav	Alter	55
	Beruf	selbstständiger Sanitärinstallateur
	Zivilstand	verheiratet
	Jährliches Einkommen	80 000
	Sparkonto	15 000
	Aktienportefeuille	250 000
	Eigenheim	650 000
	Pensionskasse	keine
	Vorsorgepolice Säule 3a	230 000
Gemeinsames Vermögen	Familienkonto	20 000
	Geschäft	300 000
Gemeinsame Kinder	Erich	25-jährig
	Sandra	23-jährig
	Pia	21-jährig
	Alle Kinder sind schon ausgeflogen.	

Vor einigen Jahren hat Gustav das nun von ihnen bewohnte Elternhaus und ein Aktienportefeuille geerbt. Deswegen ist sein eigener Anteil am Gesamtvermögen relativ gross.

Folgende Fragen sollen beantwortet werden:
▶ Welchen finanziellen Bedarf hat Salome, falls sie alleine zurückbleibt?
▶ Wie sieht die Vorsorgesituation beim Tod von Gustav aus?
▶ Wie sieht die erbrechtliche Situation aus?
▶ Wie kann für Salome optimal vorgesorgt werden?

Der finanzielle Bedarf einer Einzelperson

Salome setzt sich also hin, macht ein Budget und staunt: Für sich alleine braucht sie beinahe gleich viel wie bisher zu zweit. Insbesondere die Kosten fürs Haus bleiben gleich hoch, ob nun eine oder mehrere Personen drin wohnen.

Ausgaben

Hypothekarzinsen	1 500
Nebenkosten	500
Steuern (Annahme)	1 200
Krankenkasse	250
Hausrat/Privathaftpflicht	50
Telefon/Radio/TV	120
Zeitungsabonnemente	40
Auto (Unterhalt, Steuern, Versicherung, Benzin)	400
Haushalt (Nahrung, Getränke, Nebenkosten)	600
Kleider	250
Persönliche Auslagen	200
Freizeit/Ferien	250
Geschenke/Spenden	200
Rückstellungen/Zahnarzt/Franchise	100
Unvorhergesehenes	100
Total Ausgaben	**5 760**

Salome geht also von einem monatlichen Bedarf von rund 6000 Franken aus, wobei sie nirgends zu knapp gerechnet hat.

Die Vorsorgesituation

Gustav war noch nie ein grosser Freund der Versicherungsbranche und ist deshalb der Meinung, dass die Selbstvorsorge im Rahmen seiner Arbeitskraft immer noch die solideste Absicherung sei. Seinerzeit hat er sich nach langem Hin und Her zum Abschluss der Vorsorgepolice 3a bewegen lassen, weil Salome ihn dazu gedrängt hat. Er ist davon überzeugt, dass sie beide genügend angespart hätten, damit sowohl bei seinem frühzeitigen Ableben als auch nach der Pensionierung kein Mangel herrschen würde. Neben dem privaten Vermögen steht ja auch noch das Geschäft zur Verfügung, welches verkauft werden soll.

Ein Geschäft zu verkaufen ist allerdings nicht immer ganz einfach, insbesondere bei kleinen Einzelfirmen. Je nach Marktlage wird es unter Umständen schwierig sein, einen interessierten Käufer zu finden.

Als selbstständiger Unternehmer ist Gustav nicht dem BVG angeschlossen. An Vorsorgeleistungen sind also nur die Witwenrente der AHV zu erwarten sowie das Todesfallkapital aus der dritten Säule.

Salome bestellt bei der AHV die IK-Auszüge für Gustav. Die Berechnungen ergeben, dass für Salome die maximale Witwenrente zur Verfügung steht. Die Vorsorgepolice wird zwar in Form einer einmaligen Kapitalauszahlung ausgeschüttet. Der Einfachheit halber lässt sich Salome ausrechnen, wie viel sie erwarten darf, wenn sie das Geld anschliessend in eine lebenslängliche Leibrente investiert. Dabei darf sie nicht vergessen, dass die Auszahlung noch besteuert wird. Statt 230 000 Franken wird sie rund 200 000 Franken in die Rente einbringen können.

Salomes Einkommen als Witwe

AHV-Witwenrente	1 648.–
Private Leibrente	870.–
Total Einkommen	**2 518.–**

Vorläufig fehlen also noch rund 3500 Franken, um das gewünschte Einkommen von 6000 Franken zu erzielen. Gustav ist der Meinung, dass dazu genügend private Mittel vorhanden sind.

Die erbrechtliche Situation

Wenn es darum geht, das private Vermögen in die Vorsorge einzubeziehen, muss zuerst die erbrechtliche Situation geklärt werden. Da Salome und Gustav im Güterstand der Errungenschaftsbeteiligung stehen, erfolgt als Erstes die güterrechtliche Auseinandersetzung, um den jeweiligen Nachlass zu bestimmen.

Aus der Praxis: Witwenschaft

Eigengut Salome		Eigengut Gustav		Errungenschaft	
Sparkonto	10 000	Sparkonto	15 000	Familienkonto	20 000
Obligationen	20 000	./. Kosten für die Beerdigung	10 000	Geschäft	300 000
		Aktienportefeuille	250 000		
		Eigenheim	650 000		
		./. Hypotheken	400 000		
Total Eigengut	**30 000**	**Total Eigengut**	**505 000**	**Total Vorschlag**	**320 000**
	160 000		160 000		
		½		½	
Total Nachlass	**190 000**	**Total Nachlass**	**665 000**		

Salome und Gustav haben bisher keine besonderen Vorkehrungen getroffen, weshalb Gustavs Nachlass der gesetzlichen Erbteilung unterliegt.

Die Verteilung von Gustavs Nachlass

Salome 332 500   Kinder 332 500

Wenn die Kinder ihren Anteil in Form von Aktien und Bargeld entgegennehmen, Salome hingegen das Haus behält, sieht die Situation so aus:

Salomes Vermögen nach der Erbteilung

Verfügbares Vermögen		Gebundenes Vermögen	
Eigenes Sparkonto	10 000	Haus abzüglich Hypotheken	250 000
Obligationen	20 000		
Halber Vorschlag	160 000		
Gustavs Sparkonto	5 000		
Aktien	77 500		
Total	272 500		

Salome überlegt sich, dass es für sie wohl das Einfachste wäre, weitere 250 000 Franken in Rentenform anzulegen. Sie weiss zwar, dass sie eigentlich noch zu jung ist, um eine wirklich gute Leistung zu erhalten, aber der Sicherheitsaspekt hat für sie absoluten Vorrang.

Salomes Einkommen nach der Erbteilung

AHV-Witwenrente	1 648.–	Liquiditätsreserve	22 500.–
Rente aus Säule 3a	870.–		
Rente aus Erbschaft	1 090.–		
Total Einkommen	**3 608.–**		

Gustav ist erstaunt, als er sieht, dass Salome offensichtlich doch nicht so gut versorgt ist, wie er gemeint hat. Immerhin fehlen ihr nach wie vor mehr als 2000 Franken, um das gewünschte Einkommen von 6000 Franken zu erzielen.

So wird Salome besser gestellt

Salome und Gustav schliessen einen kombinierten Ehe- und Erbvertrag ab. Darin wird bestimmt, dass dem überlebenden Ehegatten der gesamte Vorschlag zugewiesen wird.
Gleichzeitig werden die Kinder auf den Pflichtteil gesetzt. Sie erhalten also nur noch 189 375 Franken.

Salomes Vermögen nach der Besserstellung

Verfügbares Vermögen		Gebundenes Vermögen	
Eigenes Sparkonto	10 000	Haus abzüglich Hypotheken	250 000
Obligationen	20 000		
Gesamter Vorschlag	320 000		
Gustavs Sparkonto	5 000		
Aktien	60 625		
Total	415 625		

Aus der Praxis: Witwenschaft

Wenn Salome nun 400 000 Franken in eine Rente investiert, sieht ihre Einkommenssituation wesentlich besser aus als bis anhin:

Salomes Einkommen nach der Besserstellung

AHV-Witwenrente	1 648.–	Liquiditätsreserve	15 625.–
Rente aus Säule 3a	870.–		
Rente aus Erbschaft	1 740.–		
Total Einkommen	**4 258.–**		

Noch immer fehlen rund 1800 Franken. Aber Gustav hat inzwischen eingesehen, dass er die Sache bisher zu sehr auf die leichte Schulter genommen hat. Er investiert einen Teil des Aktienportefeuilles in eine Einmaleinlageversicherung, damit bei seinem Tod eine zusätzliche Versicherungssumme zum Tragen kommt. Zudem schliesst er eine Todesfallrisikoversicherung über 400 000 Franken ab, die sich sogar über das Pensionsalter bis zu seinem siebzigsten Altersjahr erstreckt. Das ist in seinem Alter zwar nicht mehr ganz billig, aber die Prämie reut ihn keineswegs.

Salome und Gustav sind beide zufrieden mit dieser Lösung. Während Salome beruhigt ist, hat Gustav gelernt, den bisher verdrängten Tatsachen ins Auge zu blicken. Schliesslich sind sie seit Jahren ein gutes Team, das über den Tod hinaus zueinander stehen sollte.

Salome hat für ihre Einkommensplanung einen sehr konservativen Weg gewählt. Eine etwas weniger sicherheitsbewusste Frau hätte ihr Geld vielleicht eher in einer Kombination von Einmaleinlagen und einem Wertschriftenportefeuille angelegt, um zusätzliches Wachstum zu erzielen.

Das Wichtigste in Kürze
▶ Witwenschaft kann zu knappen finanziellen Verhältnissen führen.
▶ Besonders angewiesen auf eine gute Versorgung sind Frauen, die seit langer Zeit aus dem Erwerbsleben ausgeschieden sind.
▶ Der finanzielle Bedarf einer Einzelperson liegt nicht viel tiefer als der eines Ehepaars.
▶ Wenig Errungenschaft und viel Eigengut kann beim Erben zu einer Schieflage führen: Es fällt mehr Vermögen in den Nachlass, welcher mit den Kindern geteilt werden muss.
▶ Der überlebende Ehegatte kann besser gestellt werden, indem ihm der gesamte Vorschlag zugewiesen wird und die Kinder auf den Pflichtteil gesetzt werden.

Pensionierung – rechtzeitig geplant

Welche Freude, wenn es heisst:
Alter, du bist alt an Haaren,
aber blühend ist dein Geist.
     Gotthold Ephraim Lessing

Monika ist am 1. Januar dieses Jahres fünfundfünfzig Jahre alt geworden. Seit Jahren ist sie als erfolgreiche Produktmanagerin bei einer Importfirma tätig. Es macht ihr zwar nichts aus, in der Firma bereits zum «alten Eisen» gezählt zu werden, doch seit einiger Zeit liebäugelt Monika des Öfteren mit einer Frühpensionierung. Am liebsten bereits im Alter von sechzig Jahren, nämlich am 1. Januar 2006. Ihre «offizielle» Pensionierung wird erst in neun Jahren – also mit vierundsechzig – eingeläutet. Da stellt sich natürlich die Frage, ob derartige Wünsche finanzierbar sind.

Ausgangslage	
Monika	
Alter	55
Beruf	Produktmanagerin
Zivilstand	ledig
Jährliches Einkommen	120 000

Aus der Praxis: Pensionierung

Aktueller Vermögensstand am 1.1.2001

Aktiven (Guthaben)		Passiven (Schulden)	
Freies Vermögen			
Lohnkonto	8 000		
Sparkonto	20 000		
Gemischter Fonds	150 000		
Obligationen	100 000		
Aktien	150 000	1. Hypothek	290 000
Eigentumswohnung Verkehrswert	450 000		
Gebundenes Vermögen			
Pensionskasse	406 000		
Säule 3a	50 000		
	1 334 000		290 000
		Total Vermögen	1 044 000
	1 334 000		1 334 000

Gesetzliche Erben: Schwester Dorothee und Bruder Jack
Eingesetzte Erben: Patenkinder, Nichten und Neffen

Folgende Fragen sollen beantwortet werden:
▶ Mit welchen Ausgaben ist nach der (vorzeitigen) Pensionierung zu rechnen?
▶ Wie hoch ist die finanzielle Einbusse gegenüber einer regulären Pensionierung?
▶ Welche privaten Mittel müssen zur Überbrückung zur Verfügung stehen?
▶ Soll ein Vorbezug der AHV-Rente gemacht werden und welches sind die Konsequenzen?
▶ In welcher Höhe müssen weiterhin AHV-Beiträge entrichtet werden?
▶ Soll anstelle einer BVG-Altersrente die Kapitaloption gewählt werden?
▶ Gibt es eine massgeschneiderte Lösung für Monika?

Übersicht über die zu erwartenden Ausgaben

Wie viele Leute tut sich Monika vorerst schwer damit, bereits heute etwas zu den Ausgaben nach ihrer Pensionierung sagen zu können. Damit jedoch sorgfältig geplant und gerechnet werden kann, sollten einigermassen konkrete Zahlen vorliegen.

Faustregel für den Einkommensbedarf nach der Pensionierung
Bei einem Einkommen unter 100 000 Franken geht man von einem
Bedarf von 80 bis 90 Prozent aus, darüber reichen in der Regel 70 Prozent
des früheren Gehaltes.
Für Monika mit einem heutigen Einkommen von 120 000 Franken ent-
spricht dies einem Bedarf von rund 84 000 Franken.

Ausgaben

Hypothekarzinsen	1 450
Nebenkosten	300
Steuern (Annahme)	1000
Krankenkasse	350
Hausratversicherung/Privathaftpflicht	70
Telefon/Radio/TV	120
Zeitungsabonnemente	50
Auto (Unterhalt, Steuern, Versicherung, Benzin)	400
Haushalt (Nahrung, Getränke, Nebenkosten)	700
Kleider	500
Persönliche Auslagen	250
Freizeit/Ferien	500
Geschenke/Spenden	500
Rückstellungen/Zahnarzt/Franchise	300
Unvorhergesehenes	500
Total Ausgaben	**6 990**

Bei allen Auslagen hat Monika einen etwas höheren Betrag eingesetzt, um
damit der künftigen Teuerung Rechnung zu tragen.

Veränderte Leistungen im Vergleich zu einer regulären Pensionierung

Die zu erwartenden Leistungen aus AHV und BVG herauszufinden ist keine
Hexerei.
Monika bestellt bei der AHV ihre IK-Auszüge. Der Berechnung ist zu
entnehmen, dass sie dereinst mit der maximalen Altersrente rechnen darf.
Die BVG-Rente ab Alter vierundsechzig entnimmt sie dem aktuellen
Vorsorgeausweis.

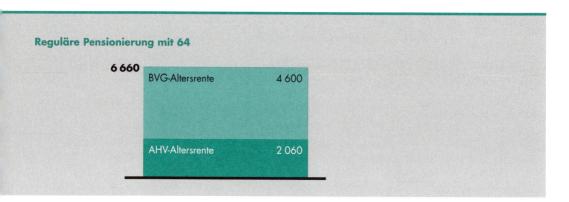

Reguläre Pensionierung mit 64

6 660

| BVG-Altersrente | 4 600 |
| AHV-Altersrente | 2 060 |

Die kleine Differenz von rund 400 Franken ist in Anbetracht von Monikas Vermögen leicht zu decken.

Zunächst konsultiert Monika ihr Pensionskassenreglement um herauszufinden, ob dort vielleicht sogar eine vorzeitige Pensionierung vorgesehen ist. Erfreulicherweise ist dies der Fall, Monika darf sich – natürlich mit reduzierten Leistungen – bereits mit sechzig Jahren pensionieren lassen. Bei dieser Gelegenheit wendet sich Monika auch gleich an ihren Arbeitgeber, um ihm ihre Pensionswünsche mitzuteilen. Nicht schlecht, die Firma ist sogar bereit, ihre Frühpensionierung mit einer Überbrückungsrente mitzufinanzieren.

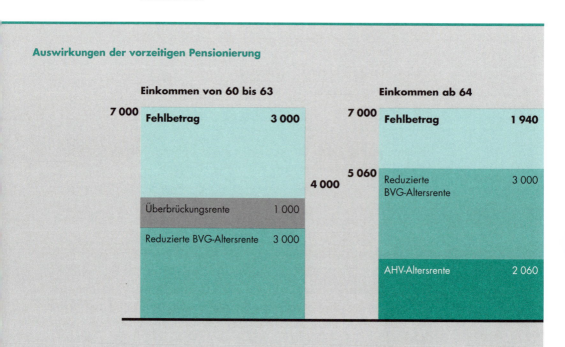

Auswirkungen der vorzeitigen Pensionierung

Einkommen von 60 bis 63

7 000

Fehlbetrag	3 000
Überbrückungsrente	1 000
Reduzierte BVG-Altersrente	3 000

4 000

Einkommen ab 64

7 000

Fehlbetrag	1 940
Reduzierte BVG-Altersrente	3 000
AHV-Altersrente	2 060

5 060

Während vier Jahren besteht also ein zusätzlicher Bedarf von 36 000 Franken pro Jahr, was insgesamt 144 000 Franken ausmacht. Nach der Pensionierung fehlen jedes Jahr immer noch 23 300 Franken.

Was sie auch nicht vergessen darf, ist die ständige Teuerung, welche sie zwingen wird, nach und nach höhere Beträge aus ihrem Privatvermögen zu beziehen. Allerdings wird die Rente der AHV und nach der 1. BVG-Revision wahrscheinlich auch die BVG-Rente der Teuerung angepasst.

Die Inflation nagt an Ihrem Geld

Bei einer jährlichen Teuerungsrate von 2,5 Prozent sind Ihre heutigen 100 Franken in 27 Jahren gerade noch die Hälfte wert. Liegt die Teuerung bei 3,5 Prozent, halbiert sich Ihr Geld in nur 20 Jahren.

Obschon derartige Zahlen aus heutiger Sicht astronomisch anmuten, lohnt es sich unbedingt, den Kaufkraftverlust Ihres Geldes in die Pensionsplanung einzubeziehen.

Sie könnten ja sehr alt werden, nicht?

Wenn Monika von einer jährlichen teuerungsbedingten Steigerung ihrer Vermögensentnahmen von 2,5 Prozent ausgeht, wird sie in zwanzig Jahren bereits gegen 35 000 Franken beziehen müssen, in dreissig Jahren sogar über 42 000 Franken.

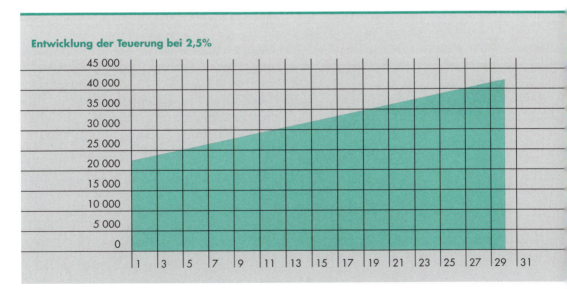

Entwicklung der Teuerung bei 2,5%

Monika wirft einen Blick auf ihr Vermögen – reicht dieses denn überhaupt aus, um diesen enormen Bedarf zu decken? Bei einer geschätzten Nettoentwicklung von 7 Prozent wird ihr Wertschriftenportefeuille bis Anfang Januar 2006 etwas über 560 000 Franken betragen.

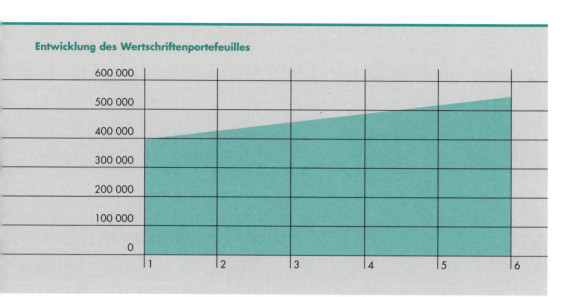

Entwicklung des Wertschriftenportefeuilles

Dazu kommt die Auszahlung der Säule 3a, die bei einem Durchschnitts-
wachstum von 4 Prozent nach Steuern um die 88 000 Franken betragen wird.
Es stehen also rund 648 000 Franken zur Verfügung. Wenn Monika in den
ersten vier Jahren jedes Jahr 36 000 Franken bezieht und ab 2010 mit 23 300
Franken beginnend eine jährliche Entnahmesteigerung von 2,5 Prozent
einkalkuliert, wird ihr Vermögen erst im Alter von sechsundneunzig Jahren
aufgebraucht sein. Dies, wenn mit einer vorsichtig kalkulierten, durchschnittlichen Nettoverzinsung von 4 Prozent gerechnet wird.

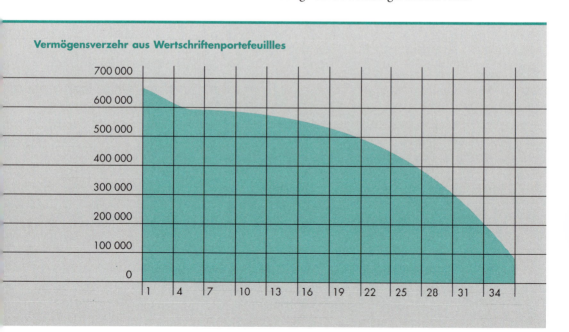

Vermögensverzehr aus Wertschriftenportefeuillles

Nach diesen beruhigenden Berechnungen ist der Wunschtraum der vorzeitigen Pensionierung ein ganzes Stück näher gerückt. Monika ist äusserst erfreut.

Vorbezug der AHV

Monika hat gehört, dass es für Frauen besonders attraktiv ist, die AHV-Rente vorzubeziehen. Da Monika mit Jahrgang 1946 zu den Glücklichen gehört, welche statt einer Kürzung von 6,8 Prozent nur eine von 3,4 Prozent pro vorbezogenes Jahr in Kauf nehmen müssen, stimmt diese Aussage. Sie kann mit zweiundsechzig Jahren die AHV-Rente vorbeziehen, was aber eine lebenslängliche Kürzung von insgesamt 6,8 Prozent zur Folge hat.

Lohnt sich denn ein AHV-Vorbezug?
In den ersten beiden Jahren erhält Monika ein jährliche Rente von 21 991 Franken. Insgesamt bezieht sie also 43 982 Franken, die sie ohne Vorbezug nicht erhalten würde. Ab dem offiziellen Pensionsalter beträgt ihre gekürzte Rente 23 039 Franken anstatt der maximalen Rente von 24 720 Franken. Lebenslang muss sie also eine Kürzung von jährlich 1681 Franken in Kauf nehmen.
Wenn wir ausrechnen, wie lange es geht, bis sich dieser Betrag so weit kumuliert hat, um die bereits bezogenen 43 982 Franken zu übersteigen, sehen wir, dass es mehr als sechsundzwanzig Jahre dauert, bis sich der Vorbezug nicht mehr gelohnt hat. Monika kann also über neunzig Jahre alt werden. Kein schlechtes Geschäft!

AHV-Beiträge

Monika weiss, dass sie auch bei einer Frühpensionierung weiterhin Beiträge an die AHV entrichten muss. Dabei werden die Beiträge aufgrund des Vermögens erhoben. Sie hat gehört, dies sei sehr teuer.

Monikas AHV-Beiträge als Nichterwerbstätige

Steuerbares Vermögen	790 000	
BVG-Rente	720 000	20 · 36 000
Überbrückungsrente	240 000	20 · 12 000
Total Vermögen	1 750 000	

Monika bezahlt einen jährlichen Beitrag von 3434 Franken. Zum Vergleich: Auf ihrem heutigen Einkommen zahlt sie 3030 Franken. Dazu kommt aber auch noch der Abzug für die Arbeitslosenversicherung von jährlich 1734 Franken, welchen sie nach Aufgabe ihrer Erwerbstätigkeit natürlich nicht mehr entrichten muss.

Kapitaloption statt Rente?

Als alleinstehende Frau hat sich Monika schon immer darüber geärgert, dass im Falle ihres Ablebens das gesamte angesammelte BVG-Kapital an die Pensionskassenstiftung zurückfallen wird. Es kommt ihr daher sehr gelegen, dass im Reglement auch die Kapitaloption vorgesehen ist. Denn sobald das Kapital in ihren privaten Geldtopf geflossen ist, kann sie ihre vorgesehenen Erben damit begünstigen.

In der Regel muss die Kapitaloption spätestens *drei Jahre vor Rentenbezug* schriftlich bei der BVG-Stiftung angemeldet werden. Da im vorliegenden Pensionskassenreglement bereits eine Pensionierung mit sechzig vorgesehen ist, darf Monika den Termin nicht verpassen. Sie muss das Gesuch spätestens vor ihrem siebenundfünfzigsten Geburtstag einreichen. Wenn sie sich einmal für den Kapitalbezug entschieden hat, ist eine nachträgliche Besinnung auf Rentenbezug nicht vorgesehen. Also gilt es, die Vor- und Nachteile der beiden Varianten sorgfältig gegeneinander abzuwägen.

Pensionskassenrente	Kapitaloption
Vorteile	**Vorteile**
– Sicherheit – Garantie auf Lebzeiten – problemloses, monatliches Einkommen – keine Anlage-Planung nötig	– massgeschneiderte Lösung möglich – flexibel – Risiko-/Renditeprofil der Anlage kann selber gewählt werden – kein Kapitalverlust im Todesfall – steuerlich interessante Anlagen möglich
Nachteile	**Nachteile**
– unflexibel, es können später keine Änderungen gemacht werden – Kapitalverlust im Todesfall – die Rente ist zu 100% als Einkommen zu versteuern	– Kapitalleistungssteuer schmälert die Auszahlung – Planung bis ins hohe Alter nötig – keine Garantien – Fehlplanungen können zu einem verfrühten Verbrauch des Kapitals führen

Monika lässt sich von ihrer Pensionskasse eine Hochrechnung erstellen, der sie entnehmen kann, mit welchem Kapital sie mit sechzig Jahren rechnen kann.

Kapitaloption

Vorhandenes Alterskapital	592 000
./. einmalige Kapitalleistungssteuer	./. 87 000
	505 000
Wertschriftenportefeuille	648 000
Zur Verfügung stehendes Kapital	**1 153 000**

Nun stellt sich die Frage, ob Monika es sich leisten kann, auf die sichere, lebenslängliche BVG-Rente zu verzichten, indem sie das Kapital auf eigene Faust verwaltet und Stück um Stück aufbraucht. Immerhin muss sie nun jeden Monat anstelle der Pensionskassenrente von 3000 Franken eine andere Einkommensquelle finden.

Eine massgeschneiderte Lösung

Um eine ausgewogene Balance zwischen regelmässigem Einkommen und einem möglichst hohen Wachstum des Vermögens zu erzielen, wird Monikas Vermögen in drei Teile geteilt und in verschiedenen «Tresoren» gelagert.

Tresor 1 ist für das Bezugskapital reserviert. Es werden zu Beginn 600 000 Franken eingelegt. Hier wird nicht ein grosses Wachstum erwartet, sondern vielmehr der kontinuierliche Vermögensverzehr angestrebt. Um auf dem unverbrauchten Kapital eine Zielrendite von 4 Prozent zu erreichen, eignen sich Instrumente wie Lohn- und Sparkonto (für den unmittelbaren Jahresbedarf), zeitlich gestaffelte Obligationen und klassische Einmaleinlagen sowie geldwertlastige Fonds.
Auch hier wird der Bezug laufend der Teuerung angepasst und deshalb jährlich um 2,5 Prozent gesteigert. Innerhalb von elf Jahren wird Tresor 1 aufgebraucht sein.

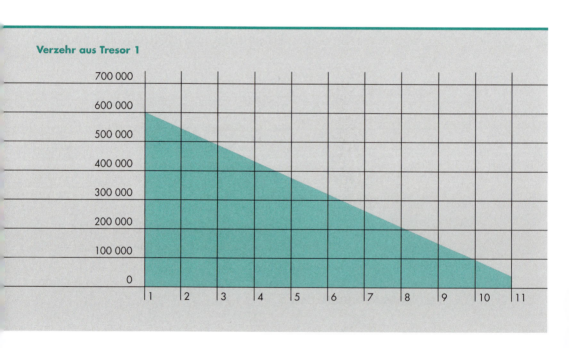

Verzehr aus Tresor 1

Tresor 2 ist ein Wachstumstopf. Er wird mit 253 000 Franken bestückt und soll in den kommenden elf Jahren zu einem gut gefüllten Gefäss anschwellen. Als Anlageinstrumente kommen hier Aktien oder Aktienfonds in Frage. Eine durchschnittliche Entwicklung von 10 Prozent wird bei diesem zeitlichen Horizont erwartet. Natürlich muss Tresor 2 regelmässig überprüft werden, damit das Anlageziel von rund 660 000 Franken auch wirklich erreicht wird.

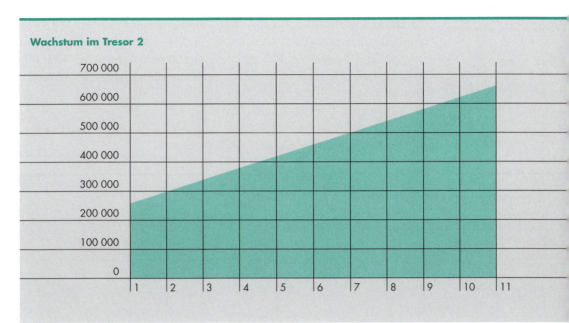

Wachstum im Tresor 2

Nach Ablauf von elf Jahren wird Tresor 2 in eine konservative Anlage-strategie wie der bisherige Tresor 1 umgeschichtet. Aus dem Wachstums-kapital wird Bezugskapital, welches nach den gleichen Prinzipien wie bisher verzehrt wird; natürlich stets im Rahmen der teuerungsbedingten Steige-rung. Das angesparte Kapital reicht diesmal während zehn Jahren aus. In der Zwischenzeit wird Monika einundachtzig Jahre alt sein.

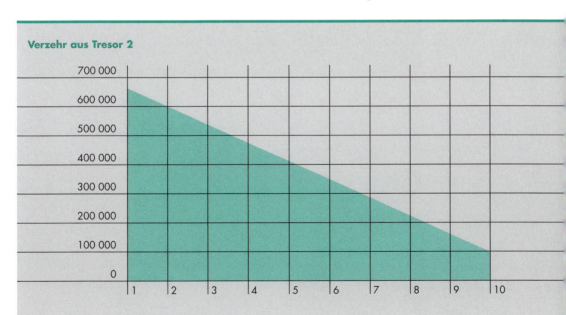

Verzehr aus Tresor 2

In **Tresor 3** wartet eine aufgeschobene, fondsgebundene Leibrente darauf, zum Einsatz zu gelangen. In Anlehnung an die beiden anderen Tresore wird mit der Einlage von 300 000 Franken eine Aufschubsdauer von einundzwanzig Jahren vereinbart. Im Alter von einundachtzig Jahren wird Monika froh sein, nun noch über einen Topf zu verfügen, der niemals leer wird, ob sie nun neunzig oder gar hundert Jahre alt werden soll.

Eine Leibrente erst im fortgeschrittenem Alter einzusetzen macht Sinn: Je älter Monika ist, desto höher fällt die Rente aus.

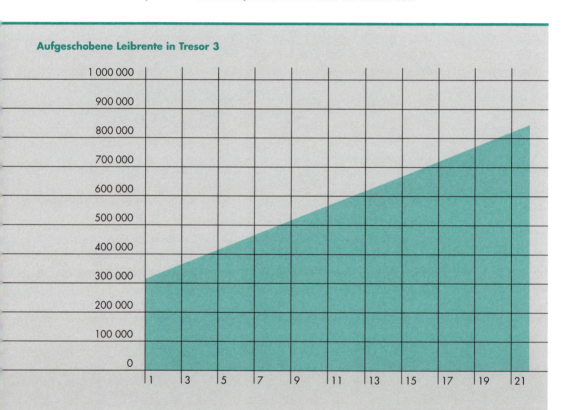

Aufgeschobene Leibrente in Tresor 3

Lebenslängliche Rente von rund 70 000 Franken

Die Wahl ist auf eine fondsgebundene Leibrente gefallen, da diese neben der garantierten Rente ein ansehnliches Wachstumspotenzial hat, gerade wegen der langen Aufschubsdauer. Je nach Entwicklung wird Monika mit einer Jahresrente um die 70 000 Franken rechnen können.

Da natürlich in Bezug auf die beiden anderen Tresore ein gewisses Risiko besteht, dass die Entwicklungsprognosen allzu optimistisch angesetzt werden, sollte sich Monika für eine Gesellschaft entscheiden, die ihr eine flexible Aufschubszeit zugesteht. Somit besteht immerhin die Möglichkeit, die – wenn auch tiefere – Rente früher zu beziehen.

Und was Monika besonders gefällt: da es sich um eine Leibrente mit Rückgewähr handelt, wird bei ihrem frühzeitigen Tod das unverbrauchte Kapital an ihre Erben zurückerstattet.

Im Gegensatz zum vorangehenden steuerfreien Kapitalverzehr muss die Leibrente zu 40 Prozent als Einkommen versteuert werden. Im Hinblick auf die Sicherheit ist dies nicht ein allzu grosser Nachteil, findet Monika.

Das Wichtigste in Kürze
▶ Die Pensionsplanung kann fast nicht früh genug beginnen – insbesondere bei einer Frühpensionierung.
▶ Der Einkommensbedarf nach der Pensionierung beträgt zwischen 70 und 90 Prozent, je nach Höhe des vorangehenden Einkommens.
▶ Die Inflation muss immer berücksichtigt werden.
▶ Für Frauen bis und mit Jahrgang 1947 lohnt sich ein Vorbezug der AHV-Rente.
▶ Nichterwerbstätige zahlen AHV-Beiträge auf dem Vermögen.
▶ Wer die Kapitaloption statt einer BVG-Rente wählt, muss sich vermehrt um die Anlage des Vermögens kümmern.
▶ Eine Etappenlösung mit gleichzeitigem Bezugs- und Wachstumskapital lohnt sich in den meisten Fällen.

Anhang

Nützliche Adressen und Links

Budget

Arbeitsgemeinschaft Schweizerischer Budgetberatungsstellen
Hashubelweg 7
5014 Gretzenbach
Telefon 062 489 42 45
www.asb-budget.ch

www.frauenzentrale.ch
Adressen für Budgetberatung

Vorsorge/Versicherungen

Bundesamt für Sozialversicherung
Effingerstrasse 33
3003 Bern
Telefon 031 322 90 11
www.bsv.admin.ch

Bundesamt für Privatversicherungswesen
Friedheimweg 14
3003 Bern
Telefon 031 322 79 11
www.bpv.admin.ch

Stiftung Auffangeinrichtung BVG
Postfach 4338
8022 Zürich
Telefon 01 267 73 73

www.vorsorgeforum.ch
Daten und Fakten zu allen Bereichen der beruflichen Vorsorge

Stiftung zum Schutz der Versicherten (ASSI)
Postfach
4223 Blauen

Ombudsmann der Privatversicherung
Kappelergasse 15
8022 Zürich
Telefon 01 211 30 90

Ombudsmann der sozialen Krankenversicherung
Morgartenstrasse 9
6003 Luzern
Telefon 041 210 70 55

SUVA Schweizerische Unfallversicherungsanstalt
Postfach
6002 Luzern
Telefon 041 419 51 11
www.suva.ch

Produktevergleiche
www.bilanz.ch/service/renditetest
www.konsumenteninfo.ch (Versicherungen/Krankenkasse)

Informationsservice für Pensions- und Rentenplanung
www.rente-oder-kapital.ch

Kapitalanlagen

Eidgenössische Bankenkommission
Schwanengasse 12
3001 Bern
Telefon 031 322 69 11
www.ebk.admin.ch

Schweizerischer Bankenombudsmann
Schweizergasse 21
Postfach 8021
8001 Zürich
Telefon 01 213 14 50

Schutzgemeinschaft der Investoren Schweiz SIS
Zollikerstrasse 4
8032 Zürich
Telefon 01 387 98 60
www.investorenschutz.ch

Kampagne Anlagebetrug
www.stoppbetrug.ch

Finanzseiten für Frauen
www.frauengeld.ch
www.frauenfinanzseite.de
www. frauenfinanztreff.de
www.cassandrasrevenge.com

Internetportale
www.borsalino.ch
www.finanzinfo.ch
www.moneycab.com
www.swissinvest.com
www.swissquote.ch
www.wallstreet-online.de

Produktevergleiche
www.konsumenteninfo.ch (Finanzen/Online-Broker)

Umfassendes Finanzglossar
www.tomorrow-business.de/lexikon

Immobilien

Schweizerischer Hauseigentümerverband
Mühlebachstrasse 70
8032 Zürich
Telefon 01 262 22 70
www.shev.ch

Immobilien schätzen
www.wuestundpartner.com
www.iazi.ch

Nachhaltige Anlagen

Aktionärinnen für nachhaltiges Wirtschaften
Solothurnerstrasse 107
4600 Olten
Telefon 062 213 04 45

Centre Info SA
Sustainable investment consulting
rue de Romont 2
1700 Fribourg
Telefon 026 322 06 14
www.centreinfo.ch

Erklärung von Bern (EvB) für solidarische Entwicklung
Quellenstr. 25/Postfach 8031
8005 Zürich
Telefon 01 277 70 00
www.evb.ch
www.abs.ch (Alternative Bank Schweiz)
www.indexes.dowjones.com (Dow Jones Sustainability Group Index)
www.irrc.com (Investors Responsibility Research Center)
www.ethicalinvesting.com
www.greenmoney.com
www.oeko-invest.de
www.socialinvest.org (Social Investment Forum)

Fraueninvestmentclubs

Finanz-und-Investment-Planungs-Schule FIPS
Smart Ladies' Investment Club SLIC
Aus- und Weiterbildung/Learning by doing – Investmentgruppen
Postfach 20
8142 Uitikon
Telefon 01 737 00 52
www.slic.ch/www.fips.ch

Frauen-Investment-Club Zürich (FICZ)
Freigutstrasse 4 / Postfach
8027 Zürich
Telefon 01 201 20 01

Steuern

Eidgenössische Steuerverwaltung/ Informationsstelle für Steuerfragen
Eigerstrasse 65
3003 Bern
Telefon 031 322 71 06 / 031 322 71 48
www.estv.admin.ch

www.steuerkonferenz.ch
Informationen und Adressen der kantonalen Steuerverwaltungen

Erb- und Güterrecht/Scheidung

Schweizerischer Verein für Mediation SVM
Rankried 8
6048 Horw
Telefon 041 342 17 63
www.mediation-svm.ch
www.infomediation.ch

Schweizer Anwaltsverband
Bollwerk 21, Postfach 8321
3001 Bern
Telefon 031 312 25 05

Schweizerischer Notarenverband
Gerechtigkeitsgasse 52
3000 Bern 8
Telefon 031 310 58 40

www.frauenzentrale.ch
Adressen für Rechtsberatung und Alimenteinkasso

Business und Vernetzung

www.bsf.ch
Alliance F, Bund Schweizerischer Frauenorganisationen

www.bpw.ch
Business and Professional Women BPW Switzerland

www.ewmd.org
European Women's Management Development Network

www.foka.ch
Forum Kaufmännischer Berufsfrauen Schweiz

www.frauen.ch
frauens.CHweiz das Webverzeichnis für die Frau

www.kmufrauenschweiz.ch
KMU Frauen Schweiz

www.lipstick-to-laptop.ch
Coaching für die Frau in der Businesswelt

www.nefu.ch
NEFU Netzwerk für Einfrau-Unternehmerinnen

www.soroptimist.ch
Soroptimist International

www.unifemmes.ch
SVA Schweizerischer Verband der Akademikerinnen

www.frauen-unternehmen.ch
Verein Frauen Unternehmen

www.wirtschaftsfrauen.ch
Wirtschaftsfrauen Schweiz

www.zonta.ch
Zonta International

Literaturhinweise

Arbeitsgemeinschaft Schweizerischer Budgetberatungsstellen
Auskommen mit dem Einkommen
Orell Füssli Verlag, Zürich 1998

Baud Gertrud / Gabathuler Thomas
Alles Wichtige zum neuen Scheidungsrecht
Saldo Ratgeber, Zürich 1999

Böckhof Michael/Stracke Guido
Der Finanzplaner
Sauer-Verlag, Heidelberg 1999

Bollier Gertrud E.
Leitfaden der Schweizer Sozialversicherung
Verlag Stutz Druck AG, Wädenswil 2001

Botti Giuseppe
Der Schweizerische Internet-Finanzratgeber
Beobachter Verlag, Zürich 2000

Hardmeier Hans Ulrich/Eidenbenz Walter
Ehegüter- und Erbrecht
Crédit Suisse Private Banking

Den Otter Matthäus
Investmentfonds
Verlag NZZ, Zürich 1998

Fischer Thomas
Persönliche Steuer- und Vorsorgeplanung
Cosmos Verlag, Muri-Bern 2001

Gehrig Bruno/Zimmermann Heinz
Fit for Finance
Verlag NZZ, Zürich 1996

Hämmerli Fredy
Steuern sparen
Kdossier, Zürich 2001

Heri Erwin W.
Die acht Gebote der Geldanlage
Helbling und Lichtenhahn Verlag, Basel 2000

Hunziker Alexander W.
Spass am ökonomischen Denken
Verlag SKV, Zürich 2001

Kostolany André
Die Kunst über Geld nachzudenken
Econ Verlag, München 2000

Minarelli Maria Luisa
Die andere Hälfte des Kapitals
Eichborn Verlag, Frankfurt a.M. 1997

Novello Pierre
Die Börsenfibel
Verlag Finanz und Wirtschaft AG, Zürich 2000

Studer Benno
Testament, Erbschaft
Beobachter Ratgeber, Zürich 1995

Zimmermann Hugo A.
Total Börse
Versus Verlag, Zürich 1997

Stichwortverzeichnis

Stichwortverzeichnis

Stichwortverzeichnis